KB000314

마키아벨리 읽기

세창사상가산책15

마키아벨리 읽기

초판 1쇄 인쇄 2017년 4월 10일
초판 1쇄 발행 2017년 4월 15일
-

지은이 안정석
펴낸이 이방원
기획위원 원당희
편집 홍순용 · 김명희 · 이윤석 · 안효희 · 강윤경 · 윤원진
디자인 손경화 · 전계숙
마케팅 최성수
-

펴낸곳 세창미디어

출판신고 2013년 1월 4일 제312-2013-000002호

주소 03735 서울시 서대문구 경기대로 88 냉천빌딩 4층

전화 02-723-8660   팩스 02-720-4579

이메일 edit@sechangpub.co.kr   홈페이지 http://www.sechangpub.co.kr/
-

ISBN 978-89-5586-475-5 04160

  978-89-5586-191-4 (세트)

이 도서의 국립중앙도서관 출판시도서목록(CIP)은 서지정보유통지원시스템 홈페이지(http://seoji.nl.go.kr)와
국가자료공동목록시스템(http://www.nl.go.kr/kolisnet)에서 이용하실 수 있습니다. CIP제어번호: CIP2017006441

세창사상가산책 | NICCOLÒ MACHIAVELLI

마키아벨리 읽기

안정석 지음

15

세창미디어
MEDIA

머리말

 이 책은 독자가 마키아벨리를 읽으면서 직면하게 될 문제들이라고 생각되는 것들을 중심으로 그것에 유익한 충고가 될 만한 것들을 서술한 것이다. 무엇보다 필자는 이 책에 보통 마키아벨리 학자들이 자주 취급한 문제들과 함께 그런 것과 더불어 좀처럼 잘 취급하지 않았던 주제들을 많이 포함했다. 그것이 이 시점에서 마키아벨리에 관한 책을 출간하는 사람의 지성적 의무라고 여겨진다. 예컨대, 마키아벨리에 있어 '참주僭主,' '지배支配와 복종服從의 질서로서의 프로포르치오네proporzione 개념,' 그리고 '밀교주의密敎主義, esotericism,' 그리고 미국과 한국에서의 마키아벨리 이해 현황 등이 그것이다. 이런 주제들은 한국의 문헌에서는 다소 희소한 것들이다. 이런 점은 이전의 마키아벨리 저술가들이 취급한 것들과는 좀 다른 것이어서 한국의 독자들에게 색다른 것이 될지도 모르겠다. 그렇게 되기를 바란다. 그렇지만 필자는 색다른 책을 쓴다는 데 가치를 둔 것이 아니라, 그동안 한국의 저술가들이 잘 취급하지 않아서 독자들이 잘 알아차리지 못한 인식의 사각지대死角地帶가 있다는 점을 발견하고 그것을 메우려고 시도하는 것은 의미가 크다고 생각했다.

필요하다고 생각되는 부분에서 필자는 박사학위 논문과 이전에 한국정치사상학회 세미나에서 발표한 논문과 『한국정치학회보』, 『21세기 정치학회보』, 그리고 『코기토』 등에 실렸던 논문들을 일부 첨삭, 수정하여 활용하기도 했다. 모쪼록 이 책이 한국의 독자들에게 니콜로 마키아벨리를 읽어 나가는 데 조금이라도 도움이 되길 바란다. 오류가 있어 지적을 해 주시면 그것을 달게 수용하겠다. 그리고 질문을 해 주시면 답을 찾는 데 도움이 될 만한 것을 찾아서 드릴 생각이다.

1

우리가 마키아벨리를
공부하는 이유는 무엇인가?

우리가 니콜로 마키아벨리Niccolò Machiavelli(1469-1527)에 관심을 가지게 되는 이유는 우선 그의 유명한 책『군주론』이 가지고 있는 명성 내지 악명 때문일 것이다. 그러나 최근 이데올로기적으로 소위 '남남갈등'의 현상을 안고 있는 한국에서 마키아벨리에 대한 관심이 고조되고 있는 것은 무엇보다 그의 냉철한 '현실주의적' 시선 때문이 아닌가 하는 생각도 든다. 이것이 이데올로기적인 시선으로 정치와 사회, 인간을 보고 그에 따라 대안을 추구하는 것에 대한 식상함과도 연관되지 않는가 하는 느낌이 든다.

이런 배경 속에서 최근 우리가 마키아벨리를 바라보고 그를 연구하는 것은 그의 공화주의republicanism에 대한 관심이 고조되는 상황과 깊은 연관이 있다. 공화주의에도 다양한 조류가 있으나, 레오 스트라우스Leo Strauss가 이전에 썼던 자신의 논문들을 모아 1958년에 출간한『마키아벨리에 대한 사색 Thoughts on Machiavelli』에서 논평하듯이, 마키아벨리는 '근대성의 창시자the founder of modernity'로서의 지적 지위를 가지고 있기 때문에 그의 공화주의에 관심을 가지게 된 것으로 이해된다. 그가 창도한 공화주의를 흔히 고대적 공화주의와 구분하기 위하여 학자들은 '근대적 공화주의modern republicanism'라고 말한다. 고대적 공화주의는 통치자(지도자)와 피치자 사이의 어떤 합의와 토론, 권력의 공유를 의미한 것이었지만, 거기엔 '대중'의 힘이나 가치에 대한 인식이 결여되어 있었다. 그러나 16세기 초 마키아벨리가 보여 주기 시작한 공화주의는 이러한 대중에 대한 새로운 인식을 통하여 우리에게 나타나기 시작했다. 그래서 대중에 대한 새로운 인식이 자라나기 시작했고, 이러한 조류의 첫 대목에 마키아벨리가 등장했던 것이다.

최근 오랫동안 거의 잊혀졌던 공화주의에 학자들의 관심이 생긴 것은 마우리치오 비롤리Maurizio Virol가 2002년 출간한 그의 저서 『공화주의Republicanism』에서 지적하듯이 '자유주의'와 '민주주의,' 그리고 '공동체주의'가 자유민주주의 정치체제를 표방하는 사회의 정치적 지도이념으로서 그렇게 효율적이지 못한 데서 오는 하나의 이론적·지성적 반작용으로 인한 것이다. 만약 비롤리 같은 학자들이 주장하듯, 자유주의·민주주의·공동체주의와 같은 정치 이념들과, 그가 지적하진 않지만 엄연히 존재해 온 사회주의 혹은 좌파의 정치적 지도 이념들이 현실을 지도하고 해석하는 데 어떤 한계가 있다면, 우리는 어떤 이론적·사상적 대안

이 있을 수 있는지를 고민하게 된다.

비단 비롤리의 문제의식을 군이 인용하지 않더라도, 우리는 그동안 이론적 지평에서 거의 논의가 되지 않던 공화주의 문제를 다시 제기하고, 그 이론적 유용성을 다시 고찰해 봄으로써, 상시적으로 변화해 가는 정치 현실에 대하여 다양하게 이해할 수 있는 방법을 획득할 수 있을 것이다. 이것만으로도 소득이라면 소득이겠다. 필자가 생각하기에 마키아벨리의 사상 중의 공화주의 요소는 오늘날 민주주의 시대에 제기되는 정치적·사회적 병폐를 이해하고 극복할 수 있는 좋은 대안이 될 수 있는 가능성이 풍부하다.

첫째, 공화주의는 세력균형의 정치politics of balance of power를 추구하고 있다. '귀족aristocrats'과 '평민the plebs(대중)'이 권력을 나누어 가지고 각자의 제도(고대 로마의 원로원과 호민관)를 갖추고 견제와 균형을 달성한다. 그 사이에 '자유'를 누린다. 둘째, 공화주의는 고대 로마가 보여 준 호민관 제도의 근대적(현대적) 쇠락이라고 할 수 있는 대중 정치의 극단화 현상, 즉 과잉 민주정치excessive democracy의 폐단을 극복할 수 있는 장치이다. 이런 공화정치의 가장 원형적인 모습은 고대 그리스 정치철학자들이 주장한 '혼합정치mixed politics'에서 처음으로 역사에 등장했고, 고대 로마에서는 대중적

(평민적) 요소와 귀족적 요소 간의 타협과 균형으로 등장했다.

현대정치에서 상원과 하원, 미국식 대통령 간선제도, 그리고 워싱턴의 링컨 기념관과 인천의 맥아더 장군 동상과 같은 각종의 국가적 기념물을 조성하고, 공용 화폐에 '하나님'에 대한 신조를 명시하고 슈퍼 볼super bowl 게임에서 경기장에 온 관중과 대형 스크린에 나타나는 해외 주둔 미군이 함께 국가를 제창하는 장면에서 볼 수 있는 경우처럼 시민정신을 고양시켜 주는 '시민적 종교civil religion'의 현상은 모두 공화적 사회 현상이다. 무엇보다 공화주의는 파벌정치factional politics와 같은 부정적인 요소를 극복하고 통제하는 훌륭한 기제를 내재하고 있다. 미국정치의 훌륭한 점은 일찍이 이런 공화적 정신에 눈떠 이런 바탕 위에서 정치 세계가 피하기 어려운 파벌현상 같은 문제를 깊이 이해했고, 성공적으로 통제했다는 점에 있다. 요는 이런 공화주의 정신이 고양되어야 사회의 갈등이 정치적으로 통제되어 의미 있는 방식으로 견제가 되고 서로 타협이 되는 정치를 가져올 수 있다.

이런 배경 속에서 우리는 근대적인 형태의 공화주의를 처음으로 제기한 니콜로 마키아벨리라는 인물에 대하여 관심을 가지게 된다.

세창사상가산책 | NICCOLÒ MACHIAVELLI

2

마키아벨리라는 사람

마키아벨리는 1469년 이탈리아 피렌체에서 태어나 1527년 향년 58세의 나이로 영면했다. 이 마키아벨리라는 사람은 어떤 인물이었나? 그는 무엇을 생각했고, 무엇을 남겼나? 그는 미래세대에게 어떤 영향을 끼쳤나? 그리고 우리는 지금 이 마키아벨리라는 사람과 어떤 연관을 가지는가? 우리는 마키아벨리라는 인물을 공부하면서 이런 질문들을 맨 처음 가지게 된다. 우선 여기에서는 이 인물에 대한 개괄적인 사실을 이야기하려 한다.

1
마키아벨리의 약력

마키아벨리(1469-1527)는 피렌체의 정치사상가로서 『군주론*The Prince*』과 『리비우스논고*Discourses on Livy*』라는 유명한 정치저술을 남겼다. 『피렌체 역사*Florentine Histories*』라는 저술도 있다. 그가 로마교황청으로부터 위임받아 수년간 작업한 책이다. 그의 어투는 많이 절제되어 있고 가급적 정확한 역사적 사실 위주로 글을 쓰고 있음을 우리는 볼 수 있다. 그리고 정치적인 의미를 가지고 있는 다른 저술 중엔 군사적 기술을 다룬 『전쟁의 기술 *The Art of War*』이라는 책도 있다. 그 외 비정치적인 성격을 띠는 저술로 『만드라골라 *Mandragola*』라는 희극이 있다.

그는 피렌체의 '종신통령 gonfalonier'으로서 이 공화국을 통치한 피에로 소데리니의 지도 밑에서 15년간(1498-1512) '서기 secretary'라는 직급을 가지고 복무했다. 그는 재직 중 외교와 군사문제에 주로 문서를 작성하거나 본국에 보고서를 작성하여 올리는 외국파견관리로 일을 했지만, 1512년 메디치 가문과 이 가문의 지지세력의 복귀를 시도한 스페인 군대의 피렌체 진입으로 그의 상관 소데리니와 함께 추방되었다. 이후 그는 한때 메디치 가문으로부터 '음모'에 가담했을 것이라는 의심을 받아 체포되어 고문을 당한 뒤, 별다른 혐의 없이 방면되자 그 이후 피렌체 교외의 루첼라이 정원모임에 나가 공화주의자들과 교우하면서 그들의 권유를 받아 공화정치를 논한 『리비우스논고』를 약 8년간의 집필노력 끝에 완성했다.

2
『군주론』 집필 이유와 마키아벨리

1512년은 메디치 가문이 다시 이전에 누리던 권좌로 복귀하던 시점이다. 추방된 마키아벨리는 자신의 고향이자 조국인 피렌체를 다시 지배하게 된 메디치 가문이 들어선 이래로 실업자의 지위로 떨어진 셈이다. 그러나 그는 이 상황을 타개하기 위해 『군주론』을 썼고, 16세기 초엽 피렌체를 다시 통치하게 된 메디치 가문의 군주의 눈에 자신의 '실력competence'을 인정받아 그가 하는 통치에 참여하려 했다. 그러나 로렌초 메디치는 마키아벨리가 헌정한 책을 거들떠보지도 않았다고 전해진다. 이는 매우 좌절스러운 경험이었고 불행한 일임은 말할 나위도 없는 것이다(로베르토 리돌피, 『마키아벨리 평전』, 2000년, 217-32쪽).

그러나 마키아벨리 자신은 개인적으로 불행했지만 그의 저서가 정치세계를 이해하기 위한 고전으로 남게 되었다는 사실이 우리에게는 중요하다. 이 책이 가진 정치철학적·정치이론적 가치에 주목한 스트라우스는 이 책이 비록 메디치 가문에게 주목받지는 못했지만 그의 저서는 단순히 자신의 실력을 인정받기 위한 수단으로서만 의미가 있는 것이 아니라, 후세의 독자들(미래에 지도자가 될 수 있는 독자들)에 대한 하나의 '교육적 기능'을 가진 책이라는 점에 사실상 더 큰 의미가 있다고 평가한다. 우리는 『군주론』이 단지 종교적 가르침이나 고전철학적인 도덕적 덕성이 아니라 그것들의 약점을 극복할 수 있는 새로운 지성적인 교과서로서의 가치가 있음에 주목할 수 있는 것이다.

　스트라우스가 말하는 『군주론』의 가치는 기독교세계에서 자라난 사람들이 받았던 도덕 교육의 한계(인간성의 약화와 순치)에 대응하여 당대와 그 미래에 올 세대 사람들이 기독교적 교양으로 인하여 유약화未弱化된 사고를 거친 세계에 걸맞게 다시 적응시키는 연습을 하는 것에 유익하다는 것이다. 스트라우스는 그것을 다소 노골적인 방식으로 표현한다. 그는 '야수화의 과정process of brutalization'(스트라우스, 82쪽)을 겪게 하는 수단으로서의 『군주론』의 가치를 말한다. 이 책의 교육적 가치는 그런 곳에 있다는 게 스트라우스의 관찰이다. 필자는 스트라우스의 이 평가에 공감하지만, 동시에 이 대목에서의 스트라우스의 표현방식이 마키아벨리를 다소 모욕하는 듯한 표현방식을 사용하고 있다는 인상을 지우기도 어렵다. 틀린 것 같아 보이지는 않지만 이 책의 가치에 대한 평가로서는 좀 거칠다는 인상이 든다.

어쨌든 필자가 보기에 스트라우스가 주목하는 모든 세대에 대한 이 『군주론』의 교육적 가치에 대한 문제는 매우 중요한 점을 내포하고 있다. 바로 이런 면이 출간된 지 이미 500년이 지난 『군주론』의 역사적 의미를 평가해야 하는 좋은 이유가 되는 점이다. 지금의 시대는 여러 국가의 관계에 있어 마키아벨리적인 '국가이성the reason of state'의 개념과 이념을 '국가이익national interest'으로 변형시켜 수용하는 것이 지배적이고 자본주의적인 방식으로 사실상 '무제한의' 물질, 재산의 획득을 덕으로 간주하는 시대이기 때문이다. 이런 획득은 비단 물질이나 재산의 획득에만 국한되는 것이 아니라 영향력 획득과 지위의 획득 문제에도 여전히 해당되는 일이기도 하다.

우선 좀 더 구체적으로 『군주론』의 구성과 성격을 보기로 하자. 『군주론』은 총 26개 장으로 구성되어 있다. 그중 1-25장은 기본적으로 이론적인 문제들을 논한 '논문treatise'의 성격을 가지고 있다. 군주의 통치에 대한 이론적인 논의가 나와 있다는 것이다. 그러나 여기에서 마키아벨리는 군주와 대중 사이의 '공동선'에 대하여 사실상 '완전히 침묵'하고 있다(스트라우스, 79쪽). 이것은 군주라는 존재의 사적 이익에 논의가 집중되었음을 의미한다.

그러나 이 책의 마지막 장인 26장은 그것과 달리 '공동선'의 요소를 나타내고 있으며, 또 그런 선을 실현할 존재(군주)의 실천을 위한 지침(매뉴얼)으로서의 성격을 가지고 있다. 이 장은 '남자다움manliness,' '지적인 덕성,' 그리고 '영적인 위대함'을 가진 군주가 분열된 이태리를 정복하여 통일해야 한다는 실천적인 권고를 담고 있다(스트라우스, 71-84쪽). 참고로 이 대목에서 필자는 하비 맨스필드의 2006년 저술인 『남자다움Manliness』이란 책을 잠깐 소개하려고 한다. 이 책은 마키아벨리의 개념의 하나인 '남자다움'에 주목했다. 그는 이 책에서 "정치적 문제를 일으키는 것도, 해결하는 것도 모두 남자다움을 가진 사람들이다"라고 관찰한다(한역본 7-8쪽 참조). 이는 애국적인 열정을 가진 무장한 군주가 분열된 이탈리아를 통일하라고 촉구한 마키아벨리 『군주론』 26장의 관점에 연원하는 것이다.

그러나 마키아벨리 『군주론』의 맥락 안에서 이론적인 면과 실천을 위한 매뉴얼적인 면이 어떻게 서로 연관되는지는 다소 애매한 면도 있음을 지적해야 하겠다. 스트라우스가 잘 지적하듯이, 마키아벨리는 비록 조국 이탈리아의 통일을 원하지만 진짜 자기 조국이 피렌체인지, 아니면 이탈리아인지 애매하기 때문에 마키아벨리의 '애국심'은 좀 '애매'하다고 지적한다(스트라우스, 80쪽). 또 그는 『군주론』이 가지고 있는 이론은 타협의 가능성을 허용하지 않는 '비타협적' 성격을 가지고 있음도 지적한다(스트라우스, 81-82쪽). 따라서 우리가 이 문제를 이해하기 위해서는 『군주론』의 맥락을 넘어 공화국의 정치를 논하는 『리비우스논고』와 같은 다른 저술을 같이 고찰해야 할 필요가 있다(스트라우스, 15쪽 참조).

3
『군주론』과 『리비우스논고』 집필에서 마키아벨리가 직면한 인물들

이 절에서 필자가 잠깐 다루고자 하는 점은 마키아벨리와 고대의 위대한 저술가들(리비우스와 타키투스, 크세노폰, 성경 저술가), 근대의 군주들과의 만남이라는 주제다. 이 만남은 두 가지 차원에서 의미가 있다. 첫째로, 마키아벨리는 『군주론』에서 많은 고대와 근대의 군주들을 언급하고 있는데, 이들 군주들을 마키아벨리가 어떻게 이해하고 있는가 하는 점을 알 필요가 있다는 점이다. 둘째로, 이들 고대와 근대의 군주들 중, 마키아벨리 자신이 마음으로 '복종'하는 군주들이 있는 반면, 복종하지 않는 군주들 역시 있음을 명시하고 있다는 점을 보아야 한다. 필자가 보기에 기존 마키아벨리 연구문헌에 나타나는 많은 학자들은 마키아벨리의 저술이 담고 있는 외면적 진술에 관심을 더 많이 두었기 때문에 지금 필자가 언급하고 있는 이 부분에 대하여 좀처럼 주목하지 않았다고 생각된다. 그러나 이 초점은 우리가 마키아벨리를 이해하는 데 매우 긴요한 것이라 생각되고, 이 부분이야말로『군주론』의 저자 마키아벨리를 우리가 직접 대면해 볼 수 있는 중요한 부분의 하나라고 생각한다.

마키아벨리는『리비우스논고』를 저술할 때는 고대 로마 역사가 리비우스에 의존하고 있기 때문에 그의 책에 나오는 인물들 중 고대의 인물들은 전부 다 리비우스의 정보에 의존한다. 그러나 근대적 인물들은 마키아벨리 자신의 노력을 통한 지식으로 글을 썼다. 따라서 우리는 리비우스가 다룬 인물들을 마키아벨리가 나름 어떻게 이해하여 글을 썼는지 보아야 할 것이다. 동시에 우리는 마키아벨리가 리비우스라는 인물을 어떻게 보았나 하는 문제도 이해할 필요가 있다. 이것은 마키아벨리가 직면했던 리비우스라는 인물의 문제다. 여기에는 마키아벨리가 나름으로 리비우스의 한계를 개혁(상상과 편집)한다는 측면이 있다. 우리는 이하 7장에서 이 점을 다룰 것이다. 여기에서는 주로 마키아벨리가『군주론』을 집필하기 위하여 직면한 고대의 경험과 근대의 경험에 대해서만 이야기해 보고자 한다.

우선 마키아벨리는 고대의 경험에 대하여 간접적으로 지식을 얻었다. 그것은 고대의 저술가들과의 만남으로 성취된 것이다. 이들을 통하여 그는 고대의 정치와 인물을 접하고 거기에서 자신만의 견해를 수립한다. 그는 『군주론』에서 네 명의 중요한 고대 군주들을 분석한다. 유태인의 정치적 아버지 모세, 고대 그리스 아테네 건국의 아버지 테세우스, 고대 로마 건국자 로물루스, 그리고 고대 페르시아 건국자 키루스가 그들이다. 그러나 『군주론』에서 마키아벨리는 로물루스와 테세우스, 그리고 키루스에 대한 분석은 사실상 하지 않는다. 단지 그들의 이름을 대고 그들이 사실상 유태인의 아버지 모세와 비슷한 정치행로를 걸었다는 점만 암시할 뿐이다. 그는 위대한 고대의 군주 중에서 모세를 비교적 자세히 언급하고 있다. 이는 모세가 등장하는 구약성경을 자신의 저술을 위한 텍스트로 삼았다는 것을 의미한다.

그러나 이것은 물론 『군주론』을 집필하기 위하여 필요한 정보를 그가 구약성경에서만 구했다는 것을 의미하는 것은 아니다. 그는 다른 정보를 동시에 구했다. 그것은 고대 아테네의 철학자이자 군인, 저술가인 크세노폰과 고대 로마를 저술한 역사가, 리비우스 등을 포함한다. 그리고 이 네 명의 위대한 고대의 군주들과 동일한 수준은 아니지만 그들에 비견되는 작은 인물 역시 마키아벨리는 언급한다. 히에론이라는 인물이다. 마키아벨리는 히에론은 모세, 테세우스, 로물루스, 그리고 키루스와 같은 고대의 위대한 군주들과 '약간의 유사성some proportion'이 있다고 말한다(『군주론』 6장 끝부분). 이 '유사성'이란 말은 레슬리 워커가 제공한 해석이다. 이 말은 저 네 명의 위대한 군주들과 히에론이 같이 '자신의 무장'을 갖추고 스스로 권력을 획득하여 국가를 수립했다는 것이 비슷하다는 것이다.

요컨대 이런 고대의 위대한 군주들 중에서 마키아벨리가 『군주론』에서 집중적으로 분석하고 있는 인물은 모세다. 모세는 기원전 1400년경 구약의 5경(창세기, 출애굽기, 레위기, 민수기, 신명기)을 썼다고 알려진 인물이다. 유태인은 오늘날에도 이 사실을 믿고 있다. 바로 이 점이 모세의 위대성과 직결되어 있는 점이다. 마키아벨리가 본 모세라는 인물은 '자신의 무기one's own arms'로 무장한 인물이다. 그리고 바로 이 점이 다른 문헌들이 좀처럼 잘 다루지 않았던 문제다. 아마 그 이유는 모세의 신성함의 이미지와 무장행위의 이미지가 잘 융화되기 어렵다는 선입견에 기인하는 듯하다. 무장과 종교적 신성함은 서로 배척하는 이미지라는 게 아마도 세상 사람들의 일반적 상식인 듯하다. 그러나 마키아벨리는 우리의 이런 통념을 깬다. 그는 모세라는 인물에 대하여 세상의 '상상적 진실'을 말하는 것으로부터 떠나 '실제적 진실'을 말하고자 한다.

모세가 시나이 산에 올라 신의 율법을 받고 있는 동안 유태인들은 '금송아지' 같은 우상을 만들고 그것을 숭배했다. 모세는 이를 자신의 말을 믿지 않고 지키지 않는 파벌들의 행위라고 간주하고 무장한 부하들로 하여금 그들을 척살하라고 명령했다. 이후 유태인들은 모세의 가르침과 명령에 복종하고 하나님의 율법대로 사는 민족이 되었다는 성경적 역사와 그 스토리가 여기에 있다. 경건하고 믿음이 독실하다고 알려진 인물, 모세에게도 무장한 군사력을 사용해야 할 필요성이 제기되고 있었다는 것이 마키아벨리에겐 특별히 중요한 문제이다.

마키아벨리에게 이 모세라는 인물은 로물루스, 테세우스, 그리고 키루스처럼 스스로 자기 사람들을 무장시켜 권력을 획득하고 질서를 세운 가장 고대적인 '창업자'이다. 거기에다 하나의 종교를 일으켜 세운 이 인물, 모세는 종교의 창건과 더불어 군대와 국가의 창업가이기도 한 것이다. 그러나 여타 3명의 고대 위대한 군주들은 이런 모세의 역량에 비교하면 그 위대성의 정도가 떨어지는 인물들이라는 게 마키아벨리의 관점이다. (우리는 『군주론』

이 아니라 『리비우스논고』 1권 10장에서 이것을 알 수 있다.) 말하자면 마키아벨리에게 모세는 고대의 위대한 군주들 중에서 비교가 안 될 정도로 가장 위대한 군주라는 것이다.

우리는 이 대목에서 레오 스트라우스가 마키아벨리에 대하여 관찰한 점에 주목하게 된다. 『군주론』에서 마키아벨리가 결국 독자들에게 말하고자 하는 점, 또는 그가 결국 자기 당대와 미래의 독자들에게 시사하고자 하는 점은 자신은 모세와 같은 인물을 모방하고자 한다는 점이다. 그러면 마키아벨리는 모세에게서 무엇을 모방하려고 했는가? 『군주론』에서 모세는 '새로운 질서와 행위방식new orders and modes'을 수립한 인물로 묘사된다. 그래서 마키아벨리는 모세의 이런 면모를 모방하여 자신 역시 그렇게 하겠다는 것을 시사한다. 그러나 이렇게 하겠다는 마키아벨리의 의지는 엄밀히 말하여 국가에 관한 것도, 종교에 관한 것도 아니다. 정치철학 내지 정치이론에 관한 것이다.

그래서 마키아벨리는 '무장하지 않은 예언자unarmed prophet'일지언정 모세와 같은 '무장한 예언자armed prophet'는 될 수가 없다. 이점이 마키아벨리와 모세의 본질적인 차이점이다. 그렇다면 어떤 의미에서 마키아벨리는 모세를 모방하고 모세 같은 위대한 인물이 될 수 있는가? 마키아벨리는 이런 고대의 위대한 인물들과는 달리 정치적인 책을 짓는 '저술가'에 불과하다. 그런 그가 어떻게 모세와 같은 인물이 될 수 있는가? 우리는 이런 질문을 의당 할 수 있다.

우리는 이런 질문에 답하기 위해 마키아벨리가 『피렌체 역사』 서문에서 '나의 엔터프라이즈my enterprise'라고 말한 대목과 그의 '새로운 질서와 행위방식,' 또 그가 가지고 있었던 그만의 '믿음' 이란 차원에도 주목해야 한다. 이 중 우리가 가장 집중적으로 주목해야 하는 부분은 필자가 주장컨대, 믿음이라는 부분이다. 이 믿음은 가장 본질적으로 마키아벨리적인 믿음이다. 그는 하나의 새로운 믿음(즉, '종교')을 창도한 인물이 '칭송받는' 위대한 인물 들 중에서도 가장 위대한 인물이라고 말한다(『리비우스논고』 1권 10장). 그다음으로 위대한 인물은 새로운 '국가'를 건국하고, 또 그다음 으로는 '군대'로 국가를 확장한 인물이고, 마지막으로는 세상의 일을 기록하는 '저술가'라고 순위를 매긴다. 여기서 가장 위대한 인물은 새로운 믿음을 창조하는 인물이다.

우리는 마키아벨리 연구를 했던 학자들 중에 마키아벨리가 하나의 '믿음'을 가진 인물이고, 그 이후의 후속 세대에게 하나의 믿음을 남긴 사람이라고 간주하는 학자들의 의견에 주목하고 싶어진다. 누구라도 이 믿음을 채용하는가, 안 하는가 하는 것은 완전히 열려 있는, 개방된 질문이다. 답을 정할 수 없는 문제다. 마키아벨리는 '자신의 이름으로' 역사적으로 숨겨져 왔던 '국가에 관한 비밀'(또는 통치의 비밀, arcana imperii, secret of the state)을 말하고 있다는 사실을 우리는 중시해야 한다. 이것이 수천 년간의 인류의 역사 속에서 숨겨져 왔던 가장 큰 이유는 도덕적인 것과 연관이 있다. 어떤 저술가라도 도덕적인 한계를 벗어나면서까지 자신의 생각을 감히 제기하기는 어려웠던 것이다. 만약 누구라도 자신의 저술에서 악행을 지지한다는 인상을 풍긴다면 우선 자신이 속한 사회 속에서 사회의 박해를 감내迫耐해야만 할 것이다. 그리고 사회 속에서 자신의 이름과 인격, 명예를 더럽히는 결과를 감내해야만 할 것이다. 이것은 도덕적·지성적 악역惡役이다. 따라서 누구라도 하지 않으려 하는 이런 '악역'을 자처한다는 것은 어떤 용기를 필요로 하는 일이다. 우리가 보는 마키아벨리는 그런 용기를 가지고 자신만의 정치이론을 수립했다. 서양 정치이론사에서 이것이 그만의 독특한 점이다. 레오 스트라우스가 마키아벨리를 기독교의 가르침에 대항하는 '영적 전쟁靈的 戰爭, spiritual warfare'을 수행하는 용감한 인물이라고 논평하는 이유가 바로 여기에 있다.

그래서 마키아벨리는 그만의 용기로, 그가 발견한 이런 '국가에 관한 비밀'을 감히 자기 자신의 이름으로 세상에 내놓았다. 국가적 사실에 관하여 그의 생각을 이해하고, 그 가치를 인정하고, 그럼으로써 그에 대한 숭배는 아니라 하더라도 그가 지향하는 바에 대한 가치를 공유하는 사람들이 갖게 되는 믿음을 그는 창조하게 되었다는 것이다. 이것은 새로운 종류의 믿음이다. 그러나 마키아벨리에 대한 박해도 있었다. 수백 년간 로마 바티칸 교황청은 마키아벨리의 『군주론』을 '금서목록' 1호에 등재했다는 사실은 이 점을 웅변으로 말해 준다. 말하자면 마키아벨리는 국가에 관한 새로운 신조信條를 발견하였지만, 그의 사상의 과학성과 진리성의 여부를 떠나, 그는 그것으로 인하여 종교적 권위로부터 박해를 받았고 세상의 경계警戒와 사회적 불명예를 안게 되었던 것이다.

마키아벨리의 '엔터프라이즈'와 그의 '믿음'에 연관하여 우리는 『군주론』 6장에서 마키아벨리가 하는 말에 주목하게 된다. 그는 자신이 쓴 『군주론』에 등장시키는 과거의 위대한 인물들(그가 '군주'라 부르는 사람들)에 대하여 이렇게 말한다. "그런 혁신자들은 많은 시련을 겪어야 했다. 그러나 그들이 자신의 과업을 시작한 후 위험한 것들을 자신의 능력으로 극복하고 성공한 후 크게 존경받기 시작하면서, 그들의 성공을 시기하는 자들을 물리친 뒤 그들은 강력해졌고, 안전해졌고 명예로워졌고, 행복해졌다." 마키아벨리가 염두에 둔 것은 모세 같은 역사적 인물이 하나의 믿음을 창조한 것과 마찬가지로 자기만의 새로운 믿음을 창조하는 문제다. 그래서 그가 창도한 믿음은 여러 사람들에게 공유되는 정도로 그는 모세에 근접해 가는 인물이 된다는 것이다. 이 점에서 마키아벨리는 모세에 비견된다는 것이다.

그다음으로 우리는 마키아벨리와 근대의 군주들과의 관계에 대하여 주목해 보아야 한다. 이 근대의 군주들 중엔 마키아벨리가 직접 만난 적이 있던 체사레 보르자Cesare Borgia라는 인물이 있고, 간접적으로 만난 인물들 중엔 체사레 보르자의 아버지이자 로마교황청의 교황이었던 알렉산더Alexander 6세, 프란체스코 스포르차Francesco Sforza, 올리베레토Oliveretto 등이 있다. 이들 역시 『군주론』에서 마키아벨리가 분석하는 인물들이다. 모든 학자들이 다 동의하는 것은 아니지만 마키아벨리『군주론』의 실제 모델은 저 체사레 보르자라는 인물이라고 주장하는 저술가도 있다. 체사레를 주제로 '냉혹한 우아'라는 제목의 소설을 쓴 일본 작가 시오노 나나미이다. 실제 마키아벨리는 좀처럼 감정을 드러내는 법이 없는데, 체사레에 대해서는 아깝다라든지, 안타깝다와 같은 감정을 드러내는 점에서 보면 이 주장은 그런 대로 설득력 있는 주장이다. 그는 체사레가 배신한 자기 부하들을 어떻게 다루었나 하는 주제와 제목을 가지고 글을 쓴 것도 있다(앨런 길버트가 1958년에 편집한 3권짜리 전집, *The Chief Works and Others*). 26살의 젊은 '신군주' 체사레는 30대의 피렌체 외교관 마키아벨리에게 4개월간 같이 머무는 기회가 있었을 때 엄청난 인상을 남겼던 현실군주였다. 마키아벨리는 이 체사레가 보인 판단의 신속성, 정확성, 그리고 행동의 과감성과 기민성, 도덕적 자유로움을 감탄하면서 바라보았다. 그는 기독교 세계 도덕의 한계를 가볍게 뛰어넘는 기독교 세계의 이단아, 체사레를 이해할 수 있는 인식 지평을 얻기 위해 체사레 진영에 출장 가 있을 때 피렌체에 있는 동료 비아조에게 플루타르코스의 『영웅전』을 보내달라고 부탁하기도 했을 정도였다(로베르토 리돌피, 국역 『마키아벨리 평전』, 102쪽).

4
마키아벨리는 군주론자인가 공화론자인가?

필자는 마키아벨리가 본질적으로 군주론자라고 생각한다. 국가 '창업'에 있어 군주론자, 국가의 '유지'에 있어 공화론자라는 것이 필자의 생각이다. 그러나 지난 500여 년 동안 그가 군주정치를 신봉하고 지지하는 군주론자(왕정주의자)인가, 아니면 공화주의의 가치와 결과를 중요시한 공화주의자인가에 관하여 셀 수 없이 많은 사람들이 각자 한마디씩 했고 많은 학자들이 이 문제를 둘러싸고 논쟁을 벌여 왔다. 그동안 축적된 문헌도 수도 없이 많고 다양하다.

이 논쟁은 마키아벨리 연구학자들이 오랫동안 지속해 온 논쟁의 하나였으므로, 우리는 이 대목에서 마키아벨리가 과연 군주론자인가, 아니면 공화론자인가 하는 점을 잠깐 일별할 필요가 있다. 스트라우스는, 17세기 바루크 스피노자와 18세기 장 자크 루소처럼 마키아벨리의 진짜 사상이 공화주의적이고, 그런 성격은 『리비우스논고』에 잘 나타나고 있으므로, 그의 진짜 모습은 공화론자라고 하는 관점을 틀렸다고 간단하게 평가한다(스트라우스, 24-27쪽 참조). 따라서 스트라우스의 『마키아벨리에 대한 사색』이 출간되고 한참 뒤에 마키아벨리에 대한 책을 썼던 존 포칵(1975), 마크 홀리웅(1983), 세바스찬 디 그라치아(1990), 필립 페팃(2002), 마우리치오 비롤리(2002)와 같이 마키아벨리를 공화주의자로 보는 학자들의 관점을 스트라우스는 거부한다 하겠다. 이들 학자들은 『군주론』과 『리비우스논고』의 사이에 메울 수 없는, 또는 메우기 어려운 간격이 있기 때문에 『군주론』은 마키아벨리의 진정한 사상이 담겨져 있지 않다고 주장했다. 국내에도 이런 관점을 가진 학자들이 있다.

그러나 스트라우스는 『군주론』과 『리비우스논고』가 마키아벨리의 같은 가르침을 각기 다른 방식으로 담고 있는 책들이라고 본다. 즉 같은 가르침을 두 가지 다른 관점에서 보았다는 것인데, 『군주론』은 '군주'의 관점에서, 『리비우스논고』는 '대중'의 관점에서 '국가' 문제를 보았다는 것이다(스트라우스, 29쪽). 그에게 지적 영향을 받은 맨스필드가 이 점을 이렇게 설명한다. 마키아벨리에 있어, "대중의 본성을 이해하기 위해서는 군주가 되어야 하고, 군주의 본성을 이해하기 위해서는 대중 속의 인간a man of the people이 되어야 한다"(하비 맨스필드, *The Prince*, 1998, ix-x). 따라서 『군주론』은 『리비우스논고』와 분리하여 이해하기 어려운 책이라는 것이다. 필자는 바로 이것이 스트라우스의 마키아벨리가 가지고 있는 하나의 큰 묘미이자 매력적인 부분이라고 느낀다.[01]

---

01 이런 맥락에서, 하비 맨스필드가 1979년에 출간한 『마키아벨리의 새로운 행위방식과 질서』 중의 '감사의 글'에서 스트라우스에게 진 지성적 빚을 고백하는 대목을 유익하게 참고할 수 있다. 그 외, 맨스필드가 미국의 한 공영방송(CSPAN)에서 한 인터뷰에도 두 사람 간의 관계를 알 수 있는 대목이 있다. — http://www.booknotes.org/Transcript/?programID=1584 http://www.book-

스트라우스와 맨스필드의 이해의 궤도에서 우리가 얻을 수 있는 점은 군주국과 공화국을 논한 마키아벨리의 위의 두 책의 어느 한쪽만 보면, '군주국' 또는 '공화국'의 도덕성의 문제를 같은 도덕성의 문제로 인식했던 마키아벨리를 오해하여 그 도덕성이 마치 다른 것으로 오해하게 된다는 것이다. 이들이 판단할 때 마키아벨리가 말한 군주국과 공화국의 도덕성에는 사실상 차이가 없는데, 어느 한쪽만 보면 나쁜 것(『군주론』의 경우)과 좋은 것(『리비우스논고』의 경우)을 강조한다는 식으로 보게 되고, 국가에 대한 사상을 새로이 혁신하려던 마키아벨리의 사상을 필연적으로 오해하게 된다는 것이다. 마키아벨리를 공화주의자로 보는 이전의 학자들은 앞에 말한 스피노자와 루소이고, 현대에는 포칵, 홀리웅, 페팃, 그리고 디 그라치아 등을 포함한다. 그러나 스트라우스와 맨스필드는 이들의 견해를 적절하지 못하다고 평가한다. 필자가 보기에 이 후자 그룹 학자들의 견해가 전자 그룹 학자들의 견해보다 더 일관성이 있어 보인다. (스트라우스는 플라톤의 『국가』와 『법률』도 비슷하게 본다. 전자는 지혜로의 '상승,' 후자는 세상으로의 '하강'에 관한 것이라 독자는 이 두 책을 상호보완적 시각으로 읽어야 한다고 주장한다.)

notes.org/Transcript/?programID=1592.

어쨌든 필자는 이 모두를 넘어 마키아벨리의 『군주론』 속에 이미 빅토리아 칸Victoria Kahn이라는 학자가 주장하듯이 공화국의 정치논리가 숨겨져 있다고 생각한다. 특히 이 책 7장 '체사레 보르자'를 다루는 부분과 9장의 '시민적 군주국가civil principality' 논의에서 이 점이 잘 나타난다. 그 핵심은 간접통치indirect rule이다. 주인공인 체사레가 조역인 부하 레미로를 시켜 특정 지역(로마냐)에서 강력한 통치로 질서를 세우게 하고 대중의 원성이 나타난 대목에서 부하, 레미로를 속죄양으로 희생시켜 대중에게 만족감을 선사한다는 것이다. 9장에서는 군주가 귀족들을 상대하는 역할을 대중에게 넘기는 대목이 나오는데, 그것이 간접통치의 이념을 잘 드러내는 대목이다. 군주는 '자신과 대등하게 여기는' 못된 귀족이 아니라 그런 의지가 없는 선량한 대중을 껴안고 가야 할 공화적 이유가 여기에 있다는 것이다. 요컨대 7장에서 레미로가 하는 역할을 9장에서는 대중이 한다. '군주'는 이 모든 것의 뒤에 버티고 서 있다. 이것이 공화주의 정치라는 것이다. 이 점에서 보면 마키아벨리는 비록 공화론자이긴 하지만, 가장 본질적 차원에서 군주론자다. 군주의 관점에서 그는 공화적 원리를 담아내고 있는 것이다.

5
마키아벨리의 도덕성 문제

여기에서 우리는 마키아벨리 자신의 도덕성 문제를 간단히 일별할 필요가 있다. 그런 평가를 함에 있어 우선 스트라우스의 경우엔 그것을 종교적인 '경건함piety'과 연관지어 고찰한다. 그는 마키아벨리가 경건한 사람이 아니라고 본다. 그는 마키아벨리보다 한 세기 뒤에 등장한 비슷한 정치적 현실주의자인 홉스를 마키아벨리와 비교하면서, 홉스는 최소한 '무신론자의 경건함' 정도는 갖고 있었던 반면, 마키아벨리는 아무것도 갖고 있지 않았기 때문에 홉스보다 도덕성에 있어 더 열등하다는 것이다(스트라우스, 49쪽과 9쪽 참조).

특히 스트라우스는 마키아벨리의 신성모독 행위를 폭로한다. 그는 『리비우스논고』를 분석하면서, 마키아벨리가 아주 미묘한 글쓰기 방식으로 '참주' 노릇을 한 '다윗'을 하나님과 사실상 동격의 존재임을 시사하고 있다는 것이다. 그가 문제 삼는 대목은 마키아벨리의 『리비우스논고』 1권 26장이다. 이곳에서 언급되는 것은 실제 신약성경 속의 '하나님'이지만 마키아벨리는 이 대목을 지칭하면서 이 '하나님'을 폭군(참주)이었던 '다윗'으로 조작하여 적고 있다. (우리는 이 대목을 마키아벨리의 '밀교주의密教主義, esotericism'로 해석해야 한다. 필자는 이것을 뒤 9장에서 다시 상세하게 분석할 것이다.)

그렇지만, 우리는 스트라우스의 이런 주장을 무제한으로 수용하기도 어렵다는 게 필자의 추정이다. 이 점에 관해 우리는 스트라우스와 대조적 입장을 보여 주는 디 그라치아De Grazia를 참고할 수 있다. 디 그라치아는 마키아벨리를 '개혁적 성직자'의 이미지로 규정한다(*Machiavelli in Hell*, 1990년, 88~90쪽). 그는 마키아벨리를 '부패한 기독교인'으로부터 탈피한 '개혁적인 기독교인'이라는 관점에서 관찰하고 있다. 반면 스트라우스는 마키아벨리를 '타락한 천사fallen angel'라고 평가한다(스트라우스, 13). 원래는 천사였지만 무슨 이유로 타락한 사람이라는 것이다. 그러나 스트라우스와 디 그라치아의 대립적 평가 사이에서 필자가 생각하는 점은 우리 독자가 굳이 어느 한편을 들 필요는 없다는 점이다. 이 문제는 우리의 사고를 위하여 열려 있는 의문사항으로 남겨 두는 게 더 유익하다고 생각된다.

어쨌든 우리는 『군주론』의 저자 마키아벨리의 도덕성을 최종적으로 평가하기 위해 그가 이 책에서 도덕을 어떻게 보고 있는지를 분석하는 것이 유익하리라 생각되는데, 『군주론』 15장에서 그가 말하는 것에 주목할 필요가 있다. 거기에서 마키아벨리는 도덕성이라는 문제를 우리가 어떻게 보아야 하는지 매우 강력한 시사점을 던져 준다. 그는 "매사에 양심을 고백하는 사람은 악인이 들끓는 세상에서 자신의 것을 지킬 수 있는 가능성보다 상실할 가능성이 더 많다"고 주장한다. 그래서 이런 세상에서 자신의 것을 지키기 위해서 '필요한 경우, 악한 행동을 할 수 있어야 한다'고 권고하고 있다. 전통적인 선함은 마키아벨리에겐 수단이 아니라 **목적**으로서의 의미가 강하고, 전통적으로 악하다고 인식된 것을 그는 필요한 경우 **수단**의 차원에서 용인한다. 이것이 마키아벨리의 도덕성이다.

그렇다면 좀 더 구체적으로 마키아벨리의 도덕성은 무엇인가? 마키아벨리의 도덕성은 『군주론』 15장의 언어로 표현하면 '신중성prudence'의 도덕성이다. 그리고 이는 『니코마코스 윤리학』의 저자 아리스토텔레스가 관찰한 것처럼, 인간이 모든 도덕적 덕성을 실천하고 살기가 사실상 쉽지만은 않으므로 우리는 차선의 대책을 가지고 있어야 한다는 마음가짐과 일맥상통한 것이다. 이런 생각은 고전철학자 아리스토텔레스와 근대철학자 마키아벨리 모두에게 다 공유되어 있는 점이다. 이 점에서 마키아벨리는 아리스토텔레스주의자라고 할 수 있을 것이다. (이 '신중성'이라는 문제는 뒤의 8장에서 말할 '지배와 복종의 질서' 내지 '지배의 기술'이라는 의미를 가진 '프로포션proportion'에 대한 논의의 핵심주제다.) 이상의 논의에서 우리는 마키아벨리의 도덕성이 수단의 도덕성과 신중성의 도덕성이라는 것을 볼 수 있다.

6
마키아벨리는 철학자인가?

이 문제 역시 오래된 문제의 하나다. 필자는 먼저 "마키아벨리는 철학자인가?Is Machiavelli a Philosopher?"라는 세미나(『군주론』 출간 500주년이 되던 지난 2013년에 미국에서 있었던 한 정치철학 세미나)를 소개한다. 이 세미나의 사회자는 하버드 대학의 정치철학자 하비 맨스필드였다(https://www.youtube.com/watch?v=mQ73p6F0vrY).

학자들 사이에서 흔히 마키아벨리가 '철학자이다, 아니다'라는 논쟁은 줄곧 있어 왔다. 마키아벨리가 철학자가 아니라는 견해는 이사야 벌린Isaiah Berlin(1953), 존 포칵John Pocock(1978), 퀜틴 스키너Quentin Skinner(1978), 마우리치오 비롤리Maurizio Viroli(1998) 등의 이른바 '케임브리지학파' 학자들이 괄호 안의 시점에 주장했고, 미국의 여성 마키아벨리 학자 한나 피트킨(1984) 역시 그런 견해를 밝혔다. 이 최근 논쟁의 출발점은 사실상 이사야 벌린이었다. 그러나 레오 스트라우스는 1958년에 그런 견해를 '실수error'라고 간주한다(스트라우스, 150, 167, 258, 173, 291~92, 297쪽 참조). 이들의 견해는 마키아벨리가 '포괄적인 사회지도와 운영의 원칙들을 제시'했다는 사실을 무시하거나 간과했기 때문이라는 것이다. 이런 사실로 미루어 보면 마키아벨리에게 '철학'이 있고, 따라서 그는 '철학자'라는 것이다(스트라우스, II장 83쪽).

이 대목에서 이 두 진영의 견해에 추가하여 필자는 다음의 사실을 지적하고자 한다. 여러 군데가 있다고 믿어지지만, 우선 마키아벨리가 『리비우스논고』 1권 18장 앞부분에서 말하는 점에 주목한다. 이 장은 부패한 도시에서 공화정을 유지하는 방법과 부패한 도시에서 공화정이 없다면 그것을 어떻게 수립할 것인가 하는 두 문제를 논한다. 여기 서두 부분에서 마키아벨리는 "모든 것에 관하여 추리해 보는 것은 좋은 일이다It is good to reason about everything"라고 말하는데, 우리는 이 대목을 마키아벨리가 '철학자'라는 근거로 볼 수 있다고 생각한다. 철학자도 아닌데, '모든 것'에 대하여 사색을 할 필요도 없지만 한다고 해도 생산적인 결론을 도출하기는 지극히 어려운 법이다.

한 가지 재미있는 점은 같은 '18'이라는 숫자가 들어간 『군주론』 18장과 『리비우스논고』 1권 18장은 같은 문제를 다룬다는 점이다. 『군주론』 18장('신의'와 '배신'을 논하는 장)에서 마키아벨리는 '시각seeing'과 '촉각touching'을 대조시킨다. 여기에서 말하는 '시각'이란 대중이 정치적인 것을 판단하는 감각적 인식수단이고, '촉각'이란 정치사회의 엘리트가 그것을 판단하는 지성적 수단이다. 촉각이란 지금 저 문장에서 마키아벨리가 말하는 '추리하기to reason'의 능력을 말하는 것이다. 그리고 이런 능력을 일반대중은 가지고 있지 않다는 것이다.

게다가 『리비우스논고』 1권 18장에서도 마키아벨리는 시각seeing'과 '추론conjecture'을 대조시킨다. 여기에서 말하는 시각이란 『군주론』의 대중처럼 눈으로 정치적인 것을 판단하는 것이다. 그리고 '추론'이란 엘리트가 가지고 있는 지성적 판단능력이다. 우리 책 11장에서 다시 언급되겠지만 이는 미국의 4대 대통령 제임스 매디슨의 관찰과 거의 정확히 일치된다. 매디슨은 대중은 '느끼는 능력feeling'이 강하고, 엘리트는 '추리하기reasoning'의 능력이 강하다는 것이다. 추리하기, 추론하기, 촉각하기의 능력은 모두 엘리트의 지적 능력에 속한다. 그리고 이런 능력이라는 견지에서 보면, 아마 마키아벨리만 한 지성적 능력을 가진 두뇌도 그다지 많지는 않을 것이다. 그렇다면 마키아벨리는 당연히 '철학자'라는 이름을 받아야만 할 것이다.

스트라우스는 마키아벨리가 그리스 고전철학자들이 일으킨 철학의 전통 속에서 전통적으로 중시되어 온 '철학'의 성격과 목표를 근본적으로(과격하게) 변형시켰다고 주장한다. 그리고 가장 최근의 연구자 중 소렌슨Sorenson(2006, 155-59쪽) 역시 스트라우스처럼 마키아벨리가 새로운 의미의 '철학자'라고 규정될 수 있다고 말하고 있다. 그는 마키아벨리가 고전철학자들이 생각한 '지혜의 탐구'라는 정의와는 다른 정의를 가지고 있었다고 주장한다. 즉, 마키아벨리는 전통적으로 생각해 온 '철학의 기초(또는 출발점)와 그 목표를 근본적으로 변형시켰다'고 주장한다. (이 대목은 공산주의 창도자 칼 마르크스를 연상한다. 마르크스는 '포이어바흐에 관한 11번째 테제'에서 "지금까지 철학자들은 세계를 이해만 해 왔다. 그러나 중요한 것은 이해가 아니라 세계를 변화시키는 것이다.")

필자가 보기에, 스트라우스와 소렌슨이 언급하는 마키아벨리의 이런 특징 때문에 위의 케임브리지학파의 학자들과 존 포칵은 마키아벨리에게 이렇다 할 만한 '철학'이 없다고 간주하게 된 것으로 보인다. 마키아벨리의 이런 부분 때문에 한쪽은 그를 다른 종류의 철학자라고 규정하지만, 이런 이들은 같은 이유로 철학자가 아니라고 규정하는 셈이다. 이 후자의 학자들은 말하자면 마키아벨리가 전통적인 철학의 성격과 목표를 변형시켰다는 바로 그 이유 때문에 그를 철학자가 아니라고 보는 셈이다. 케임브리지 학파의 학자들과 포칵은 전통적인 소크라테스적인 철학만을 철학으로 이해했던 듯하다. 그러나, 고전정치철학의 기초와 목표를 변형시켰다는 이유가 곧 변형시킨 당사자를 철학자가 아니라고 말할 수 있는 주장의 좋은 근거가 될까? 우리는 '아니다'라고 답하고 싶어진다.

7
마키아벨리는 종교적 선지자인가?

마키아벨리를 철학자라고 규정한 스트라우스는 한발 더 나아가, 마키아벨리가 종교적인 뉘앙스를 가진 '예언자prophet'일 수도 있음을 시사한다. 다른 학자 중에는 마키아벨리를 '개혁적인 성직자'와 비슷하다고 본 세바스찬 디 그라치아 역시 이런 점을 목격하기도 한다. 아무튼 이는 마키아벨리가 종교적인 의미가 있는 인물임을 시사하는 것이다. 스트라우스는 『군주론』에서 마키아벨리는 자기 자신을 유태인의 건국자 '모세'에 비견되는 인물로 스스로 간주했고, 『리비우스논고』에서는 스스로를 기독교의 출발점이 된 '예수'에 비견시켰다고 주장한다(1장, 84쪽 참조). 스트라우스가 실제 이것을 인정했는가, 안 했는가를 차치하더라도 그 자체로 마키아벨리가 종교적 의미가 있는 위대한 인물의 반열에 속할 수 있는 조건을 갖추었다고 보는 것과 사실상 다르지 않다. 이 점은 이 책의 8장(지배의 기술로서의 '프로포션')과 9장(밀교주의, 密教主義)에서 상세하게 언급될 것이다.

3

『군주론』의 몇 가지 쟁점

이하는 『군주론』을 중심으로 그 쟁점을 일별하기 위해 서술한 것이다. 필자가 2013년 한국정치사상학회가 주관한 마키아벨리 『군주론』 출간 500주년을 기념하는 학술세미나에서 발표한 것을 토대로 하여 이 책의 목적과 방향을 염두에 두면서 다시 서술해 보았다.

1

정체政體와 군주에 대하여

─ 반反 아리스토텔레스

아리스토텔레스는 6가지 정체를 말했다. 왕정王政, 귀족정貴族政, 민주정民主政과 그 타락한 형태로서의 참주정僭主政, 과두정寡頭政, 그리고 중우정衆愚政이라는 6개의 국가형태가 그것이다(『정치학』). 도덕적 선악의 고려가 여기 포함되어 있다. 그러나 마키아벨리는 군주국과 공화국의 단 두 개로만 정체를 말한다. 도덕적 선악의 고려는 여기에 없다. 필자가 최초로 이 차이점을 보았을 때 머릿속에 든 생각은 "어떻게 그토록 많은 국가의 형태를 이렇게 달랑 두 개로만 분류할 수 있다는 말인가?"라는 것이었다. 우리는 이 문제에 대한 식견을 얻기 위해 하비 맨스필드의 『마키아벨리의 덕』이란 책을 참고할 수 있다(영문책, 235-57쪽). 마키아벨리가 복잡한 국가의 형태를 단 두 개로만 요약·정리한 것은 앞에서도 말한 바 있지만, '상상적 진실'이 아니라 그가 '실제적 진실'이라고 말한 것의 차원에서 이해되어야 할 문제이다. 마키아벨리에게 중요한 것은 단 한 사람의 군주가 국가를 지배하고 있는가(군주국처럼), 아니면 한 사람 이상의 군주가 있는가(공화국처럼) 하는 점이다. 이것이 그에겐 가장 본질적이고 가장 실제적인 문제다.

그리고 아리스토텔레스가 논의는 하지만 그 의미가 크게 부각되지 못한 게 있다. 그게 바로 '신군주'와 '계승군주'의 의미이다. 신군주는 냉혹한 지도력이 필요한 상황에서의 지도자이고, 계승군주는 반드시 그럴 필요까지는 없는 그런 지도자이다. 이게 매우 흥미로운 부분이다. 그래서 마키아벨리『군주론』은 국가를 새로이 창업하는 사람들에겐 매우 필수적인 지침이 될 만한 이론들과 사례들을 많이 담고 있다. 마키아벨리『군주론』은 이렇게 정체와 군주에 대하여 아리스토텔레스의 관점을 혁신하고 있다.

2
'신군주'

마키아벨리는『군주론』에서 '군주'라는 단어를 총 215회 언급한다(하비 맨스필드, *The Prince*, 'Glossary,' 133쪽 참조). 그러나 이 책의 주제는 '신군주'이다(스트라우스, 70쪽).『군주론』내에서 이 개념에 대한 반대개념은 '계승군주'라는 개념이다. 마키아벨리는 자기와 동시대에 살았던 인물인 교황 알렉산더 6세의 아들, 체사레 보르자(7장)와 고대 이스라엘을 창건한 모세, 로물루스, 테세우스, 그리고 키루스와 히에론(6장), 그리고 고대 로마의 황제, 셉티미우스 세베루스(19장) 등을 '신군주'의 가장 전형적인 인물들로 제시하고 있다. 이들은 '자신의 무기'와 '덕'으로 새로운 오르디니(새로운 질서)를 세운 인물들이다. 그리고 이들은 '필요한 경우,' 서슴지 않고 가혹한 통치수단을 구사했던 인물들이다. 반면, 로마제국의 철학자 황제이자 우리가 익히 아는 『고백록』의 저자, 마르쿠스 아우렐리우스는 '계승군주'의 가장 전형적인 상징으로 제시되고 있다(19장).

이 대목에서 우리가 볼 수 있는 것은 잔인한 황제, 세베루스와 온화한 철학자 황제 아우렐리우스의 대립적 도덕성의 이미지다. 전자는 『군주론』의 주인공 이미지인 '신군주,' 후자는 이 책에서 조역助役의 이미지로 취급되고 있는 '계승군주'다. 그러나 이 후자의 유형은 실제로 아주 훌륭한 인품과 능력을 가진 인물이라고 해도 마키아벨리의 눈에는 그다지 훌륭한 지도자는 아니다. 아우렐리우스는 비록 플라톤 철학을 마스터한 철학적 대가라고 해도 마키아벨리에겐 한갓 자신의 힘이 아니라 남의 도움, 남의 힘으로 군주가 된 '계승군주'일 뿐이다. 우리는 이 대목에서 마키아벨리가 고전철학자를 얼마나 가볍게 인식하고 있었는지를 간접적이나마 느낄 수 있다. 그것은 아우렐리우스 같은 소위 플라톤식 '철학자 왕'을 가볍게 다루고 있는 점에서 드러난다.

『리비우스논고』를 보면 그가 철학자를 얼마나 경시하는가 하는 것을 더 잘 볼 수 있다. 이 책 3권 6장은 '음모'를 말하는 장이다. 이 책 전체를 통틀어 가장 긴 장이다. (우리는 『군주론』에서도 그가 음모를 말하는 장, 19장이 가장 긴 장이었음을 유념해야만 한다. 그리고 이 점은 그의 정치철학에서 중요한 주제다. 요는, 정치의 본질은 음모라고 하는 점을 그는 책의 분량의 설정에서 우리 독자에게 주장하는 셈이다.) 마키아벨리에 있어 '음모'는 정치의 본질이다. 마키아벨리는 이『리비우스논고』에서 자신의 모든 저술을 통틀어 단 한 번 '플라톤'과 '아리스토텔레스'라는 고전 철학자들을 거명한다. 그러나 마키아벨리가 단 한 번씩만 언급하는 이 철학자들은 모두 음모를 적절히 할 줄도 모르거나, 잘못된 이해를 가진 사람들로 시사한다. 특히, 플라톤의 실패에 대해선 제법 명시적인 언어로 언급하고 있다. 이것이 의미하는 것은 그리스 고전철학자들은 정치의 본질을 정확하게 가르칠 수가 없다는 것이다. 플라톤의 제자들은 시라큐스에서 음모를 조직했으나 그 음모는 실패로 끝났음을 마키아벨리는 지적하고 있고, 아리스토텔레스는 여자 문제가 왕정을 전복시킬 정도로 위험한 요소를 가지고 있음을 정확하게 보았으나, 역시 비효과적인 전통적 덕의 장점만을 강조했던 '상상적' 철학자로 묘사한다.

마키아벨리에 있어 무엇보다 신군주란 '새로운 행위 방식'으로 오래된 친구들과의 우정을 유지하고, 새로운 친구들을 만들어 권력을 얻어 '새로운 질서'를 만드는 지도자를 말한다. 우리는 마키아벨리가『군주론』 6장에서 언급하는 '새로운 질서와 행위방식'

의 개념과 그에 연관되는 도덕성을 보아야 한다. 이 새로운 도덕성은 『군주론』 16장-18장에 소개된 '관대함'과 '인색함(16장),' '자비심'과 '가혹성'(17장), 그리고 '신의'(18장)를 논의할 때 가장 잘 나타난다. 『군주론』 15장에서 마키아벨리는 11개의 도덕적 선악의 쌍들을 말하지만 8개의 쌍은 다 버리고, 이 세 쌍에만 집중한다. 이는 마키아벨리가 '새로운 질서'를 수립하고 실천하는 데 있어서 '신군주'가 가져야 할 가장 중요한 도덕적 매너가 바로 금전 문제, 인간성 문제, 그리고 신의 문제에 있어서의 혁신이라는 것을 시사한다.

하비 맨스필드는 '행위 방식(모디)'과 '질서(오르디니)'의 상대적 중요성에 있어 마키아벨리는 행위 방식의 개념을 질서 개념보다 더 중요하게 취급한다고 주장한다(『마키아벨리의 새로운 행위 방식과 질서』). 그가 '행위 방식'을 '질서'보다 더 중시한 것은 마키아벨리에 있어 행위 방식이 질서에 선행하고, 더 일차적이기 때문이다. 이는 어떤 국가에서든 지도자의 행동이 제도보다 일차적이고 더 중요하다는 의미이다. 군주국의 창건이나, 공화국의 창건과 개혁에서 '신군주'의 존재는 이 '행위방식'을 통하여 빛을 발한다는 것이다.

무엇보다 『군주론』의 핵심 교훈이 담겨 있는 것으로 보이는 15장에서 마키아벨리가 행하는 선언성 발언이 중요하다. 여기에서 마키아벨리는 '본 적도 없고, 실제 존재하지도 않았던 과거의 국가들'을 관찰하는 데 주안점을 둔 사상가들이 제시한 국가에 대한 진실을 거부하고, 실제로 역사적으로 존재했던 고대 로마와 자기가 살았던 당대 피렌체 등지의 국가에 대한 관찰을 통하여 발견한 진실을 그는 중시한다. 그리고 그는 정치적 관찰자는 "인간이 어떻게 살아야 하는지를 볼 게 아니라, 인간이 실제로 어떻게 살아가고 있는지를 보아야 한다"고 말함으로써 리얼리즘으로서의 국가론을 창도한다.

마키아벨리의 '신군주'란 고전정치철학과 기독교라는 전통적인 도덕을 가르치는 학습과 사고의 지평 속에서 악으로 간주되어 배척된 성질들을 다시 끌어들여 재활용하는 능력을 갖추게 된 존재를 의미한다. 우리는 전통 도덕의 재활용이라는 개념을 가지고 있어야 마키아벨리를 이해할 수 있다. 여기에서 마키아벨리의 핵심적 가르침은 『군주론』 8장에서 잠깐 언급한 '잘 활용한 악'이란 것이다. 즉 '사악한 행동을 효과적으로 잘 실행할 수 있다고 말할 수 있다면,' 필요한 경우 이런 악을 잘 실행할 줄 알아야 한다는 점이다. 여기에서 그가 말하는 '악'이란 『군주론』의 해설가인 안젤로 코데빌라가 말하는 '상상된 악'을 의미한다. 실제로 악이 아니라 오랜 시간 동안 사람들이 악이라고 상상했던 악이다. 이것은 사실상 마키아벨리 이전에 통용되던 악의 개념이다. 그리고 이것은 소위 전통적 관점에서 말하는 도덕적 악이다. 그러나 마키아벨리는 이러한 전통적인 악의 개념을 액면 그대로 악이라고 실제로 간주하지 않는다. 그는 그런 전통적 악의 개념 속에서도 '선'의 한계와 병폐를 교정할 수 있는 가능성이 있다고 보았다. 바로 이 점이 마키아벨리가 창도한 도덕혁명의 주요 신드롬의 한 부분이다.

『군주론』 16장에서 마키아벨리는 '신군주'란 '인색함'의 지혜를 통하여 '관대함'이 가진 도덕적, 재정적 약점을 보완할 수 있는 능력을 갖춘 존재를 의미한다. 군주가 관대한 행위를 모든 사람에게 다 알려지는 방식으로 실천하면, 모든 사람이 이 군주의 성격을 관대한 것으로 이해하게 되어 너나없이 좋은 업적을 이룬 뒤엔 모두 군주에게 그런 대우를 해 주기를 당연히 기대한다는 것이다. 그러나 마키아벨리는 이는 군주가 통치하고 있는 국가뿐만 아니라 군주 자신의 이득이나 지위를 위태롭게 만든다고 간주한다. 예컨대, 공을 세운 신하 장군에게 너무 후하게 상을 내리면, 국고가 비게 되고, 결국엔 그것을 보충하기 위한 증세增稅가 신민의 재정 부담으로 연결된다. 이는 국민('신민들')의 '증오심'을 유발하여 국가가 위기에 빠졌을 때 군주가 방어하고자 하는 국가나 군주 자신의 지위나 이익을 위협할 수 있다는 것이다.

우리는 이 대목에서 마키아벨리의 이런 가르침이 남에게 재물을 잘 베풀어 주는 성격, 즉 '관대함'을 덕성으로 간주한 『니코마코스윤리학』의 저자, 아리스토텔레스의 가르침과 반대되는 부분임을 볼 수 있다. 미국의 정치학자 클리포드 오윈이 1978년의 한 연구논문('마키아벨리의 비기독교적인 자선Machiavelli's Unchristian Charity')에서 이 점을 잘 다루고 있다. 오윈이 관찰하는 점은 마키아벨리의 '인색함'에 대한 찬양은 자본주의 사회에 살고 있는 우리에게 인색한 행위를 할 때 느끼는 '도덕적 고통'으로부터 쉽게 벗어나게 해준다고 평가하고 있다. 그러나 어쨌든 마키아벨리의 가르침은 재물을 관대하게 쓰는 것을 덕으로 강조하는 아리스토텔레스는 물론이고 가난한 이에게 많이 베풀 것을 권하는 성경적 가르침과도 상충되는 것임은 물론이다.

요컨대 마키아벨리가 강조하는 점은 이것이다. 인색함을 잘 실천하는 경우가 있고, 관대함을 우리가 잘못 실천하는 경우가 있다. 그리고 관대함이든, 인색함이든, 우리는 이런 수단을 지혜롭게 잘 실천해야 한다는 것이다. 이미 공개적으로 많은 사람들에게 소문난 군주의 관대함은 군주를 파멸로 몰고 갈 수는 있어도, 자신의 안전과 국가의 안녕에는 별로 득 될 일이 없다는 것이다. 그러나 반면, 전통적 관점에서 보면 너무 인색하여 악덕한 군주라고 소문이 날지언정, 국고의 집행을 절제하고 불필요한 재정 낭비를 줄이는 군주는 국가와 군주, 국민 모두에게 손해될 일은 없다는 것이다. 특히 국가를 방어해야 하는 위기시에 평소 인색하게 처신했던 군주는 방어에 필요한 경비를 풍부하게 사용할 수 있는 여유를 가질 수 있다는 게 마키아벨리의 관점이다.

마찬가지로 마키아벨리는 『군주론』 17장에서 '자비로움'을 잘못 실천하면 오히려 정반대로 애초의 취지와 달리 가혹한 정치로 귀결된다고 주장한다. 선행이 악한 결과를 초래한 경우이다. 한국 현대사에서 이승만 대통령의 제1공화국이 부정선거로 4.19혁명을 불러와 몰락한 후 등장한 제2공화국의 자비로운 통치와 그 결과로서의 이념적·정치적 혼란을 우리는 기억하지만, 『군주론』도 그와 비슷한 경우를 언급한다. 피렌체가 식민지화하려던 사분오열된 피스토이아라는 도시의 내분을 통치한 방식은 자비로움을 잘못 실천하여 실패로 끝났다고 말할 때이다. 마키아벨리가 보기에 피스토이아의 내분상태는 피렌체가 엄혹하게 통치할 필요가 있는 경우이고, 또 그래야만 질서가 잡힐 정도로 과단성 있는 수단이 필요하다는 것이다. 이 논의는 군주국과 공화국의 공동질으로서의 '참주'의 이미지를 연상시키는 대목이다. 그러나 이 문제는 이하 쟁점 3에서 다루고자 한다.

어쨌든 『군주론』 17장은 전통적인 기독교의 자비심, 사랑에 대한 가르침을 정치적으로 적용하는 관행을 근원적으로 혁신하려는 마키아벨리의 의도가 나타나는 장이다. 마키아벨리에게 기독교적 자비심/사랑의 정치는 '상상된 선'으로서의 자비심을 통치 수단으로 삼는 것에 불과하다. 그는 이것에다 '잘 사용한 악'(『군주론』 8장과 17장)의 개념을 적용하여 '실제적인 선'의 방향으로 개혁하고자 한다. 그것을 위해 마키아벨리는 전통적으로 악이라고 '상상한 악'으로서의 가혹한 수단을 일정한도 차용하여 개혁을 도모한다는 것이다. 상상된 악은 실제적 선을 가져올 수 있다는 것이다.

『군주론』의 지평을 벗어나 『리비우스논고』 3권 19장에서 23장에 이르는 다섯 개의 장에서 마키아벨리는 이 점에 대하여 이론적으로 하나의 완결된 명제를 수립하려고 시도한다. 이는 『군주론』 17장에서의 논의('잘 실행한 악')를 공화국 정치의 맥락에서 응용하여 더욱 정밀하게 발전시키려는 것이다. 마키아벨리의 목적은 인간적 지도력과 냉혹한 지도력 사이에서 하나의 완결된 명제를 수립하는 것이다. 『리비우스논고』에서의 마키아벨리의 결론은 『군주론』 17장에서의 결론과 동일하다. 단지 차이가 있다면 후자는 군주국 정치에서, 전자는 공화국 정치에서 '효과적으로 실행한 악'의 유용성을 강조하고 있다는 점이다.

심지어 마키아벨리는 『리비우스논고』의 이 대목에서 종교적 뉘앙스까지 풍긴다. 신념을 바꾼다는 것을 의미하는 '개종(동사, convert)'이란 단어까지 사용할 정도로 지도자(군주)는 온화한 지도력에 대한 믿음을 버리고 냉혹한 지도력에 대한 믿음으로 개종해야 한다고까지 말한다. 말하자면, 엄격함을 하나의 지도자의 덕의 요건으로까지 끌어올리려고 시도하고 있다(『리비우스논고』 3권 22장 4절. 맨스필드, 『마키아벨리의 새로운 행위방식과 질서』, 382-83쪽). 지도자와 지도를 받는 사람들 사이에 행사되는 자비로움의 수단을 통치의 수단으로 삼는 것은 지도자에 대한 추종자들을 만들게 되어 공화국의 자유로운 정치적 삶에 매우 해롭고 부적절하다는 것이 마키아벨리의 취지다. 그는 이 책 1권에서 자기 부하들에게 매우 자비로웠던 카이사르를 '로마의 최초의 참주'라 표현하고 대표적인 파괴적 사례로 언급한다(『리비우스논고』 1권 37장 2절). 카이사르는 자비로운 통치로 많은 추종자들을 만들어 그 힘으로 자유로운 정치적 삶을 영위하던 로마 공화정을 전복하는 쿠데타를 감행했고, '로마 최초의 참주'가 되었다는 것이다.

요건내 우리는 이 대목에서 마키아벨리가 『군주론』과 『리비우스논고』에서 공통적으로 그리고 일관적으로 관철하고자 하는 점에 주목해야 한다. 그는 냉혹한 지도력을 인간적인 지도력보다 우위에 두려고 한다는 점, 그리고 자비로운 지도자는 군주국뿐만 아니라 공화국에서도 해롭다는 점이 그것이다. 군주국의 경우, 인간적이면서도 냉혹한 지도자가 되는 게 최선이지만 만약 선택을 해야 한다면 군주는 냉혹한 지도자가 되는 게 더 바람직하다는 점, 또 마찬가지로 공화국의 경우, 인간적인 지도자는 공화국의 '자유로운 정치적인 삶'에 매우 해롭다는 점, 무서운 지도자가 공화국의 자유를 지키는 데 더 유익하다는 명제를 하나의 사실로 수립하고자 한다는 것이다.

마지막으로 『군주론』 18장에서 마키아벨리는 '신의,' 즉 '약속을 지키는 것'에 대하여 논한다. 여기에서 가장 중요한 점은 군주 자신의 안위와 신민의 행복을 위해 '필요한 경우에' 약속을 저버리고 '배신행위'를 실행할 수도 있어야 한다는 점이다. 그는 심지어 역사적 실제 속에서 신의보다는 기만과 같은 술책(배신행위)을 사용하는 경우에 '위대한' 업적을 성취하는 군주가 많았다는 점을 노골적으로 강조한다. 여기에서 그는 '법law'과 '힘force'의 두 요소를 언급한다. 전자는 법과 이성을 따르는 '인간'을 다룰 때 사용해야 하는 것이고, 후자는 그러한 것을 따르기 어렵다고 생각되는 '짐승beasts' 같은 인간을 다룰 때 필요하다는 것이다. 전자가 물론 필요하지만 충분하지 않기 때문에 군주는 '짐승'을 모방하여 힘으로 다스릴 줄도 알아야 한다는 것이다.

그리고 모름지기 통치란 '필요에 따라' 이 두 요소를 번갈아 가면서 하는 무엇이라는 것이다. 마키아벨리는 여기에서 고대의 군주들을 가르쳤다고 알려진 '반인반수半人半獸'의 존재 '키론Chiron'이라는 신화적 선생을 언급한다. 이 부분은 다소 비현실적이지만, 마키아벨리가 이런 신화적인 선생을 언급하는 것은 정치를 가르치는 선생이나 그것을 배우는 학생(또는 미래의 지도자)은 모두 인간과 동물의 성격 두 가지를 다 가지고 있어야 한다는 정치적 현실주의자로서의 신념을 우화적으로 표현한 것이다. 여기에서 마키아벨리는 군주가 가져야 할 두 가지 동물 이미지에 관해 언급한다. 이 두 이미지를 가진 동물은 '사자'와 '여우'다. 사자는 힘을 상징하고, 여우는 함정에 속지 않는 교활한 감각을 상징한다. 군주는 약자를 괴롭히는 '늑대'(악인)와 같은 해로운 짐승을 쫓는 '사자'의 용맹성과 힘을 가져야 하겠지만, 이 '사자'는 남이 파놓은 '함정'을 쉽게 인지하지 못하기 때문에 쉽게 적의 희생물이 될 수 있으므로 군주는 '여우'와 같이 교활함 역시 가지고 있어

아 적의 함정을 재빨리 인지하고 희생되지 않는다는 것이다. 적이 파놓은 "함정을 잘 이해하기 위해서는 여우가 되어야 하고, 늑대를 혼내 주려면 사자가 되어야 한다." 요컨대 마키아벨리는 신군주에게 세 얼굴(사자, 여우, 인간의 얼굴)을 가져야 한다고 충고하는 것이다.

이 마지막 장의 주제는 신의의 허상虛像과 배신의 유용성이다. 마키아벨리의 목적은 '신군주'가 항상 신의에 넘치는 행동을 하면 인간의 본성 중에 내재된 동물적 근성, '늑대'로 상징되는 법을 지키지 않는 사람들과 위험한 상황으로 내몰고 가려는 '여우' 같은 적에게 당하기 십상임을 알려 주는 것이다. 무엇보다 신군주는 이것을 알아야 실수를 하지 않는다는 것이다. 요약건대, 모든 인간의 절반 정도가 '짐승'이며 나머지 절반에게만 '이성'과 '법'이 통용되므로 신군주는(그리고 경우에 따라 계승군주 역시) 그들을 통치하려면 반은 인간, 반은 짐승의 모습을 갖추어 '반인반수'의 존재가 되어야 한다는 것이다. 이것은 고전정치철학과 특히 기독교가 강조하는 신의라는 덕에 대한 판단과 가르침을 거부하는 것이다.

결론적으로 마키아벨리는 『군주론』 15장의 총론적 가르침이 있는 장에서 시작하여 18장까지 '신군주'는 여기에 서술된 특징들을 갖추고 있어야 한다고 권고한다. 관대함과 인색함, 가혹성과 자비심, 신의와 배신행위를 논하면서 그는 '신군주'란 전통적인 덕성의 약점을 보강할 줄 알아야 하고, 전통적인 악함의 장점을 잘 인식하고, 그것을 잘 실행할 줄 알아야 단순히 도덕성의 이름 때문에 실행한 도덕적 행위의 피해자가 되지 않고 자신의 뜻한 바를 성취할 수 있다는 것이다. 그리고 세상의 악인들을 다룰수 있는 정도의 실력을 갖추기 위해선 강압과 같은 '악한 수단을 활용할 수 있는 능력'(15장)이 있어야 하지만, 무조건하고 강압에만 의존하는 어리석은 '사자'보다는 때로는 영악한 '여우'와 같은 짐승의 교활한 행동을 할 줄도 알아야 한다는 것이다. 이런 요소들이 신군주에게 마키아벨리가 요구하는 점이다. 물론 계승군주도 이와 유사하다 하겠지만, 신군주가 처한 '필요성'보다는 덜하다는 것이 마키아벨리가 시사하는 점이다.

　신군주의 도덕적 측면에 연관하여 국가와 정치 차원의 측면을 일별하자. 마키아벨리의 신군주는 '상상적' 차원의 국가를 수립하지 않는다. 그가 '상상적' 저술가로 본 아리스토텔레스는 6개의 정체(이 중 3개는 도덕적 국가이다)를 제시했지만, 마키아벨리는 단 두개의 탈도덕적인 정체만을 제시했다. 마키아벨리의 신군주는 왕국 아니면 공화국을 건설하는 존재이다. 그러나 아리스토텔레스의 군주는 6개의 국가를 건설할 수 있는 존재이다.

마키아벨리의 신군주가 가진 또 다른 면모는 『군주론』 7장에서 그가 묘사하는 신군주 체사레 보르자의 간접통치의 통치방식에서 나타난다. 그는 자기 부하 장수에게 로마냐 지역을 평정하는 역할을 맡긴다. 그리곤 그 지역 대중과 정치적으로 소통하기 위하여 공을 세운 이 부하를 배은망덕하게도 '토사구팽兎死狗烹'한다. 부하의 안위보다 그 지역 대중의 민심을 더 중시하기 위한 것이다. 이 대목은 같은 책 9장의 '시민적 군주국'에서의 논의를 연상한다. 군주와 대등하다고 생각하고 항상 군주를 견제하려는 귀족계급을 견제하기 위해 일반대중과 직접적인 정치적 연합을 필요로 하는 군주의 이미지가 거기 있다. 대중을 끌어안는 군주의 모습이 여기 이 7장의 신군주 체사레 보르자의 모습이다. 여하튼 7장과 9장의 공통 이미지는 간접통치라는 방식이다. 군주는 자신이 직접 나서는 것이 아니라, 누군가에게 위임하여 자신을 대신하여 라이벌 세력을 견제하고 통제한다는 것이다. 다음으로 신군주의 개념과 연관된 참주라는 현상을 고찰한다.

3
군주prince와 참주tyrant

마키아벨리의 군주는 일차적으로 신군주다. 이 신군주는 『군주론』 17장에서 보듯이 통치의 방식으로 '가혹함cruelty'의 수단을 구사할 수 있는 존재이다. 이것은 『군주론』의 주제가 사실상 '참주'라는 사실을 의미한다. 그러나 막상 우리가 마키아벨리의 『군주론』을 보면 참주라는 단어는 단 한 번도 안 나온다. 그리고 '군주'와 '참주'의 의미가 뒤섞인 채로 다소 혼란스럽게 사용되고 있다. 이 두 개념이 다른 것 같으면서도 같은 의미로 사용되고 있음을 우리는 목격할 수 있다(스트라우스, 47-53쪽). 만약 『군주론』의 핵심주제가 '계승군주'가 아니라 '신군주'라면 우리는 마키아벨리가 이 책에서 군주와 참주에 대하여 사실상 같은 의미로 사용하고 있다고 결론 내릴 수 있다. '신군주'에게는 도덕적 한계를 넘어야 할 필요성이 제기되는 경우가 많고, 선대 부왕의 업적에 이어 그 족적을 따라 비교적 쉽게 정치할 수 있는 '계승군주'와 달리, 거친 세상의 도전자들과 악인들을 물리쳐야 할 경우가 많기 때문에 15장의 가르침처럼 '악을 행할 능력'이 충분히 있어야 한다. 그래시 '신군주'에게는 도더저 뉘앙스가 붉은 '군주'나 부도덕의 뉘앙스가 붙은 '참주'의 의미구분이 사실상 무의미하다는 것이다.

그러나 『군주론』이 '계승군주' 역시 언급하고 있다는 점에서 우리는 무조건 마키아벨리가 이 책에서 말하는 군주가 모두 참주와 같은 의미라고 말할 수는 없다. 계승군주는 이전의 군주가 만든 체제와 성취한 업적 위에서 살아가는 존재다. 따라서 그는 '필요하면' 부도덕함을 주저하지 않고 사용해야 하는 신군주와는 그 통치의 양식이 다를 수밖에 없다.

마키아벨리는 『군주론』에서는 '참주'를 말하지 않고 그 말을 사용하는 것을 스스로 꺼리고 자제한다. 그러다 보니 그는 역사상 실제로 참주로(폭군으로) 잘 알려진 인물들에 대해서도 '군주'라고 표현한다. 진실의 일정 부분을 사실상 숨기는 것이다. 그러나 반면, 그는 여러 명의 군주가 있는 자유로운 공화국을 논하는 『리비우스논고』에서는 이 말을 매우 자유롭게, 그리고 자주 사용하고 있다. 그가 『군주론』에서 참주란 단어를 사용하지 않았던 것은 이 책이 로렌초 메디치라는 현실군주에게 헌정된 것이기 때문이다. 메디치왕정에 구직하여 참정參政하고자 하는 염원을 가진 마키아벨리로서는 이 현실군주의 감정을 상하게 할 의도나 필요성이 없었기 때문이다. 우리는 동시에 이를 정치적 저술가로서의 마키아벨리 자신의 신중한 면이라고 할 수 있을 것이다. 마키아벨리 자신의 필요성과 신중성으로 인하여 지금 우리는 이 유명한 책에서 참주라는 단어를 보지 못하게 된 것이다. 정치철학이 저술가의 입장으로 인하여 영향을 받는다는 점을 여기에서 볼 수 있다.

결론적으로『군주론』에서 마키아벨리는 군주는 늘 말하고 참주는 전혀 말하지 않지만, 계승군주보다 주로 신군주를 다루는 만큼 참주에 대하여 말하는 경우가 많다는 것을 관찰할 수 있다. 이 참주의 깊은 의미에 대해서 우리는 4장과 5장에서 다시 볼 것이다.

4
획득과 재산

마지막으로 마키아벨리『군주론』에 있어 획득과 재산의 문제를 언급해 보고자 한다. 이 문제에서 마키아벨리는 고대 그리스 철학자 소크라테스의 학풍을 경험한 크세노폰으로부터 배웠다.

이 '획득(獲得)'과 '계산'이 중요성을 크세노폰의 책, 『오이코노미쿠스Oeconomicus』에서 차용했던 것이다(스트라우스, 291쪽). 그러나 한 가지 흥미 있는 점은 스트라우스에 의하면, 마키아벨리는 자신의 저술에서 이 크세노폰의 책 이름을 거명하지는 않는다는 사실이다. 지금 우리의 방식으로 말하면 마키아벨리는 크세노폰을 표절했다고 말할 수 있는 대목이다(스트라우스, 291쪽). 그러나 표절이라는 문제는 지금의 우리에겐 중요한 문제이지만 마키아벨리 시대엔 그렇지 않았을 수도 있겠다.

어쨌든 마키아벨리는 26개의 장으로 구성된 『군주론』 앞부분인 3장에서 '획득'에 대하여 말한다. 그는 누구라도 '획득하고자 욕구하는 것은 일상적이고 자연스럽다'고 말한다. 여기서 물론 획득의 대상은 일차적으로 '영토'로 나타난다. 그러나 실제로 거기에만 그치지 않고 주권, 권력, 사람, 그리고 물질적 부 역시 획득의 대상이 된다는 점에서 마키아벨리의 '획득' 개념은 매우 광범위한 뉘앙스를 가진 개념이라 하겠다. 관대함과 인색함을 논하는 『군주론』 16장의 맥락에서 보면, 마키아벨리는 전리품, 약탈물, 몸값booty, pillage, and ransom 등까지도 '획득'의 대상으로 말하고 있다.

우리는 여기에서 '획득'을 말하는 마키아벨리가 자본주의 사회의 건설과 어떤 본질적인 차원에서의 연관성을 가지고 있음을 보아야 한다. 스트라우스는 1959년 『정치철학이란 무엇인가』라는 책에서 흔히 '자본주의의 아버지'라 불리는 17–18세기 영국의 정치철학자 존 로크와 마키아벨리와의 연관성을 언급한다. 그는 거기에서 "로크의 물질주의는 마키아벨리의 사상이 어른으로 완전히 성장한 것이다"라고 논평한다("Lockean materialism is Machiavellianism come of age," 49쪽). 이는 우리에게 매우 인상적인 논평이다. 만약에 스트라우스가 본 대로 존 로크의 『시민정부2론 Second Treatise of Government』이라는 책이 소개하는 자본주의 철학이 '획득'을 정치의 요체로 강조한 마키아벨리의 영향이라 한다면, 우리는 자본주의를 부정하는 19세기 칼 마르크스가 창도한 공산주의는 자본주의를 거쳐야만 도달할 수 있는 방식으로 구상되어 있는 이념이자 체제라는 점에서 궁극적으로 마키아벨리와의 연관성이 보인다 하겠다.

어쨌든 획득을 아주 비판적으로 보는 공산주의자의 도전이 있긴 했지만, 『군주론』의 저자 마키아벨리의 사상은 이런 방식으로 지금까지 자본주의사회를 살고 있는 우리에게 그 영향력을 지속하고 있다고 할 수 있겠다. 자본주의자 존 로크와 공산주의자 마르크스의 대립적 관계를 고려하면 마키아벨리의 '획득'에 관한 간점은 기근이 우리에게 하나의 명제와 그것에 반대하는 또 다른 명제를 동시에 낳았다라고 할 것이다. 말하자면 그는 우리가 살아가는 자본주의 사회를 예시했지만, 동시에 그 문제 해결을 위한 암시가 되는 셈이다.

여기에서 물질 '획득'과 연관된 '재산'의 문제를 살펴보자. 흥미롭게도 마키아벨리는 『군주론』에서 '재산'이란 의미를 가진 이태리어, '로바roba'를 '가혹성'의 장점을 논하는 17장에서 4회, 정치의 본질로 간주하는 '음모'의 정치를 논하는 19장에서 2회, 총 6회 언급하고 있다(맨스필드, *The Prince*, 1998, 134쪽). 왜 그는 가혹성의 장점과 음모를 논하는 장에서 '재산'을 언급하고 있나? 마키아벨리는 우선 이 책 17장에서는 군주가 남(신민)의 재산을 빼앗는 행위를 '가혹한' 짓이라고 말한다. 이 논의의 맥락과 뉘앙스를 면밀하게 보면 가혹한 일이라도 아주 '잘못 발휘한' 가혹성이란 의미를 띠고 있다. 마키아벨리에겐 우리가 이미 본 대로 악한 행위를 통치수단으로 사용한다고 해도 '잘 실행한' 것이 있고 '잘못 실행한' 것이 있다. 그래서 악을 행할 필요가 있는 경우엔 행하되 '잘' 행해야 한다는 게 마키아벨리의 가르침이다. 마키아벨리는 군주가 필요하다면 엄혹한 통치수단을 사용하되, 특별히 남의 사유재산을 빼앗는 방식으로 가혹한 통치를 행하는 것은 빼앗긴 사람으로부터 증오감을 불러일으키게 되므로 군주의 안전과 안녕에 해롭다는 취지로 말하고 있다는 것에 주목해야 한다. 재산이 그만큼 보통 사람에게는 중요한 가치를 갖는 문제라는 것이다. 군주가 '신민'의 재산을 잘못 취급할 경우 이는 군주 자신에게 치명적인 위해의 요소가 될 수 있다는 게 마키아벨리의 생각이다.

19장에서도 비슷하다. 군주가 남의 재산을 부당하게 빼앗으면 '음모'를 초래할 수 있다는 것이다. 그러나 반대로 성공적인 음모를 통해 군주를 추방하고 새로운 군주가 등장하면 새로운 재산을 획득할 수 있다는 것 역시 이 19장은 시사한다고 생각된다. 이 19장의 음모의 정치를 통한 재산 획득의 차원은 다시 3장에서 마키아벨리가 '획득'을 아주 '일상적이고 자연스러운' 것이라고 말할 때의 긍정적인 뉘앙스와 비슷하다. 요컨대 마키아벨리는 재산에 대하여 기본적으로 긍정적인 시선을 가지고 있으면서도 그게 통치의 주체인 군주의 경우에는 치명적인 위해의 요인도 될 수도 있음을 강조하고 있다는 것이 중요하다 하겠다.

그러나 『군주론』이든 『리비우스논고』이든 간에 대외적인 전쟁을 수행할 때 당연히 나타나는 약탈 행위에 대하여 마키아벨리는 이것을 가혹한 짓이라고 말하지 않는다. 왜 마키아벨리는 국내정치에서 남의 재산을 빼앗는 것을 나쁜 것이라고 말하면서 국제정치의 지평에서는 그렇게 말하지 않는가? 이 질문이 시사하는 점은 군주가 개인의 재산을 약탈하는 것은 '증오심'을 초래한다는 이유로 인하여 정치적으로 매우 위험한 일종의 금기사항이지만 국가와 국가의 차원에서는 달리 보았다는 것이다. 즉 국가적으로 축적하는 재산이란 기본적으로 약탈을 통한 것이라고 해도, 거기엔 양심의 가책과 같은 것이 없거나 적다는 점을 의미한다. 앞에서 말한 바 있는 『군주론』 16장의 '전리품, 약탈물, 그리고 몸값'을 말할 때가 바로 그런 경우다. 『리비우스논고』의 경우 마키아벨리는 2권에서 고대 로마 국제정치를 논하고 있는데 거기에서는 주로 이런 차원의 이야기들이 매우 많이 나타나고 있다. 국제정치 영역에서 약탈을 내포하는 획득은 마키아벨리에 있어 '사적인 고려private counsel'의 대상이라고 말한다. 이것이 의미하는 것은 국제정치에서는 시민적 이익을 중시하는 '공적인 고려public counsel'의 대상이 되지 않는 다는 것이다. 지휘관(전쟁현장의 군주) 개인의 획득의 대상이라는 것이다. 그래서 현장의 군사지휘관이 사적으로 판단하여 처분할 문제라는 것이다. (아마 이것은 오늘날과는 많이 다른 것이라고 생각된다.)

결국, 마키아벨리에 있어 '획득'은 두 차원이 있다. 도덕적인 차원과 부도덕의 차원이 그것이다. 국내정치 영역에서는 획득이란 군주 자신에게 모든 경우에 다 유익한 것만은 아니라는 점, 따라서 국내정치의 영역에서 '획득'이란 도덕적인 문제로 많이 다루어지는 반면, 국제정치의 영역에서 '획득'은 사실상 모든 경우에 유익하고 바람직하다는 점, 그래서 획득이라는 문제는 거기에선 도덕적인 고려의 대상이 되기 어렵다는 점을 우리는 마키아벨리의 사유에서 볼 수 있다.

그러나 우리는 이것을 어떻게 해석해야 할까? 마키아벨리에 있어 공공적인 것과 사적인 것을 보면 답이 나온다. 이는 그가 국내정치를 공적인 사고가 작동되는 공적인 영역으로, 국제정치를 공적인 사고가 작동될 수 없는 사적인 것으로 보고 있음을 의미한다. 이런 맥락에서 보면 마키아벨리에 있어 전쟁을 통한 국제적인 약탈의 행위엔 도덕적인 한계가 사실상 없는 영역임을 우리는 볼 수 있다. [『국가』를 쓴 플라톤에게 있어서도 도덕적인(정의로운) 국가가 수립되기 이전엔 모든 사람의 행위에 도덕적 의미를 부여하기 어렵다는 것을 본다. 마키아벨리의 견해도 그런 점을 연상시킨다.]

우리는 이것을 이해하기 위해 우선 마키아벨리는 국내정치의 개념과 국제정치의 개념을 분리하고 있다는 점을 보아야 할 것이고, 또 정당한 재산의 개념이 국내정치와 국제정치의 두 차원에서 달리 파악되고 있다는 점을 보아야 한다고 생각된다. 마키아벨리의 『리비우스논고』의 1권은 국내정치, 그리고 2권은 국제정치를 다루고 있다. 그는 국내정치의 차원에서 재산이란 자식과 아버지의 관계의 문제로 이해하고 있다. 더 구체적으로, 한 개인에게 재산이란 가장 기본적으로 '세습된 재산patrimony'의 형태를 취하고 있다(『군주론』 17장). 그러나 국제정치의 차원에서 국가적 재산의 획득이라는 문제를 군사적인 작전을 통하여 언급하고 있음을 보아야 할 것이다. 이 점에 관하여 2000년에 『질서가 잘 잡힌 방종Well-Ordered License』이라는 제목의 책을 출간한 마커스 피셔의 논의가 매우 유익하다. 그는 마키아벨리적 획득의 정치는 사실상 '질서가 잘 잡힌 방종'이거나 아니면 나중 2006년의 한 저술에서 말한 대로 '약탈의 정치politics of rapacity'라고 관찰하고 있다(『마키아벨리의 자유주의적 공화주의』의 '프롤로그').

국내정치의 이미지와 국제정치의 이미지 중에서 그 중간의 이미지를 띠는 영역이 있다. 그게 바로 마키아벨리가 『군주론』 19장에서 가장 길게 논의하는 국내정치적 '음모'의 정치의 경우다. 이 장에서 말하는 음모의 정치는 기본적으로 국내정치의 지평에서 벌어지는 일이다. 그래서 국제정치 영역도 아니고 그것과는 구별된다. 그러나 마키아벨리는 이 음모가 궁극적으로 목표로 하는 바의 일부가 바로 재산을 얻기 위한 활동임을 시사하고 있다. 그러나 마키아벨리는 필자가 보기에 이런 것을 통한 획득을 그다지 도덕적 시선으로 판단하지는 않는 듯하다. 단지 그런 일이 역사를 보면 늘 정치사회에서 발생한 일이라는 게 마키아벨리의 시선인 듯하다.

대외적인 군사작전의 성공에서 가능한 '약탈'과 '음모'를 내포하는 국내정치에서 마키아벨리가 '획득'을 말하는 대목을 보면, 확실히 『군주론』이 아직 자본주의적인 생산력의 증대나 자본축적을 통한 획득이 그다지 일반화되어 있지 못한 16세기 초엽 이태리의 사회경제적·역사적·시대적 상황을 반영한 것 같다. 자본주의가 발달한 사회에서 마키아벨리적인 '약탈'과 '방종'의 정치는 실행하기 어렵고 윤리적·도덕적으로 용인되기도 어려운 일이다. (자기 노동자들을 해외로 송출하여 임금의 상당 부분을 강제적으로 국가에 귀속시키는 북한北韓이 아닌 한!) 이 획득에 관한 주장은 이런 시대적 상황과의 상관관계를 가지고 있는 것으로 이해해야 할 일이라 생각된다.

우리는 이 대목에서 1970년대부터 '세계체제world system' 이론을 자신의 저술에서 논의하여 유명해진 미국의 이마누엘 월러스타인Immanuel Wallerstein이란 학자를 인용할 필요를 느낀다. 그는 "자본주의 사회구조가 16세기에 이미 유럽에서 형성되고 있었다"고 주장한다. 이 시점은 마키아벨리가 『군주론』을 집필하고 출간한 시점이다. 월러스타인에 따르면 『군주론』은 자본주의가 유럽에서 형성되기 시작하던 무렵에 집필된 것이다. 그러나 마키아벨리는 월러스타인이 목격하고 있는 그런 자본주의 시스템을 미처 목격하지 못했을 수도 있다고 생각된다. 이 사실이 중요하다고 느껴지는 이유는 그는 『군주론』과 『리비우스논고』에서 '약탈'과 '방종'의 정치를 말한다고 해도 고대의 시각에서 문제를 바라보고 있는 듯하기 때문이다. 즉, 마키아벨리는 비록 자본주의적인 현상을 목격하고 그것을 나름의 방식으로 언급하고 있음에도 불구하고, 17-18세기에 살았던 '자본주의 철학자,' 존 로크처럼 자본주의자가 되기엔 아직 너무 고대적인 지평에 머물러 있는 인물이라는 것이다.

그렇지만 우리는 이것은 인정해야 된다고 생각된다. 마키아벨리는 '획득'의 가치를 인정했다는 점에서 레오 스트라우스가 말한 대로 '로크적인 물질주의(자본주의)'의 아버지가 된다는 점, 또 그가 고대 로마의 역사를 본 뒤 내린 결론 중의 하나로 고대 로마 공화정의 몰락은 결국엔 귀족세력(원로원과 그 주변 계급)과 평민세력(호민관과 그 주변 계급) 사이에 '재산'을 둘러싸고 양보할 수 없는 계급투쟁을 벌였다는 사실을 발견하게 된 최초의 사상가라는 점이 그것이다. 마키아벨리의 눈에 고대 로마인들은 권력이나 지위, 명예보다는 돈 내지 재산을 더 중요하게 여기는 그런 존재로 비쳤던 것이다. 여기에서 우리가 볼 수 있는 점은 마키아벨리에 있어 고대 로마의 역사, 특히 공화정의 역사와 그 몰락의 역사를 통하여 인간이란 '공직'과 같은 다른 것은 다른 세력들에게 점차로 양보할 수 있어도 '재산'만큼은 어느 누구에게도 양보할 의사가 없는 그런 존재라는 점이다.

『마키아벨리의 세 개의 로마』의 저자, 비키 설리반은 마키아벨리의 저술(특히 『리비우스논고』)에 '세속적 로마,' '기독교적 로마,' '마키아벨리의 로마' 이렇게 세 개의 로마의 요소들이 존재한다고 주장한다. 고대 로마가 기독교적 로마로 이행해 넘어가는 도중에 그라쿠스 형제와 카이사르 현상(쿠데타와 공화정 전복, 그리고 이후에 황제정을 도입한 계기를 사실상 만든 인물)이 있었고, 이 카이사르라는 인물은 그라쿠스 형제의 평민에 대한 사랑을 후에 계승하여 실천한 인물이라는 것이다. 카이사르는 로마의 공화정을 영원히 지상에서 종식시켰다는 것이다.

마키아벨리 텍스트에서 등장하는 그라쿠스 형제는 정치적으로 평민의 편에 서서 로마의 귀족정치에 대하여 반기를 들고 '농지법agrarian law' 입법을 통하여 평민에게 더 많은 땅(농지)을 주려는 입법개혁을 시도했다. 이 땅은 물론 로마가 전쟁에서 얻은 땅이나. 그리고 이는 리비우스의 서술에 기인한 것이다. 비키 설리반은 바로 이 점에 주목하여 이는 후에 카이사르의 '포퓰리즘'으로 연결되어 카이사르가 대중의 이름으로 권력을 장악하고, 그러다가 마르쿠스 브루투스와 원로원의 자객들에 의해 죽임을 당함으로써 대중적 '순교殉敎'의 이념을 만들어 냈다고 관찰한다. 이 순교란 그를 정치적으로 계승한 이후의 모든 황제들이 '카이사르의 이름으로' 권력승계도 하고 통치를 했다는 것을 말한다. 카이사르 추종 황제들이 카이사르의 포퓰리즘 정신을 추종하게 되었다는 것이다. 그렇지만 마키아벨리가 보기에 그 대가는 로마의 공화정의 파괴다. 마키아벨리의 시선에 이 카이사르적 순교 현상은 로마적인 공화정치를 종식시키는 결정적인 계기가 되었다. 그리고 카이사르 사후 이는 공화정 국가 로마가 기독교적인 로마로 넘어가는 결정적인 계기를 만들었다는 것이 마키아벨리의 시선이라고 비키 설리반은 지적한다.

설리반이 마키아벨리를 바르게 보았건 아니건 간에 중요한 것은 재산 문제다. 평민과 귀족 사이의 이 재산을 둘러싼 싸움과 논쟁은 로마를 멸망하는 길로 가게 만들었다는 것이다. 설리반이 주장하는 것은 마키아벨리는 이런 고대 로마의 사례를 통하여 로마가 겪은 종류의 쇠락을 방지하고 새로운 종류의 미래의 공화정치를 할 수 있는 기반을 우리 미래세대에게 마련해 주었다는 점이다. 그것이 설리반이 말하는 마키아벨리가 꿈꾼 로마, '마키아벨리의 로마'다. 설리반은 이 새로운 로마에서는 '평민에게는 평민의 것을, 귀족에게는 귀족의 것'을 주는 게 해법이라고 주장한다. 그게 마키아벨리의 뜻이라는 것이다. (이 해석은 우리에게 '그리스도의 것은 그리스도에게, 카이사르의 것은 카이사르에게'라는 유명한 말을 연상시킨다.) 설리반의 주장은 그라쿠스형제와 카이사르가 평민에게 어울리지 않는 '선,' 너무 과도한 선을 주려고 시도했기 때문에 문제가 있었다는 것이다.

이 점과 연관하여 우리는 마키아벨리적인 '약탈'의 정치를 비판적으로 지적한 18세기 미국 건국의 아버지들의 근대적 해법을 참고할 수 있을 것이다. 마커스 피셔는 이들 미국 지도자들이 마키아벨리의 약탈의 정치에 대하여 커다란 정신적 부담감을 가지고 있었기 때문에 마키아벨리적 공화주의의 자유주의화라고 볼 수 있는 '자유주의적인 공화주의'를 신봉하게 되었다라고 분석하고 있다. 그들이 중시하게 된 것은 약탈 대신 무역과 외교와 같은 국제협력의 체제였다는 것이다(Markus Fischer, 'Prologue' in Paul Rahe ed., *Machiavelli's Liberal Republicanism.*)

요컨대 마키아벨리에 있어, 『군주론』에서 그가 다룬 '획득'의 문제는 '신군주'의 활동 중에서 사실상 가장 중요한 과제로 기대되는 무엇이다. 그러나 그것은 미국의 건국의 아버지들이 직면했던 고민과 마찬가지로 지금의 우리에게도 사실 도덕적·이론적 그리고 정치적으로 큰 부담감으로 다가오는 면이 있다. 그렇다고 해서 마키아벨리의 '획득'에 관한 가르침이 지금의 상황에 적용되기에 어려운 면이 있다고 해도, 그 가치가 완전히 사라졌다고 말하기는 어렵다. 다른 형태로 이 가치가 유지되는 면도 있고, 국제정치적 '약탈'이 국내정치에서 그대로 나타나는 것도 아니고, 국내와 국제정치 모두에서 아무런 원칙도 없는 무제한의 약탈의 정치를 마키아벨리가 지지하는 것도 아니기 때문이다.

우리는 여기에서 마키아벨리 『군주론』의 몇 가지 쟁점을 다루어 보았다. 이 책은 지금도 군주국과 공화국, 군주, 신군주, 계승군주, 참주, 그리고 획득이라는 쟁점을 통하여 정치적 삶에 대한 이해를 계속 심화시켜 나가는 데에 유익한 기회를 제공한다.

4

군주국-공화국의 연결고리 및
공화국의 군주와 참주

이 4장은 군주국과 공화국 사이의 연결고리(또는 군주국이 공화국으로 넘어가는 과도적 현상)에 대한 서술이다. 이것을 서술하는 것은 다음의 이유들 때문이다. 우리가 앞에서 보았듯이 그동안 두 저술의 성격이 너무나 다르다고 생각해 온 학자들도 많았고, 그래서 마키아벨리가 과연 군주정치를 지지하고 옹호하는 사람인지, 아니면 공화정치를 지지하고 옹호하는 사람인지에 대하여 너무나 많은 비생산적인 논쟁이 있어 왔고, 군주국과 공화국의 국가형태의 차이가 무엇을 의미하는 것인지, 단수單數의 군주와 복수複數의 군주 사이에서 학자들도 때로는 이 수적인 차이의 의미를 발견하지 못한 경우도 많았고, 무엇보다 군주와 참주의 문제는 『군주론』과 『리비우스논고』라는 두 책에서 어떻게 같이 인식되고, 어떻게 달리 인식되는가 하는 문제에 대하여 그동안 우리에게 많은 혼돈이 있었기 때문이다.

가장 실천적인 차원에서 우리가 여기에서 취하는 전략은 두 책의 '행간行間'에 한번 서 보는 것이다. 그러면 마키아벨리를 전체적으로 이해할 수 있는 기회를 얻는다. 동시에 이런 노력은 그에 대한 우리 자신의 사색의 공간을 확보할 수 있게 되고, 우리의 사고를 연속적으로 촉발시켜 주는 기회를 얻게 된다. 이런 시도는 레오 스트라우스가 자신의 책과 강의에서 자주 강조했던 '행간'의 필요성과 그 전략에서 얻은 힌트를 나름으로 활용해 보는 것이다.

이 장에서 연결고리 문제를 이해하기 위해 우리는 다음의 문제들을 고찰하고자 한다. ①『군주론』의 공화적 맹아萌芽, 거기에 따른 군주국과 공화국의 관계, 그리고 ② 공화국의 군주와 참주의 문제이다. 이미 우리는 앞의 3장에서 마키아벨리『군주론』의 쟁점을 분석할 때 참주의 문제를 약간 다루었으므로 이 장에서는 그 논의를 넘어 좀 더 깊은 차원을 서술해 보고자 한다.

1
『군주론』의 공화적 맹아萌芽와 군주국과 공화국의 관계

1)『군주론』의 공화적 맹아萌芽

우리는『군주론』이 강조하는 군주국의 정치와『리비우스논고』가 강조하는 공화국의 정치를 연결하는 고리가 무엇인지 분명하게 인식할 필요가 있다. 마키아벨리는 『군주론』 15장에서 자신의 ㄱ싱지사상의 핵심이라 간주되는 탈脫도덕적인 진실, '실제적 진실'을 강조했다. 그리고 여기에서 볼 수 있는 그의 사상은 군주론자로서의 마키아벨리뿐만 아니라, 공화주의자로서의 마키아벨리 역시 포함한다.

우리는 앞의 3장 1절에서 신군주를 논하면서 그것이 마키아벨리의 아리스토텔레스적 정체분류에 대한 비판을 함축하고 있음을 보았다. 여기에서 핵심은 탈도덕화된 국가의 모습이다. 그리고 2절에서 『군주론』 7장의 신군주, 체사레 보르자를 거명했다. 『군주론』에서 마키아벨리가 신군주의 행위 모드를 가장 구체적으로 묘사한 인물은 바로 이 인물이다. 도덕성이 탈색된 국가와 앞서 본 보르자란 인물이 보여 준 것과 9장의 '시민적 군주국가'의 경우에 나타나는 군주의 간접통치間接統治의 양식, 이 둘은 『군주론』에 나타난 공화주의의 맹아로 볼 수 있다.

보르자는 로마냐 지역에서 질서를 잡고 신군주로 등극했지만, 자신이 직접 나서서 질서를 수립한 게 아니라 자기의 대리인으로 휘하의 장군 레미로 드 오르코를 파견했다. 그에게 모든 권위를 부여하고 힘든 일을 다 시켰다. 대리자 레미로는 매우 혹독한 통치의 수단으로 그 지역에서 힘을 가진 여러 세력들을 다 평정하여 명령 받은 질서를 세웠다. 그러나 많은 시민들이 이러한 레미로의 가혹한 통치에 염증을 느끼고 넌덜머리를 느끼게 되었다. 이런 민심을 접한 군주 보르자는 레미로를 잔인한 방법으로 처형하고 그 도구를 시신과 함께 시민들이 나다니는 큰 광장에 전시했다. 그러자 시민들은 마음 한구석에 시원한 느낌을 가지게 되었다. 마키아벨리는 이 광경을 "(사람들은 이에) 만족했고 (너무나 큰 충격으로) 멍해졌다satisfied and stupefied"라고 묘사한다.

우리가 여기에서 볼 수 있는 점은 대중의 힘이 반영되는 국가, 즉 공화국 역시 레미로를 척결하는 것과 같은 나쁜 수단, 가혹한 통치수단과 배은망덕과 같은 악덕惡德이 요구된다는 것이다. 군주국에서는 지도자(군주)의 오르디니를 세우기 위해 '필요한 경우,' 지도자 자신의 배은망덕이 필요하다. (뒤에서 고찰할 공화국에서는 공화적인 오르디니를 유지하기 위해 대중의 배은망덕, 대중이 잘 실행한 악덕이 필요한 경우가 있다. 『군주론』의 경우는 전자의 경우다.)

이 사례에서 군주국과 공화국의 두 이미지가 오버랩 되어 다나타난다. 군주국은 레미로가 가혹한 통치수단으로 평정한 로마냐 지역의 오르디니로 상징된다. 그리고 공화국은 그 지역 주민의 원성과 불만에 찬 감성을 성공적으로 (그러나 가혹하게) 수습하는 보르자의 통치수단이 상징하는 대중적 공감과 소통이 제도화되는 그런 오르디니이다.

그러나 보르자는 바로 여기에서 사실상의 참주가 된다. 보르사의 참주적 통치는 **이중적**이다. 첫째의 참주적 통치는 그의 부하, 레미로에게 위임한 참주통치다. 레미로는 그 위임을 받아 로마냐 지역민에게 참주적 통치를 구사하여 질서를 잡았다. 그리고 두 번째 참주적 통치는 자기부하 레미로에게 행한 매우 부당한 (억울한) 처벌이다. 레미로의 죄 아닌 죄는 그 지역 주민들이 강력한 통치에 원망과 증오심의 감정을 가지게 된 것에 있다. 그러나 이 모든 통치의 장본인은 보르자라는 신군주 자신이다. 놀랍게도 그는 가혹한 이기적利己的, self-interested 군주였지만, 그 지역 대중들에게는 원망의 대상인 레미로를 척결해 준 은혜롭고 자비로운 군주가 된다. 보르자는 사악한 이중적 수단으로 대중이 만족하는 공화적 질서의 싹을 보여 준다. (그는 군주국을 세웠지만, 대중의 힘을 수용하는 것은 공화적이다.) 마키아벨리 학자, 빅토리아 칸은 레미로를 죽여야겠다고 보르자가 결심한 그 자체가 '공화적 맹아'라고 해석한다(*Machiavellian Rhetoric*). 주민들과 신군주 보르자 간에 시민적 이익이라고 할 만한 것들, 즉 평화와 번영의 사회적 기반을 수립하기 위해 하나의 거대한 합의가 부지불식간에 형성되었기 때문이다. 주민들은 부지불식간에 보르자의 통치에 공동으로 참여하게 된 것이다. 18세기 미국의 건국의 아버지 중의 한 인물이자 4대 대통령을 지낸 인물인 제임스 매디슨은 이런 것을 두고 "보통사람들은 느낌의 기능이 탁월하다. 그들은 어떤 질서가 자신에게 좋다고 느끼면 거기에 애착을 느낀다"라고 관찰한 적이 있다. 대중은 느낌으로 정치에 참여한다는 것이다. 그래서 제도의 필요성에 대한 추론기능이 탁월한 엘리트와 이런 호감을 가진 대중이 서로 협력하여 미국적인 공화주의 정치가 그런 것에서 작동되기 시작했다는 것이다. (뒤의 9장 참조.)

『군주론』 9장을 통하여 이 간접통치를 좀 더 분석해 보자. 거기에서 마키아벨리가 말하는 주제는 '시민적 군주국'이다. 주민들이 특정의 인물을 군주로 옹립하여 만들어진 국가다. 여기에서 핵심적인 당사자는 시민(실제는 '신민,' 臣民, subjects), 군주, 그리고 귀족이다. 시민들은 귀족들로부터 '명령'이나 '압박'을 당하지 않기 위하여 마음에 드는 특정의 귀족을 중심으로 단결하고 그를 지도자로 옹립하여 귀족의 부당한 억압이나 횡포로부터 도피하고자 한다는 것이다. 시민들이 원하는 것은 '자유'이다. 그들은 이를 위해 특정의 인물을 군주로 옹립한다는 것이다. 마키아벨리는 이 장에서 모든 정치사회에 보편적인 '두 가지 기질two humors'을 매우 짧게 그러나 분명하게 설명한다. 한 가지 기질은 '명령하고 압박하려는 기질'이고 다른 하나는 '명령받지 않고 압박당하지 않으려는 기질'이다. 전자는 귀족적aristocratic 기질이고, 후자는 대중적(평민적, plebeian) 기질이다. 하비 맨스필드는 『마키아벨리의 덕』에서 바로 이것이 모든 정치사회가 직면해 있는 **가장 대표적인** 정치문제the political problem라고 논평한다(이탤릭체는 원문의 것). 이것이 모든 정치사회의 정치가 이루어지는 출발점이자 종착점이라는 것이다.

이 경우 우리가 확인하고자 하는 공화적 요소가 무엇인가? 첫째로 군주로 옹립된 인물은 귀족들의 전횡과 압박을 억제하여 대중을 보호해 주어야 할 욕구를 의무로 느낀다는 점, 둘째로 군주는 대중과 협력하여 '자신과 대등하다고 여기는' 힘이 센 귀족이나 귀족들을 정치적으로 억제할 필요가 있다는 점, 그리고 셋째로 그렇기 때문에 군주는 대중을 보호하기 위하여 이러한 귀족들의 힘을 억제하고 자신을 보호해야 할 이유가 있다는 점, 이런 것이 공화적 요소들이다. 여기에서 군주와 대중은 한 덩어리가 되어야 할 필요가 있다는 것이다.

그러나 『군주론』은 공화국을 논하지 않으므로 우리는 공화적 맹아 문제를 좀 더 구체적으로 인식하기 위해 이 지점에서 잠깐 『리비우스논고』로 눈을 돌려야 한다. 마키아벨리는 이 책 1권

18장 4절에서 카이사르를 논할 때 '수단'과 '목적의 문제에 대하여 말한다. 선량한 군주는 본성적으로 선량한 수단을 사용할 것이고, 사악한 군주는 본성적으로 나쁜 수단을 사용할 것이다. 그리고 선량한 군주는 다수대중을 위한 목적을 가진 정치, 공화적 정치를 할 것이고 사악한 군주는 자신만을 위한 이기적인 목적을 가진 군주의 정치를 할 것이다. 그러나 이러한 이론적 추리를 벗어나는 하나의 예외가 있었다. 리비우스가 전달하는 고대 로마역사에서 그 사례가 보고되었다. **선량한 인간이었던 카이사르가 선량한 수단으로 나쁜 목적을 성취했다는 점이다.** 그는 스키피오나 발레리우스같이 자비롭고 인자한 현장의 군주였다. 그러나 그는 로마공화정이 누리게 해 주던 '자유'를 박탈하고 '정치적인 삶의 방식'을 철폐하고 원로원을 압박하여 유명무실한 기구로 전락시켜 로마적 자유를 희생시켰다. 참주가 된 것이다.

　마키아벨리는 이 예외적 상황에 주목하여 이 카이사르적 인과관계因果關係(―선량한 수단의 사용과 사악한 목적의 실현)를 역전시키고 사악한 수단으로 선량한 목적을 성취해야 한다는 자기 나름의 이론적 교훈을 창안해 낸다. 이것은 카이사르의 경우를 역전시키는 것이다. 그리고 리비우스적 사실에다 마키아벨리 자신의 상상력을 가미한 것이다. 마키아벨리는 리비우스의 역사 위에서 하나의 이론을 수립한 것이다. 이것이 마키아벨리의 참주에 관한 혁신이자, 새로운 성지과학이다. 중요한 것은 군주국/군주정치가 공화국/공화정치로 어떻게 이동될 수 있는가 하는 문제다. 마키아벨리는 그 핵심고리가 수단적 참주정치, '모드' 상의 참주정치라고 제시한 것이다. 『군주론』의 보르자의 간접통치의 모습이 이런 것을 상징적으로 잘 보여 준다. 이것이 이 책의 공화주의 요소들이다.

이 간접통치에 대하여 하비 맨스필드가 『마키아벨리의 새로운 행위방식과 질서』(1979)와 『마키아벨리의 덕』(1996)에서 자세하게 논의한다. 맨스필드에 의하면, '간접통치'란 본인이 아닌 대리인을 내세워 남들을 지배하는 방식이다. 주인공은 다소간 뒤에 숨어 있다. 대리인은 파견된 총독이거나 아니면 현지인 중의 대표자다. 이게 유리한 통치의 전략이 될 수 있는 이유는 지배를 받는 현지인은 권력을 가진 주인공의 괴로운 직접통치를 받지 않기 때문에 통치로부터 고통을 당해도 당하는 고통이 덜하거나 느껴지지 않는다는 것이다. 실제로 그 고통을 주는 주인공을 사람들은 직접 자기 눈으로 면전에서 보지 않기 때문이다. 맨스필드는 바로 이것이 마키아벨리가 본 고대 로마가 식민지 도시들을 통치하던 방식이었다는 것을 강조한다. (그리고 그는 이게 '근대 공화주의 정치'에도 다양한 모습으로 나타난다고 보고한다.)

2) 군주국과 공화국의 관계: 무관한가, 유관한가?

(1) 연결고리가 있다

우리는 이 대목에서 마키아벨리가 공화국을 논한 『리비우스논고』를 일별하기 직전에 군주국이 어떻게 하여 공화국으로 이동할 수 있는가, 얼핏 모순적 내용을 담고 있다고들 많은 사람들이 지적해 온 『군주론』과 『리비우스논고』가 어떻게 일관적인 논리로 서로 연결되는지에 대하여 서술해 보고자 한다. 군주국과 공화국에 대하여 우리는 앞에서 언급했기 때문에 더 말하는 것은 불필요하다. 여기에서 우리의 목적은 마키아벨리가 실제로 공화국과 군주국의 관계를 어떻게 이해하고 있었는지에 대하여 일별해 보는 것이다. 이것은 사실상 마키아벨리에 있어 군주국과 공화국 사이의 공통점과 차이점을 분석하는 것과 동일하다.

우선 필자는 『군주론』과 『리비우스논고』 사이에 관계가 없다고 본 학자들의 견해를 잠깐 다시 소개한다. 이 학자들은 마키아벨리의 군주국과 공화국 사이에는 건너기 어려운 간격이 있다는 사실을 아주 중시하고, 두 책 사이에는 어떤 연결고리가 있다는 사실보다 없다는 사실을 더 많이 강조해 왔다. 이런 시각을 가진 학자들의 시선엔 두 국가 유형 사이에 공통점이 존재하지 않는 것으로 보일 것이다. 필자가 2장 4절에서 이미 언급한 이사야 벌린(1953), 쿠엔틴 스키너(1981), 마우리치오 비롤리(2000년과 2002년)와 필립 페팃(2002) 등의 소위 '케임브리지 학파' 학자들과 미국의 역사학자 존 포칵(1975) 등의 관점은 우리가 보기에 군주국가와 공화국가의 정치 사이에 보이는 **도덕성**을 강조하기 때문인 것으로 풀이된다. 그렇지만 도덕적 관점에서 마키아벨리의 두 텍스트를 분석하면 두 텍스트가 모순적인 내용과 논리를 가지고 있다고 결론 내릴 수밖에 없음을 우리는 주목해야 한다. 이미 우리가 본 고대의 '상상적' 저술가 아리스토텔레스 역시 도덕성으로 국가를 분류했기 때문에 이들 현대의 학자들과 유사한 사고의 지평을 보여 준다고 생각된다. 이런 관점이 마키아벨리를 있는 그대로 분석하고 평가하는 방법이 되기엔 좀 미흡하다는 게 필자의 인상이다.

미국의 마키아벨리 학자 훌리웅Mark Hulliung은 1983년 이들이 말하는 이런 마키아벨리 이미지를 '표준 마키아벨리' 이미지라고 규정하고 이를 비판적으로 검토한다. 그는 있는 그대로의 마키아벨리를 이해하기 위해서 이런 표준화되고 정형화된 마키아벨리 이미지의 지평을 극복하고 넘어서야 한다고 지적한다(홀리웅, 『시민 마키아벨리』, 219쪽). 그리고 홀리웅의 이러한 시선은 레오 스트라우스의 그것과 일치한다. 그 역시 스트라우스처럼 시대적인 도덕성과 그 고정관념, 편견을 넘어서야 진정한 마키아벨리의 모습을 볼 수 있다고 주장한다.

요약건대 『군주론』과 『리비우스논고』, 군주국과 공화국의 연결고리는 마키아벨리의 국가와 정치에 대한 '실제적 진실'의 구체화된 것들에 있다. 탈도덕화된 국가, 보르자 식의 참주적 통치 모드와 '시민적 군주국'에서 나타난 '간접통치'와 그 속의 다소 숨겨진(비밀스러운) 정치행위자의 모습 등이 그것이다. 이러한 간접통치의 이념은 하비 맨스필드가 잘 지적하듯이, 군주국보다 공화주의 정치에서 더욱더 확대되어 나타난다(『마키아벨리의 덕』, 'Machiavelli's New Regime,' 235-57쪽 참조).

(2) 군주국과 공화국의 연결고리는 '참주'의 존재다

우리는 '케임브리지 학파'의 군주국-공화국의 연결고리(공통점)가 없다는 관점을 배격하고 군주국과 공화국은 놀랍게도 '참주'의 의미를 통하여 서로 연결되고 있다고 주장하고자 한다. 스트라우스 역시 이 관점을 지지한다. 우리는 앞에서 특히 보르자의 경우를 통하여 이미 이런 점을 보았다. 탈도덕적 국가, 참주적 통치수단, 그리고 주인공이 숨겨진 간접통치 요소들은 모두 한 사람의 참주를 지향한다.

그리고 『리비우스논고』 3권 19장-23장(타키투스의 주장을 마키아벨리가 인용하는 다섯 장들)의 주제 역시 '참주적' 통치수단임을 우린 역시 본다. 무엇보다 이 책 전체를 통틀어 '군주'보다 '참주'를 언급하는 단어군이 더 많다는 사실은 참주가 마키아벨리의 사고에 얼마나 치밀하게 지속적으로 작용하는지를 한눈에 보게 한다. 마키아벨리가 공화국의 군주와 참주의 문제에 대하여 정확히 어떤 생각을 하고 있었는지를 보기 위해선, 『리비우스논고』에서 군주와 참주의 의미를 수적으로 얼마나 사용하고 있는지를 비교하는 것도 하나의 방법이 되리라 생각된다. 맨스필드와 타르코프(1996)가 같이 영역한 『리비우스논고』의 '용어해설glossary' 부분(338쪽과 344쪽)을 보면 군주 이미지의 단어군(군주prince, 군주국principality)과 참주 이미지를 연상하는 단어군(참주tyrant, 참주정치tyranny, 참주적인tyrannical, 참주같이tyrannically, 참주짓 하다tyrannize, 참주살해tyrannicides 등)을 비교하면 전자가 총 26회, 후자는 총 35회 나타난다.

이 횟수를 비교하면 마키아벨리가 공화국을 논의하는 책에서 참주 이미지를 군주 이미지보다 더 많이 사용하고 있음을 알 수 있다. 이는 군주 자신의 이기적인 국가를 군주국으로 이해하고, 그것이 없는 모든 시민의 국가를 공화국으로, 도덕적인 국가로 이해하는 습관이 있는 우리에게 아주 충격적이다. 그러나 이 점은 아주 중요하다고 생각된다. 스트라우스는 그래서 『리비우스 논고』를 분석하면서 **마키아벨리적 공화국의 지도자들은 사실상 참주이다**라는 결론에 도달했던 것이다(스트라우스, 257쪽. 마커스 피셔의 『조직이 잘 된 방종』, 29쪽 미주14 참조). 여기에서 가장 중요한 것은 군주국과 공화국 사이의 연결고리가 '참주'라는 형태의 군주의 개념이라는 점이다. (그러나 기존 한국의 마키아벨리 연구문헌은 이 점에 그다지 많이 주목하지 않은 듯하다.)

3) 군주국과 공화국의 차이는 무엇인가?

군주국과 공화국은 어떤 차이가 있는가? 그 첫째는 군주의 숫자에 차이가 있다. 군주국이 한 사람의 군주가 지배하는 국가라면, 공화국은 여러 명의 군주들이 지배하는 국가이다(스트라우스, 266-74쪽). 따라서 이 점을 보면 마키아벨리에 있어 군주국과 공화국은 본질적인 차이가 있기보다는 단순히 지도자의 숫자의 차이에 불과하다 하겠다.

두 번째로, 시민의 도덕성과 이익에 있어 차이라는 것이 있다.

실제로 군주국과 공화국의 도덕성에는 사실상의 차이기 없다. 그리고 공화국에서 시민의 이익은 도덕성이라는 문제가 고려되지 않아도 구현된다. 군주국과 공화국의 '통치구조의 차이로 인하여' 군주국보다 공화국 시민의 공동이익(공동관심)이 실현될 가능성이 그만큼 클 뿐이라는 것이다(스트라우스, 270쪽). 이게 우리가 마키아벨리 공화국에서 보는 점이다. 군주국에서는 군주의 개인 이익이 더 많이 강조되는 반면에 공화국에서는 '시민적 삶' 또는 '정치적 삶의 방식'을 향유享有할 수 있는 모든 시민들의 이익이 더 많이 강조되고 있는 점도 큰 차이임을 우리는 역시 주목해야 한다. (케임브리지 학파 학자들과 포칵이 군주국가의 부도덕성과 공화국의 도덕성을 강조하는 듯하지만, 스트라우스와 홀리웅은 그러한 도덕적 의미를 부여하는 것은 적절하지 않다는 입장이다. 또 필자가 보기에 한국의 많은 마키아벨리 연구자들이 좀처럼 잘 주목하지 못한 부분이 바로 이 점이라 생각된다.)

또, 두 국가 간에 질적인 차이가 있다면, 군주국엔 한 사람의 군주가 전문가의 필요한 자문을 구하고 신속하게 문제를 판단하여 합당한 정책을 결정하는 반면, 공화국에는 군주국에 비하여 특정한 문제에 대한 심의와 결정, 그리고 집행에 있어 더 많은 사람이 간여하고, 더 많은 논의가 있고, 또 그만큼 더 긴 시간이 걸리는 '통치구조'를 가지고 있다. 이런 요소로 인하여 국가가 굳이 도덕성에 대한 고려를 하지 않아도 공화국 시민의 이익은 군주국의 신민보다 더 잘 실현될 수 있다는 것이다. '표준 마키아벨리'라고 규정하는 모델을 설정하고 마키아벨리를 이해하는 학자들은 이 점에서 한계를 드러내는 셈이다. 말하자면 마키아벨리적 공화국에 있어 '통치구조'의 문제가 '도덕성'의 문제를 대신하고 있는 것이다(스트라우스, 270쪽).

2
'공화국의 군주'와 '참주'

1) '공화국의 군주'라는 표현의 문제

마키아벨리는 공화국에도 '군주'가 있다고 주장한다. '공화국의 군주a prince in a republic'라는 말은 『리비우스논고』 1권 33장에 나오는 표현이다. 그러나 문제는 공화정치와 '군주'의 존재가 과연 어떻게 양립하는가 하는 것이다. 즉, 마키아벨리 공화국(또는 공화 사상)에 '군주'라는 의미를 가진 '프린치페principe'라는 말이 어떻게 자리 잡을 수 있는가 하는 것이다. 하버드 출신의 정치학자 그랜트 민들Grant Mindle은 1984년의 한 논문에서 마키아벨리가 이곳에서 사용하는 '공화국의 군주'라는 말에 관하여, 당황스럽다 못해 다소 짜증스러운 반응을 보인다(Mindle, "Machiavelli and Caesar," *Natural Right and Political Right* 참조). 공화국과 군주라는 것이 어울리지 않는다는 상식적인 감각이 있기 때문인 듯하다. 사실 이는 왕정이 아닌 현대 자유민주 사회에 살고 있는 우리 같은 보통사람들의 상식적 감각을 잘 대변하고 있는 것이다. 왕정에서나 생각할 수 있는 '군주'라는 존재를 공화주의 정치사회에서 생각하는 게 뭔가 본질적으로 와 닿지 않는 현상이다. 우리가 마키아벨리를 공부하면서 직면하는 첫 고민 중에 아마 이 문제가 가장 큰 것의 하나일 것이다. 민들의 당황스러움과 짜증현상은 이 점을 가장 극명하게 보여 준다.

'군주'의 가장 기본적인 의미는 '지도자' '지배자' 또는 '머리'를 의미하고, 또 존 포칵이 자신의 저술, 『마키아벨리적 순간』에서 잘 지적하듯이 군대를 지휘하는 '장군general(또는 captain)'의 의미 역시 가지고 있다. 마키아벨리는 『리비우스논고』에서 이런 장군들을 '군주'로 부르고, 공화정치를 말하는 부분에서도 역시 이 '군주'라는 단어를 끊임없이 언급하고 있다. 예를 들어, 여기 말한 1권 33장의 '공화국의 군주' 이외에, 같은 책 1권 10장에서 마키아벨리는 '공화국의 군주가 되기를 원하는 자는Those who wish to be a prince in a republic'이라는 표현과 '공화국에서 군주가 된 자는He who has become a prince in a republic'이라는 표현을 사용한다.

또 2권 2장에서는 모든 사람이 자유로운 삶을 살 수 있는 공화국에서는 "누구라도 자신이 능력만 있다면, 군주가 될 수 있다는 것을 알고 있다"라고 말한다. 또, 마키아벨리는 이 책 1권 14장에서 고대 로마의 종교 활용법을 논하면서 전투를 앞둔 상황에서 '종교적' 의식을 주재하는 '사제priests'의 우두머리 역시 '군주'라고 말한다. 그리고 아주 흥미로운 점은 3권 29장에서 볼 수 있다. 그는 심지어 바다에서 약탈을 일삼는 '해적'의 우두머리까지도 '군주'라고 표현한다. 해적도 자기들 나름으로 하나의 '공화국'을 만들 수 있는 것처럼 들린다. 이 장의 끝부분에서 그가 이태리 '시칠리아' 해안에 출몰하는 해적들의 우두머리 '티마시테우스Timasitheus'를 그들 '해적들의 군주'라고 표현하고 있는 대목이 그 것이다.

맨스필드와 탈코프는 그들의 영역본 『리비우스논고』에서 1권 14장의 '사제들' 대목에 나오는 마키아벨리 원전의 코믹한 분위기를 살리기 위해 약간 우스꽝스럽게 영역하는 대목이 있다. 로마군이 전쟁에 나가기 직전에 닭을 데리고 나와 전쟁에서 승리할지, 패배할지를 묻는 점을 치는 경우이다 닭이 모이를 '머스면' 승리하고, '안 먹으면' 패배한다는 것이다. 이는 리비우스와 마키아벨리가 공통적으로 극찬하는 '로마인의 종교 활용'의 제도이다. 그 목적은 병사들에게 승리에 대한 확신감을 불어넣어 주기 위한 것이다. 물론 이 점을 치기 전에 사제들이 미리 닭에게 모이를 먹도록 훈련시킨다. 이 점을 치는 책임자를 마키아벨리는 '닭점 군주the prince of chicken-men'라고 표현한다. 물론 여기에서 '닭점 치는 사람들chicken-men'은 종교적 의식儀式을 집행하는 사제들이다.

요는 마키아벨리가 자주 쓰는 '군주'라는 말은 가장 광범위한 차원에서 지도자, 우두머리라는 의미이다. '군주'라는 말은 오랜 시간 동안 많은 학자들이 주목하여 연구한 개념이지만 매우 난해한 개념이면서도 아주 평이한 개념이기도 한 것이다. 이 대목의 마키아벨리라는 사람은 좀 코믹하다 하겠다. 필자가 보기에 이 마키아벨리적 '군주'의 의미를 가장 그럴듯하게 해석한 사람은 『마키아벨리의 덕』의 저자, 하비 맨스필드인 것 같다. 그는 마키아벨리적 '군주'는 정치와 도덕의 행위를 지탱시켜 주는 바탕이라고 할 만한 '자연법natural law'이나 '자연권natural right'과 같은 '자연적으로 존재하는 정의natural justice'가 존재하지 않는 상황(뭔가 본질적으로 결핍된 것이 있는 상황)에 있어서의 '해결책'을 제공하는 존재라고 해석한다(180-81쪽). 그런 지탱의 장치가 자동적으로 부여되지 않는 상황에서 이 상황을 타개하는 존재, 그런 사람이 바로 '군주'라는 것이다.

말하자면 『리비우스논고』 3권 22장의 '만리우스 토르쿠아투스' 같이 부패한 오르디니(전장의 부하들이 지휘관의 명령에 불복종하는 것)에서 사람들이 오르디니를 잘 준수하지 않을 때 이것을 교정·개혁하여 다시 원래의 군사적인 기강(원래의 군사적 오르디니)으로 복귀하게 만든다든지, 아니면, '가혹한cruel' 통치방식과 같은 꼭 필요한 통치의 '모디'를 통하여 부패로 인하여 위태로워진 공화국의 '자유'(이 말 역시 마키아벨리가 끊임없이 언급하는 단어다)나 '정치적 삶의 방식a political way of life' 또는 '자유로운 삶의 방식a free way of life'을 다시 건강한 상태로 복구시키는 노력을 하는 사람들이 마키아벨리적 의미의 '공화국의 군주'이다.

마키아벨리의 이 '군주'라는 말은 그의 '오르디니'와 '모디'라는 말의 의미와 직접 연관되어 있다. 앞에서 말한 대로 그는 군주국이나 공화국이나 불문하고 '오르디니'보다 '모디'를 더 본질적인 현상이라고 보는데, 고대 로마의 '원로원senate'이라는 제도, 즉 그러한 국가적 '오르디니'보다 실제로 로마의 정치에 더 근원적인 차원에서 공헌하는 것은 이러한 형식적 기구보다는 개별지도자들이 하는 실제적, 행위상의 역할이 더 중요하다는 관점을 가지고 있다. 예컨대 그는 고대 로마의 국제정치를 논하는 『리비우스 논고』 2권의 마지막 장인 33장에서 '원로원'과 '장군'들의 관계를 언급하면서 '권위authority'의 소유라는 면에서 '원로원'은 단지 '전쟁을 결정'하는 권위만 가지고 있을 뿐, 실제로 전쟁의 수행에 필요한 '다른 모든 것들'에 관한 결정은 '집정관執政官, consul'이나 아니면 '임시독재관臨時獨裁官, dictator'과 같은 '현장'의 '군주들princes'이 직접 수행한다는 점을 지적한다.

이 주장을 잘 검토하면, 우리는 '오르디니'라는 제도차원보다 '모디'라는 행위 내지 실무차원의 문제를 마키아벨리가 더 중시한다는 점을 엿볼 수 있다. 이 사례를 많이 들 수 있겠지만, 예컨대 『군주론』 6장(고대의 군주, '모세'에 관한 논의)과 7장(마키아벨리 당대의 군주, '체사레 보르자'에 관한 논의)에서도 군주는 자신만의 독특한 행위방식의 정립을 통하여 새로운 질서를 수립한다. 공화국에서도 마찬가지다. 이 점은 마키아벨리의 사상에 있어 중요하므로 필자가 앞에서 여러 번 강조했다. 여기에서 우리는 마키아벨리에 있어 '군주'의 의미상의 특이성과 중요성을 본다.

요컨대 마키아벨리에 있어, 공화정치와 '군주'가 양립하는 것은 로마적 공화국에도 항상 공화적 '오르디니'가 자동적으로 잘 운영될 수 있게 되는 기제가 원천적으로(자연적으로) 존재하지 않기 때문에 그렇다는 것이다. 공화주의와 공화정치는 마치 천사가 하나님의 선한 뜻을 전달해 주듯이 가져다주는 축복도 아니며, 누가 쉽게 만들어 줄 수 있는 것도 아니다. 그것은 정치사회가 끊임없이 창조, 재창조해 가야 할 문제이다. 이런 본질적인 문제는 마키아벨리에 있어 '모디'의 문제로 구체화되어 나타난다. 즉 공화국과 그 정치는 원천적으로 '자유'를 위협하는 요인들(전형적으로, '부패corruption'와 '해체dissolution'의 위험성)에 노출되어 있다는 것이다. 이 위험성이 존재하는 한, 마키아벨리는 '군주'의 독자적인 재량과 판단, 그리고 권위를 통하여 필요한 경우 '초법적으로extraordinarily,' 또는 평상적인 경우에는 '법적 테두리 안에서 ordinarily' 그 '해결책'을 찾아야 한다고 강조한다. 이 역할을 하는 존재가 '군주'이다. 마키아벨리는 공화국 시민들이 '습속習俗'상으로 '부패'하거나 '새로운 것novelty'이 주는 유혹으로 인하여 부패하는 경우, 그리고 군사적 기강의 유지능력과 같이 제도적 통제의 기제가 잘 작동되지 않는 경우에 이 '군주'의 역할을 특별히 반복적으로 강조하고 있다.

2) 공화국에서의 '참주'라는 문제

우리는 여기에서 또 참주를 말하지 않을 수 없다. 그 이유는 공화국에서의 군주는(군주국에서도 마찬가지이지만) 때로는 참주이기도 하기 때문이다. 우리가 이 지점에서 결코 간과하기 어려운 점은 마키아벨리는 때때로 '군주'라는 단어를 '폭군' 또는 '참주'의 의미를 가진 이탈리아어 'tiranno(영어의 tyrant)'라는 말로 사용하고 있다는 점이다. 참주와 군주가 가끔 혼동된다. 이 점은 특히 『군주론』에서 더 현저하다. 즉 거기에서 그는 군주와 참주라는 말을 구별하지 않고 사용한다. 그는 티라노(타이런트)라는 단어는 사용하지 않지만 그가 프린치페(프린스)라는 말로 표현하는 인물들 중엔 실제 티라노(참주)가 많다.

스트라우스는 이 이유를, 『군주론』은 군주 앞에서 말을 조심할 수밖에 없는' 마키아벨리 자신의 실존적 상황 때문이고, 『리비우스논고』는 그런 현실적 군주를 위해 쓰여진 책이 아니고 자신과 같은 공화적 신념을 가진 친구들을 위한 책이므로 꼭 말을 아끼고 조심할 이유가 없기 때문이라고 논평하고 있다. 이 친구들이란 이 책의 '헌정사'에서 마키아벨리가 언급하는 자노비 부온델몬티Zanobi Buondelmonti와 코시모 루첼라이Cosimo Rucellai 같은 당대 피렌체의 공화주의자들이다. 마키아벨리는 이들과 '루첼라이 정원'에서 같이 했던 공화주의 세미나에서 만나 알게 된 친한 다른 동료들(사실은 그의 말을 듣기를 원했던 제자들)을 모두 염두에 두고 이 책 『리비우스논고』를 썼던 것이다.

『리비우스논고』 1권 58장에서 정작 마키아벨리는 이렇게 말한다. 사람들은 '군주'에겐 '수천 가지의 두려움'을 가지고 말하지만, 대중이 정치적으로 활동하는 공화국에서는 그런 종류의 '두려움'을 가지고 있지도 않기 때문에, '대중에 대하여 자유롭게 말한다'는 것이다. 공화국은 대중이 정치적으로 활동하는 국가이므로 동시에 수많은 '공화국의 군주들'이 존재하는 국가다. 마키아벨리의 이 관찰을 우리가 좀 확대하여 추리해 볼 수 있다. 여기서 말하는 공화국의 군주들이란 귀족도 포함하지만, 평민 같은 대중도 포함한다. 호민관 같은 대중적 이익을 대변하는 수장들이 그들이다. 그들을 우리는 대중적 군주들이라고도 할 수 있는 것이다. 마키아벨리에겐 '점을 치는 사제들'이나 '해적의 우두머리'도 '군주'임을 독자는 기억할 필요가 있다. 따라서 (무서울 수밖에 없는) 단 한 명의 군주가 있는 나라가 아니기 때문에 대중은 상대적으로 '공화국의 대중'과 그들의 우두머리들, 즉 공화국의 군주들에 대해서도 자유롭게 말을 할 이유가 더 많아진다 하겠다. 이 많은 공화국의 군주들은 어느 순간, 마키아벨리식의 관찰 방법을 적용

하면, 공화국의 참주들이 될 수도 있는 것이다,

(1) 살벌한 개혁군주는 참주이다

필자는 이런 식의 추론을 하는 문헌은 그다지 많이 보지 못했다. 단지 우리가 여기에서 말할 수 있는 점은 공화국의 군주들이 존재할 수 있다면 공화국의 참주들 역시 얼마든지 존재할 수 있다는 것이다. (우리 책 3장 3절의 '군주와 참주'에 대한 논의를 기억하자.) 마키아벨리가 군주와 참주의 개념에 대하여 사용하는 용례들을 보면 얼마든지 이런 방식으로 응용할 수 있는 여지가 있다. 요는 공화국에서는 누구라도 이런 존재에 대하여 말을 자유로이 할 수 있다. 아마 이게 고대 로마사회의 표현表現이나 언로言路의 자유를 상징하는 것이 아니겠는가 하는 생각이 든다. 그 사회엔 이런 종류의 언로의 자유는 있었다고 보인다. 그렇다면 그것은 지금의 언로의 자유와 크게 다르지 않아 보인다.

그래서 우리가 『군주론』에서 마키아벨리 자신이 현실군주 앞에서 '참주'라는 말을 사용하지 못하는 실존적 이유를 가지고 있었음을 볼 수 있다고 한다면, 『리비우스논고』의 이 1권 58장에서는 그러한 실존적 이유에 더하여 이론적인 이유를 추가적으로 발견할 수 있는 셈이다. 즉, '두려움'의 가짓수 문제가 군주국과 공화국에서 '참주'라는 말을 쓸 수 있는가, 없는가 또는 그 말을 얼마나 쓸 수 있는가 하는 문제를 결정할 수 있다는 것이다. 요는 공화국에서는 참주라는 말을 자유롭게 쓰는 게 하나의 현실이고, 많은 사람들이 그렇게 할 수 있는 문제다. 그러나 군주국에서는 그렇지 않다. 참주란 말을 해도, 지극히 비밀스러울 것이다.

결론적으로 우리가 이 대목에서 말할 수 있는 점은 공화국의 참주라는 현상은 다시 왕정으로 되돌아가서 왕정이나 군주정이 수립된다는 징후를 말하는 것이 아니다. 마키아벨리는 공화국 각 영역에서 군주의 존재가 여럿 있다고 말하는 것과 같이, 공화국에서 특정 지도자가 자기 영역에서 개혁이 필요하거나 자유를 유지해야 할 필요를 느꼈을 때 참주적 모드로 가는 것을 허용한다는 점이 중요하다. 비키 설리반이 상상하는 미래의 '마키아벨리의 새로운 로마Machiavelli's new Rome'는 그런 모드를 발휘할 수 있는 군주, 사실상의 참주를 허용하는 것이다. (바로 이 점이 『군주론』과 『리비우스논고』 사이에서 군주와 참주의 개념들을 통하여 군주국과 공화국이 연결될 수 있는 대목이고, 『군주론』과 『리비우스논고』가 연결될 수 있는 대목이다.) 여기에서 우리가 볼 수 있는 것은 마키아벨리적 개혁은 항상 참주성을 요구한다는 점이다.

(2) 신군주 신드롬

신군주 역시 참주가 된다. 마키아벨리는 『리비우스논고』 1권 26장에서처럼 새로운 땅을 '정복'하는 '신군주' 역시 '참주'가 될 수밖에 없다고 말한다. 이곳의 텍스트 인물은 '구약 성경'의 인물이자 고대 이스라엘의 왕이었던 '다윗'이다. 여기에서 마키아벨리가 말하는 바는 모든 국가(군주국＋공화국)에서 처음에 통치권을 획득한 사람이 그 통치의 '기초가 취약'할 때, '시민적 삶'을 건설하기 어려우므로 '국가의 모든 것을 새롭게 개편'해야 한다는 것이다. 예컨대 '부자를 가난하게 만들고, 가난한 자를 부유하게 만드는' 방식의 통치, 즉 '참주적' 통치방식이 필요하다는 것이다. 어떤 국가이든 통치의 기초가 취약할 때엔 '참주'라는 존재가 필요하다는 것이다.

조금 다른 맥락에서 마키아벨리는 통치의 기초가 제법 축적된 경우에 대하여 말한다. 『리비우스논고』 1권 16장과 17장에서 마키아벨리는 '오랜 시간 동안 군주의 통치'를 받은 사람들은 '자유'를 모르고 '평등'이 뭔지도 모르기 때문에, 이런 나라에서 공화국을 한다는 것은 어불성설이라고 주장한다(1권 55장 역시). 그래서 이런 나라를 자유롭고 평등하게 만들려면 '초법적 수단'을 사용해야 한다는 것이다(17장과 55장). 1권 55장에서는 모든 것을 마음대로 처분하는 '제왕적 수단kingly hand'을 가진 '참주'가 필요함을 강조한다.

그리고 마키아벨리적 개혁이란 항상 단독單獨 행위를 요구한다는 점 역시 우리가 간과할 수 없는 점이다. 마키아벨리는 『군주론』 23장에서 '한 사람이 단독으로one man alone. 이탈리아어 uno solo'라는 표현을 사용한다. 군주는 정치적 조언이 필요할 때 자신이 필요한 시점에, 자신의 원하는 상황에서, 자신이 원하는 상대를 불러 조언을 들어야 한다고 마키아벨리는 말한다. 그러나 일단 타인의 의견을 충분히 다 들었다고 판단할 때 군주는 혼자 스스로만의 결정을 내려야 한다고 충고하고 있다. 이는 현실군주에게 주는 매우 실천적인 교훈이다. 마찬가지로 『리비우스논고』에서도 마키아벨리는 개혁을 말할 때 참주의 존재가치를 언급하지만 이 참주는 '일인 단독으로' 필요한 개혁을 단행해야만 한다고 말한다. 그래야만 개혁을 실행해 나가는 데 권력이 분산되지 않아 효과적이기 때문이다. 그는 그 실례로 고대 로마의 창건자 '로물루스'와 고대 스파르타의 왕 '클레오메네스'를 들고 있다. 후자는 권력을 혼자 장악하기 위해 감독관들ephors을 살해했고, 전자는 자기 친동생 레무스Remus와 처가쪽(사비니 가문)의 중요 인물들을 살해했다. 마키아벨리가 이 상황을 말할 때 이들 고대의 지도자들은 '부패하지 않은 대중'의 도움을 받을 수 있던 형편 속에 있었다고 말한다. 그렇다면 대중이 부패한 상황에서 개혁이 필요하다면 군주는 더욱더 참주적인 모드를 사용해야 할 것이며, 더욱더 비밀스럽게 자신만의 개혁의 아젠다를 밀고 나가야 할 것임은 불문가지의 일이라 하겠다.

또 마키아벨리는 최초로 로마에 자유를 안겨 주어, 로마의 '자유의 아버지'로 역사가들에 의하여 불리고 칭송받고 있는 '유니우스 브루투스'가 로마의 '타퀸' 왕가를 축출할 때처럼 일반 민중이 아직 '선량함goodness'을 가지고 있어 '부패'하지는 않았지만, '오르디니'가 부재하거나, 불충분하거나, 또는 그것을 준수해야 할 필요성이 있을 때 역시 '참주'의 개혁적 역할을 기대하고 있다. 이 사례 역시 로물루스와 클레오메네스의 사례처럼 대중이 도덕적으로 부패하지 않고 건강한 상태일 때였음에 우리는 주목해야 한다. 이 모든 사례에서 우리가 볼 수 있는 점은 군주국이든 공화국이든 개혁의 필요성이 있거나 새로운 오르디니를 도입해야 할 때엔 참주적 모드를 실행할 수 있는 참주적 군주가 필요하다는 것이다.

대중이 부패해 있는 상황을 보자. 우리는 여기에서 만리우스 토르쿠아투스의 사례를 들 수 있다. 만리우스와 같은 존재는 전투현장에서 기강을 어긴 병사(이 병사는 만리우스의 아들이다)를 냉혹한 통치의 모드로 처벌한다(사형). 이 잔인한 지휘관이자 잔인한 현장의 군주는 사형 이외의 오르디니 상의 다른 형벌을 생각하지 않고 최고의 형을 즉결적 방식으로 집행했다는 점에서 사실상 참주다. '군주'와 '참주'라는 말은 만리우스의 경우에 구분할 필요가 없어진다. 이렇게 적을 앞둔 엄혹한 현장 상황에서의 개혁을 위한 노력은 참주성僭主性을 요구한다는 것이 마키아벨리의 주장이다.

(3) 마키아벨리적 참주는 일상적으로 필요하다

마키아벨리가 이미 부패한 공화국에도 개혁이 필요하다고 본 것은 두말할 필요가 없는 일이지만, 단지 거기에만 머물지 않고 한발 더 나아가, 아직 부패해지기 전의 공화국이라도 참주적 '개혁reordering'은 필요하다고 본다. 단지 전자는 개혁이 '엄청나게 어렵고' 후자는 쉽다는 게 차이이다. 따라서 이런 어려운 개혁은 1권 55장과 40장에서 그가 말하듯이 능력virtue이 없는 사람이 시도하면 안 되므로 대단히 '신중하고prudent' '지혜로운' 군주가 필요하다는 것이다.

요컨대 마키아벨리가 공화국에서의 '참주'에 관한 문제제기를 통하여 성취하고자 하는 것은 로마에 최초로 참주의 우르디니를 수립한 '카이사르'식 참주정치를 찬양하는 것이 아니라, '공화국의 자유'를 수립하거나 유지하거나 복원하기 위한 하나의 과학을 정립하고자 하는 것이다. 즉 목적으로서의 참주정치(카이사르의 정치)가 아니라, 수단적 의미로서의 '참주'와 그 통치방식이 마키아벨리가 활용하고자 하는 부분이다. 이 대목에서 필자가 강조하고 싶은 점은 마키아벨리가 찬양하는 것이 목적이 된 참주정치가 아니라 수단적으로 활용할 가능성이 있는 그러한 참주정치라는 것이다. 이런 정치는 사실 일상적으로 필요하다. 이 점을 우리 마키아벨리 학습자 모두는 가장 깊게 유념해야만 한다. 그렇지 않으면 우리는 마키아벨리를 근원적으로 오해하고 왜곡하게 될 것이다.

이상의 논의에서 우리는 마키아벨리의 『리비우스논고』와 『군주론』이 가지는 유사점과 연관성, 그리고 차이점을 통하여 두 책의 연결고리로서의 참주의 의미에 대하여 일별해 볼 수 있었다. 이것과 연관되어 있는 문제가 바로 우리의 주요 관심사의 또 한 부분인 『리비우스논고』의 지성적 출처인 『로마사』라는 저술과 리비우스라는 인물이다. 그래서 다음 장인 5장에서는 마키아벨리가 만난 이 인물(1절)과 저술(2절)을 간단히 보기로 한다. 마키아벨리는 이 리비우스라는 역사가의 저술 위에서 자신의 공화주의 사상을 정립했고, 그와의 공통점과 차별화(3절)를 통하여 우리는 마키아벨리의 사상을 더 깊게 이해할 수 있기 때문이다.

5

마키아벨리와 리비우스

1
『로마사』의 저자 리비우스

 필자는 이 책 2장 3절에서 마키아벨리가 『군주론』을 집필하는 과정에서 조우했던 고대와 근대의 인물들에 대하여 언급하였다. 그러나 『리비우스논고』의 경우 그렇게 하지 않았다. 그가 다루는 사람들은 사실은 그가 직접 만나거나 직접 다른 옛 기록들을 통하여 알게 된 인물들이라기보다는 대부분 리비우스라는 인물을 통해 간접적으로 만난 사람들이다. 마키아벨리가 『리비우스논고』에서 다루는 인물들은 리비우스라는 인물을 통하여 일차적으로 **걸러진** 다음의 인물들이라 할 수 있다. 따라서 '근대성의 창시자' 마키아벨리는 그런 인물들을 묘사한 리비우스가 제공해 주는 정보를 활용하되, 그런 정보 제공자 리비우스에 대하여 마키아벨리 자신의 평가가 동시에 진행될 수밖에 없는 일이다. 『군주론』의 경우와 달리 『리비우스논고』를 집필하는 경우엔 리비우스라는 인물에 대한 마키아벨리 자신의 평가가 아주 중요해진다.

 마키아벨리 전기작가 로베르토 리돌피에 따르면, 마키아벨리는 어린 시절부터 아버지 베르나르도 마키아벨리의 서고에 보존되고 있던 고대 역사가 리비우스의 『로마사』를 읽었기 때문에 『리비우스논고』를 집필할 당시에는 이미 이 역사가가 기술하는 내용에 대하여 매우 익숙해 있었다고 한다. 완전한 암송은 불가능했겠지만 『로마사』 몇 권에 무슨 내용이 어디에 있다라는 정도는 이미 충분히 숙지하고 있었을 것으로 생각한다.

리비우스와 마키아벨리의 만남은 고대 공화국을 묘사하고 찬양하는 저술가 리비우스와 근대 공화주의 정신을 창도할 마키아벨리의 만남이다. 리비우스(기원전 59-기원후 17)가 묘사한 고대 공화국을 마키아벨리가 살았던 근대(16세기 초)의 시점에서 그대로 찬양하고 실현하고자 하는 것은 고대와 근대 간의 역사적 차이 때문에 어려운 일일 것이다. 마키아벨리는 비키 설리반이라는 학자가 주장한 대로, 그 자신의 '새로운 로마new Rome'를 꿈꾸었다. 따라서 마키아벨리가 근대의 맥락에서 다시 로마 공화국을 기술하고 찬양하는 경우에 리비우스가 묘사한 고대 로마를 나름으로 계승한다는 취지가 있는 것이고, 리비우스의 로마를 비판하는 경우엔 그것을 수정·교정해야 할 필요를 느꼈기 때문이다. 마키아벨리는 어떤 면에서 다시 환생한, 개혁된 리비우스인 것이다. 리비우스의 것(고대 로마적인 것)이 근대에 그대로 다시 재현되기는 어렵다고 보았기 때문이다.

그리고 이런 목표는 지금 우리와 같이 마키아벨리의 프로젝트에 가치가 있다고 동조하는 사람들에겐 하나의 또 다른 목표로 (우리 자신의 목표로) 바뀔 수도 있는 것이다. 실제 필자는 미국 같은 나라에서 이런 마키아벨리적 목표가 마치 그들 자신의 목표인 것처럼 열정적인 흥미를 가지고 연구하던 사람들을 보았다. 그들은 치열하게 마키아벨리의 텍스트를 읽고, 강의하고, 연구하고, 관련서적과 논문들을 출간하고 토론하고 있었다. 그리고 거기서 획득한 지식과 논리로 그들의 국가와 다른 지역의 국가들에 대해서도 토론하고 있었다. 그들은 마치 미국 이외의 여타세계를 마키아벨리와 같은 시선으로 바라보는 듯했다. 이것은 체험담인 만큼 사실이다.

마키아벨리는 리비우스의 것을 그대로 본뜨는 소위 '술이부작述而不作'의 정신이 아니라, 오히려 술이작위述而作爲의 정신을 실행했다고 해야 할 것이다. 그는 리비우스라는 발판 위에서 자신만의 '새로운 행위방식과 질서'를 창안하여 이 '질서'의 '우두머리'가 되어 우리에게 다가오고 있는 듯하다. 물론 이런 질서에 우리 자신이 '복종'하는가, 못 하는가 하는 문제는 별개의 문제이긴 하다. (우리는 이 문제를 이 책의 6-7장에서 취급해 볼 것이다.) 마키아벨리가 『리비우스논고』에서 서술하는 그 많은 로마의 군주와 지휘관, 그리고 그 국가는 기본적으로 모두 리비우스에게서 나온 것이다. 그래서 그 모든 기록은 본질적으로 모두 리비우스가 창조한 것이라고 해도 과언이 아니다. 리비우스가 아닌 다른 저술가였다면 리비우스가 기록한 것과는 내용, 방향, 그리고 교훈이 달라졌을 것임을 우리는 충분히 짐작할 수 있는 일이다. 그래서 마키아벨리는 이러한 리비우스의 기록을 활용하되, 전적으로 그를 충실하게 따르는 것만은 아니다. 때때로 그는 리비우스의 글쓰기 매너와 관점을 비판하기도 하고, 리비우스가 주장하는 것을 개혁하려고 하고, 자신의 목적에 맞추기 위하여 리비우스의 기록을 심지어 조작·변조까지 한다. 이는 뒤에서 다시 보겠지만 레오 스트라우스, 하비 맨스필드, 레슬리 워커와 로널드 리들리 같은 마키아벨리 학자들이 지적하는 점이다. 요컨대 리비우스는 마키아벨리에게 가장 일차적인 지성적, 그리고 심지어 도덕적 권위이기까지 했지만, 모든 면에서 그러한 권위는 아니라는 것이다. 마키아벨리는 우리 미래의 독자에게 자기 나름으로 개혁하여 전달하려고 한 리비우스의 모습이 있다는 것이다.

2
마키아벨리의 『리비우스논고』라는 책

『리비우스논고』라는 책의 원래 이름은 『티투스 리비우스의 첫 열 권에 대한 논고*Discourses on the First Decade of Titus Livy*』이다. 이 책은 마키아벨리가 고대 로마역사가 리비우스가 쓴 『로마사』(총 142권)에 대하여 논평 형식으로 썼던 것이다. 『로마사』 중 현존하는 책은 1-10권과 21-45권이어서 총 35권이다. 그 나머지는 모두 소실되고 없다. 아마 마키아벨리는 그의 저술에서 이 35권을 활용한 듯하다. 그중 첫 10권은 기원전 750년에서 기원전 292년(기원전 8-3세기)까지를 취급한다. 이 시기는 로마 건국의 시점부터 제3차 삼니움전쟁이 나던 시점까지이다. 그리고 21-45권은 기원전 218년-기원전 167년(기원전 3-2세기)까지를 다룬다. 로마가 제국이 되는 데 필요한 기초를 성취한 시기이다.

그러나 마키아벨리는 『리비우스논고』의 책제목에 '첫 열 권'이란 표현을 달고 있어 얼핏 기원전 750년에서 기원전 292년까지(기원전 8-3세기 사이 약 5백년 정도의 시간)가 그의 주요 분석대상인 것처럼 보인다. 그러나 실제로 그의 분석은 이 10권이 담고 있는 시기를 넘어, 즉 기원전 292년 이후를 지나, 기원전 1세기의 카이사르 시대(기원전 100-44)와 그 이후까지도 포함한다. 따라서 마키아벨리가 쓴 '첫 열 권'이란 표현은 우리가 보기에 정확하지 않다. 이것은 하나의 영원한 의문으로 남는다.

또 여기에서 우리가 한 가지 유념해야 할 부분은 기원전 1세기 카이사르 시대와 같이 '부패한' 공화정 시대에 관하여 마키아벨리는 리비우스보다 고대 로마의 다른 역사가들인 타키투스와 그리스 역사가 플루타르코스, 살루스트 등의 기록에 주로 의존했다는 것이다. 또 그는 고대 로마 정치철학자 키케로 등과 같은 인물들이 쓴 문헌도 활용했다. (이 문헌출처들을 보기 위해 맨스필드와 탈코프가 영역한 『리비우스논고』와 국내번역본으로 강정인/안선재의 『로마사논고』의 각주에서 소개하는 문헌도 독자들에게 큰 도움이 될 것이다.) 마키아벨리는 이 기원전 1세기경 로마 정치를 '공화정'이라고 간주하지 않는다(『리비우스논고』 1권 33장과 37장 참조). 그는 카이사르가 로마의 '황제'가 된 이후 죽기 직전의 시점(기원전 44년 무렵)에 이르러 이미 로마 공화정은 종식되었다고 본다. 공화정 종식이란 원로원과 호민관이라는 두 국가 기구가 이미 제 기능을 못 하게 되었고, 황제가 이 두 기구를 유명무실하게 되도록 마음대로 주물럭거리게 된 상황을 의미한다. 마키아벨리가 말하는 '시민적 자유,' '정치적 삶의 방식,' '자유로운 삶의 방식,' 그리고 원로원과 호민관 사이의 공화적 세력균형 같은 기제機制는 이제 없어진 것이다. '굴종servility'과 '참주정'만이 모든 시민을 지배하게 된 것이다.

참고로, 우리가 『리비우스논고』라는 책을 이해하는 데 다소 유익할 것이라고 생각되는 점을 여기에서 언급한다. 고대 로마인의 후손임을 염두에 두어서 그런지는 몰라도 마키아벨리는 그리스 철학자들을 그리 탐탁지 않게 간주하는 경향이 있다. 고대 로마 청년들의 전투적 상무정신을 약화시킨다는 이유로 로마에 '그리스 철학자들의 입국을 금지시킨' 대 카토Cato the great처럼 마키아벨리는 그리스 철학이 정신을 유약하게 만드는 것으로 보았다(『피렌체 역사』, 5권 1장 서두 참조). 그래서 마키아벨리는 카토를 찬양한다. 실제로 카토는 그리스 철학자 디오게네스와 카르니아데스가 로마에 입국했을 때 그들을 '명예로운 한가함honorable leisure'을 추구하는 게으른 사람들이라고 규정했고, 이들을 추종하는 로마 청년들은 결국 '조국'을 망각하게 될 것이고 결국엔 로마에 사악한 결과를 초래할 것이라고 경고했었다. 그래서 마키아벨리는 이런 카토의 정신을 수용하고, 이 그리스 철학자들을 그의 책에서 그다지 언급하지 않는다. 그는 자신의 전 저술을 통틀어 유일하게 『리비우스논고』에서만 플라톤과 아리스토텔레스를 언급하는데, 그것도 단 한 번씩만 언급한다. 특히 플라톤 같은 철학자의 경우 마키아벨리가 정치의 본질이라고 생각했던 주제, '음모'를 다룰 때에만 한 번 언급하는데(『리비우스논고』 3권 6장), 마키아벨리는 플라톤을 실패한 '음모'를 실행한 제자들을 둔 무능한 철학자로 소개한다.

재미있는 점은 총 26개의 장으로 되어 있는 『군주론』에서도 마키아벨리는 이 '음모' 문제를 가장 긴 장(19장)에서 논의한다는 점이다. 정치의 본질이 음모라는 것을 넌지시 가르치는 대목이다. 이 점을 특히 중시하면, 우리는 마키아벨리가 플라톤에 대하여 정치에서 가장 중요한 문제를 제대로 모르는 무능한 철학자라고 하는 시선을 가지고 있었다고 짐작할 수 있다. 또 이 『군주론』 19장에 등장하는 유일한 로마의 철학자 황제 마르쿠스 아우렐리우스 황제는 사실 플라톤적 철학자 황제였지만 마키아벨리가 찬양하는 '신군주' 스타일은 아니다. 그리고 그가 구직을 위해 『군주론』을 헌정했으나 결국엔 그것을 거들떠보지도 않았던 마키아벨리 당대 피렌체 군주, 로렌초 디 메디치 역시 플라톤적 신념을 가진 지배자였다. (마키아벨리는 시대를 초월하여 여러 모로 플라톤과 일종의 악연을 이어 간다.)

그러나 또 다른 그리스 철학자 아리스토텔레스에 대해서 마키아벨리는 의외로 좀 긍정적이다. '여자' 문제가 정치체제를 '해체' 하도록 만들 수 있는 파괴적 결과를 내포하고 있다고 주장하는 3권 26장의 한 대목에서 마키아벨리는 아리스토텔레스를 역시 단 한 번 언급하고 있다. (이 3권 26장의 제목은, "어떻게 해서 여자 때문에 나라를 망치는가"이다.) 마키아벨리가 보기에 아리스토텔레스는 여자와 정치 간의 연관성을 잘 파악하고 있었다. 여기에서 핵심적인 것은 여자를 잘못 다루면 이는 정치지도자에게 매우 위험한 일이 된다는 점이다. 게다가, 마키아벨리는 아리스토텔레스의 『정치학』과 같은 책에서 등장하는 몇몇 개념들을 차용하기도 하는 것을 보면, 아리스토텔레스의 사상의 일부를 접하고 자기 것으로 소화한 듯하다. 그 증거가 아리스토텔레스처럼 '음모'라는 주제를 분석한다든지, '형상形相, form(지배자 요인)과 질료質料, matter (피지배자 요인)'의 개념들을 활용하고 있다든지, 그리고 '참주'에 관하여 자주 언급하는 점에서 나타난다. 그래서 어떤 면에서 마키아벨리는 아리스토텔레스의 정치철학의 일부를 수용하여 그것을 근대적인 것으로 변형시켰다고 이해할 수 있을 것이다. 두 사람 사이에는 분명히 어떤 유사점이 있다.

마키아벨리가 플라톤과 아리스토텔레스에 대하여 가진 상이한 태도를 보면 우리는 조금 놀랍다는 생각이 든다. 이들은 거의 같은 시기에 활동했던 그리스 고전 철학자들이기 때문이다. 마키아벨리는 이미 『군주론』 15장에서 '상상적 진실'을 말하는 많은 저술가들의 문제를 비판하면서 암시적으로 그리스 고전정치 철학자들이 '국가'에 대하여 생각한 것이 실제(내지 효율)보다는 '상상'에 의한 국가의 모습이어서 다 믿을 수 없는 것처럼 말하는 태도를 보여 주었지만, 여기 이 『리비우스논고』에서는 그것과 일맥상통하면서도 다른 한편으로 그것과는 달리 플라톤과 아리스토텔레스 사이에는 큰 차이가 있는 것처럼 말하고 있는 것이다.

그래서 마키아벨리는 플라톤보다 아리스토텔레스를 더 선호한다고 볼 수 있다. 요컨대 아리스토텔레스는 자기 스승 플라톤처럼 '덕'을 중시한 고전 정치철학자임에도 불구하고 우리가 보는 마키아벨리는 이러한 아리스토텔레스의 '덕'에 대한 관점과 주장을 믿지 않는 반면에 그의 개념들과 문제의식을 부분적으로나마 공유하고 활용하고 있다. 이는 아주 흥미로운 점이다. 어쨌든 그리스 고전 정치철학자들과 마키아벨리와의 연관문제는 이 정도로 언급하는 것만으로도 충분할 것이다.

우리가 이 대목에서 잠깐 보고 싶은 점은 리비우스와 이런 그리스 철학자들이 공히 마키아벨리에게 매력적으로 보였던 점이 한 가지 있었다는 것이다. 그들 모두 특별한 형태의 글쓰기 기술을 공유하고 있었고, 마키아벨리는 실제 이런 기법을 배워서 활용한다. 그래서 이런 면에서 마키아벨리는 리비우스는 물론이지만 플라톤 역시 모방하고 있는 것이다. 우리는 이 점을 나중 7장('밀교주의'를 논의하는 장)에서 다룰 것이다.

마키아벨리『리비우스논고』라는 책의 구성을 보면, 총 세 권으로 되어 있는데, 제1권은 고대 로마의 국내정치를 다룬다. 마키아벨리는 이를 '도시 내부의 일에 관련된 결정들'이라고 표현한다. 그리고 제2권은 국제정치를 다룬다. 그는 이를 '제국의 확대에 관련된 결정들'이라고 2권 1장 끝부분에서 표현하고 있다. 그리고 마지막 3권은 로마에서 명멸한 '군주들'의 개인적 '영광'(2권 33장 말미에 나타난 표현)이나 '개인적 이익private advantage'(3권 1장 말미의 표현)이라는 주제를 취급한다. '군주'라는 개인은 모름지기 자기 이익을 잘 고려해야 한다는 마키아벨리의 관심사를 담고 있다. 그래서 '개인적 고려private counsel'에 대한 고찰이라는 성격이 가장 현저하다. 이 점에서 제3권은 이 책 전체 중에서 가장『군주론』적이다. (우리는 여기에서『군주론』과『리비우스논고』간 연결고리의 한 측면을 발견한다. 4장 1절 (1)의 보르자 식 간접통치의 '이기적' 성격 참조.) 동시에, 정치에서 이런 개인 이익의 차원을 강조하는 것은 마키아벨리의 근대적 면모를 보여 주는 점이다.

그리스 고전 정치철학자들이나 중세 정치철학자들(성 아우구스티누스와 아퀴나스)은 이런 개인 이익 차원을 좀처럼 언급하는 일이 없다. 우리는 이 대목에서 마키아벨리보다 1세기 뒤에 등장했던 17세기 정치철학자 토마스 홉스를 상기하게 된다. 홉스는 왕(군주)의 개인 이익이 국가의 공적 이익과 일치될 때 대중 이익은 가장 많이 신장될 수 있다고 『리바이어던』에서 관찰한다. 홉스의 '절대왕정론'은 아마도 마키아벨리의 이러한 『군주론』적 관심사를 나름으로 발전시킨 것이 아닌가 하는 추측을 하기에 충분한 대목이다. 흥미로운 점이다.

필자가 나름대로 맨스필드와 탈코프의 『리비우스논고』 영역본의 색인에서 살펴본 바에 따르면, 제3권에서 마키아벨리가 언급하는 개별 '군주'의 숫자가 약 162명 정도이고, 맨스필드의 『군주론』 영역본의 색인을 보면, 마키아벨리가 『군주론』에서 실제 언급하는 '군주'의 숫자는 약 77명 정도였다. (『마키아벨리의 덕』에서 맨스필드는 마키아벨리의 두 저서에서 '군주'라는 개념은 『군주론』의 경우, 정치지도자, 교황, 군대의 장군, 공작, 영주, 백작, 후작, 그리고 종교지도자로 간주하고, 『리비우스논고』에서는 집정관, 독재관, 검열관, 군대의 장군, 종교지도자, 특사 legate, 평민지도자, 그리고 전권대사commissioner 등으로 간주한다.)

이는 단순히 세는 방식으로 한 것이어서 정확한 계산은 아닐지

몰라도, 두 책에서 차지하는 '군주'의 의미를 일별하는 데 도움이된다. 두 책 각각의 총 페이지 숫자로 나눈 군주의 숫자를 대비하면, 『리비우스논고』 3권은 총 112쪽인데 군주란 단어가 총 162명출현하여 한 페이지에 한 번 이상 군주를 언급하는 셈이다. 반면, 『군주론』은 총 100여 쪽의 페이지에 77명의 군주가 출현한다. 그래서 한 페이지에 한 번 미만으로 군주가 등장하는 셈이다. 이는그만큼 마키아벨리에 있어 『리비우스논고』 전체가 아닌 제3권만의 경우에 주목해도, '군주'라는 대상이 얼마나 그에게 중요한 관심의 대상인가 하는 점을 볼 수 있다 하겠다. 우리가 여기에서 내릴 수 있는 하나의 결론은 『리비우스논고』 3권은 『군주론』보다더욱더 『군주론』적이라는 것이다. 또 이 결론과 함께 추가적으로우리가 생각할 수 있는 점은 『리비우스논고』가 『군주론』과 실제로 그다지 다른 책이 아니라는 점이다. 마키아벨리라는 저술가는 '군주'라는 현상을 제외하면 별로 그렇게 할 말이 많은 사상가가 아니라는 것이다. 필자가 이 책 2장 4절에서 마키아벨리를 본질적으로 공화론자라기보다 군주론자라고 말한 이유를 독자는여기에서 좀 더 구체적으로 볼 수 있을 것이다.

스트라우스는 흥미롭게도 마키아벨리의 『리비우스논고』가 리비우스의 『로마사』 권수와 동일한 총 142개의 장으로 되어 있다고 발견하고, 그 의미를 분석한다. 필자는 이 점에 대하여 뒤의 8장에서 스트라우스를 다루면서 다시 언급하겠지만, 여기에서 한 가지 지적하고자 하는 것은 스트라우스는 좀 장난스럽다gay는 점이다. 아니면, 스트라우스가 발견한 마키아벨리 자신이 장난스러웠는지도 모른다. 어쨌든 이런 시도를 통하여 마키아벨리는 주도면밀한 독자들에게 자신과 리비우스를 같은 지평에서 판단해 달라는 것을 주문한 것인지도 모른다. 이 수數의 일치는 우연의 일치라고 단순히 넘어가기엔 사실 불가능하다. 마키아벨리의 의도가 있다.

스트라우스가 주목한 이 '142'라는 숫자의 의미를 좀 생각해 보자. 이 의미에 대하여 필자는 7장의 '밀교주의密敎主義' 대목에서 다시 논의할 것이다. 여기에서는 그러한 '밀교적' 차원의 문제 이외의 차원에서 제기되는 문제를 생각해 보기로 하자. 이 의미는 리비우스는 예수 그리스도의 권위를 실제적으로 그리 수용하지 않는 16세기 사상가 마키아벨리에게 당대에 자신이 접한 기독교 성경에 대하여 지성적·도덕적 권위를 대체하는 소중한 지적·도덕적 권위임을 의미하는 것이다. 리비우스는 마키아벨리가 인정하는 지적·도덕적 권위이다. 그러나 그렇다고 하여 마키아벨리가 항상 리비우스의 견해에 전적으로 동조하는 것만은 아니다.

그를 활용하면서도 비판하고, 심지어 교정하기까지 한다.

또 한 가시 재미있는 현상은 영국의 마키아벨리학자 레슬리 워커Leslie Walker 신부가 잘 지적하고 있듯이, 마키아벨리는 많은 부분에서 **정확하지 않은** 방식으로 리비우스를 인용한다는 점이다. 스트라우스와 맨스필드는 이런 점을 눈여겨보면서 이런 실수는 마키아벨리 자신의 무의식적 또는 비의도적인 단순한 기억력의 실패라든지, 기록상의 실수가 아니라 다분히 의도적인 실패이자 실수라고 주장한다. 그들이 보기에 마키아벨리의 의도란 마키아벨리가 리비우스의 진술과 그것을 기초로 자신의 생각을 진술하는 마키아벨리 자신의 진술 사이에 놓여 있는 **차이점**에 관하여 독자가 스스로 해석해 보라는 권유를 내포하고 있다는 것이다. 이것은 마키아벨리가 자신의 독자에 대하여 '교육적' 의도를 가지고 있었다는 점을 말하는 것이다. 스트라우스와 맨스필드의 이 주장은 설득력이 있다. 무엇보다 이 대목은 우리에게 분명히 흥미 있는 대목이다. 바로 앞에서 '수의 일치'라는 문제를 언급할 때 필자가 말한 바처럼, 이런 시도 역시 마키아벨리가 자신의 주도면밀한 독자들에게 자신과 리비우스를 같은 지평에서(대등한 지평에서) 냉정하게 판단해 달라고 요구하는 몸짓인지도 모른다. 문제는 이런 요구가 구체적이고 명시적이지 않기 때문에 좀 비밀스럽다는 점이다. (이런 것은 말이 아니라 행동으로 독자에게 자신의 메시지를 던지는 대목임을 유념하자. 침묵도 말의 하나다.)

스트라우스는 마키아벨리가 자신의 독자에게 요구하는 게 있음을 지적한다. 『리비우스논고』에서 마키아벨리는 독자에게 자신을 이해하기 위하여 리비우스의 『로마사』를 직접 읽어 보아야 한다는 권유를 하고 있다는 것이다. 스트라우스의 발견에 기초하여 필자는 그가 제시하는 점에 유념하여 마키아벨리가 과연 몇 번이나 실제 그러한 권유를 하는지 『리비우스논고』를 놓고 일일이 세어 보았다. 횟수를 세어 보니, 필자는 마키아벨리가 자신의 저술에서 18-25번 정도까지 그런 권유를 하고 있음을 발견할 수 있었다. (때로는 이 발견이 느낌 같은 것을 포함하는 경우도 물론 있다.) 스트라우스는 자신의 책 320쪽 미주 89에서 '18'번 그런 권유를 했다고 계산한다. 그러나 필자의 계산으로는 일곱 군데를 더 발견할 수 있었다고 생각되어, 총 25 번 정도라고 짐작이 된다. (이 책에서 일일이 그 대목을 적시하지는 않겠다.) 요는, 마키아벨리는 독자들에게 요구가 아주 많다는 것이다. 이 요구는 무엇인가? 자신의 책과 리비우스의 『로마사』를 같이 놓고 **비교하고** (또는 **대조하고**) 읽으면서 그 중간에 서 보라는 것이다! 이게 핵심이다.

실제 마키아벨리는 『리비우스논고』 대부분의 논의에서 리비우스를 인용하고 찬양하지만, 동시에 그의 주장이 어떤 한계를 지니고 있다고 간주할 때는 나름의 방식으로 그를 교정하려고 시도하고, 또 자신의 견해가 리비우스의 그것보다 적어도 로마의 정치에 관한 한, 그리고 정치철학(정치이론)에 관한 한, 더 옳다고 주장하는 경우가 많다. 우리는 이 점을 이하 3절에서 마키아벨리와 리비우스의 차이점이라는 견지에서 논의하고자 한다.

3
마키아벨리와 리비우스의 사이에서

여기에서 우리는 위 2절에서 잠깐 논한 마키아벨리와 리비우스 간의 차이점을 좀 더 깊이 논의하고자 한다. 우리는 이 절에서 마키아벨리가 『리비우스논고』를 썼을 때 그가 의거했던 출처로서의 리비우스에 대하여 드러내는 생각에 주목하여 그의 근대성의 정치철학을 이해해 보고자 한다. 여기에서 우리가 보고자 하는 측면은 리비우스와 마키아벨리 간 공통점도 물론 포함하지만, 차이점에 더 크게 주목해 보고자 한다.

이를 위해 우리는 마키아벨리와 리비우스 사이에서 가장 눈에 띄는 다섯 가지의 차이점에 주목하려고 한다. ① 고대 로마의 '번성'의 원인에 관한 견해, ② '대중'의 정치적 의의, ③ 지도자의 '개인 이익'에 대한 인식, ④ 자비로움과 냉혹함의 통치방식, 그리고 ⑤ 정치과학의 가능성에 있어 마키아벨리와 리비우스의 견해상의 차이가 그것이다.

1) '운수'와 '덕'

우선 첫째로, 고대 로마의 '번성'이라는 문제에 있어, '운수'와 '덕'에 대하여 리비우스와 마키아벨리가 어떤 차이를 보여 주는지 보기로 한다. 리비우스는 고대 로마에 대하여 이 도시의 도덕적 사악함, 또는 덕성의 결여에 관하여 거의 말하지 않는다. 오늘날 우리가 흔히 말하는 일종의 '자국 중심주의' 또는 '쇼비니즘' 같은 종류의 시선을 가지고 『로마사』를 집필한 것으로 이해할 수 있을 것이다(로널드 멜러의 『타키투스Tacitus』, 1993, 48쪽과 63쪽). 그래서 비슷한 시기에 살았던 두 고대 역사가 타키투스(55-117년경)와 리비우스를 비교한 멜러 같은 학자는 리비우스에 관하여, "(그는) 로마의 비겁함cowardice과 사악성evil에 관한 예를 제시하는 사례가 거의 없다. 그는 이런 악덕들vices을 대개 로마의 적국들이 저지르는 것으로 말하고 있다"라고 논평한다. 즉, 리비우스는 일종이 '원칙 없는 맹목적 민족주의easygoing chauvinism' 경향을 가지고 있었 다는 것이다(멜러, 48쪽과 63쪽).

마키아벨리는 이에 비해 고대 로마의 정치적·도덕적 단점을 가감 없이 그대로 분석, 평가하려는 경향이 강하다. 이런 비非 쇼 비니스트적 태도, 즉 냉정한 과학적 태도는 『군주론』에서도 잘 나타나지만, 『리비우스논고』에서도 역시 잘 나타난다. 『군주론』 3장에서 마키아벨리는 프랑스 왕 '루이'가 이탈리아(마키아벨리 자 신의 조국!)를 침공했을 때 실패한 이유를 제시하고, 앞으로 어떻게 하면 그가 이런 정복사업에 다시 나설 경우 성공할 수 있을지에 대하여 비애국적으로 보일 수도 있는 냉정하고 과학적인 태도로 분석하고 있다. 마키아벨리의 시선은 과학적이고 애국심 같은 가치에 내포된 주관적 평가를 가급적 배제하려 하고 있음이 보 인다.

『리비우스논고』에서 마키아벨리는 고대로마의 '번성'의 원인 과 그 의미에 대하여 2권에서 분석하고 있다. 이 논의를 보면 지 금의 사회과학자들이 상정하는 '근대화'가 달성된 수준의 척도로 제시하는 '능력ability'의 요소 또는 '성취achievement'의 요소가 마키 아벨리에게서도 역시 나름의 방식으로 나타난다는 인상을 받는다(예를 들어, 이런 변수를 말한 사회학자 탈콧 파슨스Talcott Parsons. 그의 1951년 저작, 『사회체계론The Social System』). 리비우스는 그에 비해 인간적 능력이나 성취 또는 노력이라는 요소 이외의 것을 로마 국제정치의 수행에 대한 관찰에 반영시키고 있다. 리비우스는 파슨스 같은 현대 사회과학자들이 사용하는 변수인 '귀속的歸屬的 지위'와 같은 개념을 쓰지는 않지만, 대신 그것에 조금 연관되는 개념이라 할 수 있는 '운수' 혹은 '신'의 변수를 자기의 관찰에 활용한다(『리비우스논고』 2권 1장 1절 참조).

이 부분에서 마키아벨리는 리비우스를 인용하지 않고 '플루타르코스'를 인용한다. 그는 리비우스가 당연히 플루타르코스와 같은 인물의 견해와 같은 견해를 가졌을 것이라고(추종했다고) 가정한다(하비 맨스필드의 『마키아벨리의 새로운 행위방식과 질서』, 189-90쪽 참조). 여기에서 문제의 초점은 마키아벨리가 『군주론』 6장과 7장에서 언급하는 '덕'과 '운수'의 문제인데, 그가 옹호하는 것은 '운수'보다는 '덕'이다. 그리고 가능하다면 덕으로 운수를 극복해야 한다는 것이다. 이 『군주론』의 주제가 『리비우스논고』에도 나타난다. 단지 『군주론』이 특정 인물들(6장의 '모세', '로물루스', '테세우스' 그리고 '키루스'와 '히에론,' 그리고 7장의 '보르자')의 '덕'을 분석함에 비해 이곳 『리비우스논고』에서 마키아벨리는 특정 인물들뿐만 아니라, 국가(로마공화국) 차원의 덕을 다룬다는 것이 차이라면 차이이다. 구체적으로, 『군주론』에서 마키아벨리가 한 사람의 '군주'라는 존재의 덕을 논한다면, 『리비우스논고』에서는 특히 3권에서처럼 복수의 군주('군주들')를 다양하게 분석하고 있고, 동시에 '대중' 즉 '시민들'의 덕을 역시 분석하고 있다. 문제는 고대 로마가 하나의 세계적인 '제국'으로 '번성'해 나감에 있어 이 번성의 '원인'이 무엇인가에 대하여 마키아벨리와 리비우스가 각자 평가하는 눈이 다르다는 것이다(『리비우스논고』 2권 1장).

마키아벨리는 리비우스가 『로마사』에서 고대 로마의 성공을 논할 때 그것을 로마의 정치, 군사적 '덕'(곧 능력)과 신성한 로마의 신이 가져다준 '운수'의 두 요소를 결합시키려고 한 경향을 배격하려고 시도한다. 마키아벨리에겐 로마의 번성이 신성한 존재의 작품이라는 식으로 환원되면 로마인의 덕을 제대로 이해하지도, 부각시키지도 못한다고 본 듯하다. 여기에서 그는 '덕'이 로마를 위대하게 만든 요인이라는 주장을 펼치기 위해 '운수'의 요소를 극소화시키려는 시도를 한다. 구체적으로 말하여, 마키아벨리는 로마의 성공이 '행운'과 같은 운수가 아니라 군사적·정치적 능력으로서의 '덕'과 '신중한' 판단과 행위의 결과라는 점을 강조하고자 하는 것이다.

『군주론』 3장에서 마키아벨리는 로마의 국제정치에 있어서의 '신중성'을 아주 잘 설명한다. 이곳에서 그가 말하는 로마의 '덕'으로서의 신중성은 미래에 다른 나라들로부터 로마에 제기될 수 있는 '화근'이 충분히 자라는 것을 미리 파악하고 그것을 용납하지 않는 것을 의미하고, 이것은 "시간을 끌면서 이득을 취하라"라는 마키아벨리 당대 피렌체인들이 늘 취하던 안일한 태도와 아주 반대되는 덕이라고 말한다. 근대 피렌체인들이 가지지 못한 로마인들의 덕은 언젠가 해야 할 일을 판단하여 미리 문제의 소지를 없애거나 처리하는 능력을 의미한다. 우리가 주목해야 하는 점은 고대 로마의 번창을 운수와 덕의 종합이라고 보는 리비우스의 관점은 그만큼 로마인의 신중성이란 덕을 상대적으로 과소평가하게 된다는 마키아벨리의 관점이다.

구체적으로, 리비우스는 '전쟁'과 같은 문제에 있어 고대 로마는 '운수'가 좋았기 때문에 동시에 두 개의 큰 전쟁을 치르는 위험과 부담을 피할 수 있었거나, 적의 도전을 극복할 수 있었다는 주장을 하는 셈인데, 마키아벨리는 이런 관점을 배격하고 오직 로마인의 '덕'과 '미래의 불편함'을 미리 예견하는 '신중한' 능력을 통하여 적을 극복했음을 더 많이 강조하는 셈이다. 우리는 여기에서 리비우스가 정치를 보는 시선과 달리, 마키아벨리는 정치를 논하는 곳에서 얼마나 '운수'보다 '덕'의 요소에다 가치를 부여하고 있는지(부여하려고 하는지)를 짐작할 수 있다. 따라서 마키아벨리가 리비우스를 개선했다면 우리는 그것을 '운수'의 요소를 극소화시키고 인간의 모든 성취를 능력이라는 의미의 '덕'의 문제로 일원화하려는 그의 시도에서 찾아볼 수 있는 것이다. (『군주론』과 『리비우스논고』의 또 다른 차원의 연결고리가 여기에 보인다. 그것은 '덕'이다.)

2) '대중'

우리는 '대중'에 대한 태도에 있어 마키아벨리와 리비우스의 사이에 놓여 있는 두 번째 큰 차이점에 주목할 수 있다. 마키아벨리는 『군주론』 9장('시민적 군주국에 대하여')에서 근대적 '대중'의 힘을 목도하고 인정하고 있다. 거기에서 그는 정치지도자는 대중을 자기의 품으로 끌어안고 가야 한다는 요지의 근대공화주의 정신을 피력한다. 마찬가지로, 그는 『리비우스논고』 1권에서도 '대중'의 힘을 말한다. 이에 비해 리비우스는 '대중'에 대하여 애써 폄하적貶下的 시선을 감추지 않는다. '대중'을 비하한다. 이는 물론 그 시대 저술가들의 매우 일반적인 경향이기도 하다. 그러나 마키아벨리는 『리비우스논고』 1권 58장에서 리비우스의 이러한 대중관을 대단히 강도 높게 비판적으로 평가하고 있다. 그것은 놀랍게 느껴질 정도로 거의 전면적인 비판이다. 리비우스는 근거 없이 대중을 폄하했다는 것이다.

예컨대, 리비우스는 『로마사』 6권 7장에서, ① "대중보다 더 허황된vain 생각을 하고 더 불안정한inconstant 존재는 없다"라고 관찰한다. 그래서 대중은 행동에 있어 일정한 예측성이 결여되어 있기 때문에, 믿을 만한 구석이 없다는 것이다. 거기에다, 『로마사』 24권 25장에서 리비우스는 ② "(대중이) 정치적 지배권을 가지고 있을 때는 거만하게 지배하고, 그것이 없을 때에는 비굴하게 복종한다"라고 말한다. 이는 아주 인상적인 관찰이긴 하지만, 대중에 대한 폄하적 관점이 분명하다.

그러나 마키아벨리는 『리비우스논고』 1권 58장 1절의 끝부분에서 리비우스를 인용하면서 우선, 리비우스의 첫째 관점(①)에 관하여 대중이 군주보다 더 실질적이고 더 안정된 존재라는 취지로 논박한다. 비록 '개인으로서의 민중'은 정치적으로, 지적으로, 그리고 도덕적으로 '나약하고weak' 실수를 많이 저지르기도 하지만(1권 57장), 이런 문제는 결국 '군주'의 위치를 가진 사람들도 마찬가지로 가지고 있으며(1권 58장 2절), '하나의 전체로서의 민중'은 그 도덕적 능력에 있어 '군주'보다 더 믿을 만하며(1권 59장), 판단이나 공직자의 선출에 있어 좀처럼 실수를 하지 않을 뿐만 아니라(1권 48장), 심지어 가끔 불확실한 미래를 예견까지 해낼 수 있는 '숨겨진 덕성'까지도 가지고 있는 신비한 존재로 인식하고 있다(1권 58장 3절). 적어도 네 개의 장에서 마키아벨리는 리비우스보다 대중을 높이 평가하고 있는 것이다. 우리는 마키아벨리가 리비우스가 보지 못했거나, 인정하지 않으려고 한 대중의 성격, 장점, 그리고 특별한 능력을 목격하고 있음을 본다.

리비우스의 둘째 관점(②)에 관해서도 마키아벨리는 역시 비판적이다. 즉, "사람들은 군주에 대하여 수천 가지의 두려움을 가지고 말하지만, 두려워할 필요가 없는(만만한) 대중에 관해서는 온갖 종류의 험담을 자유롭게 한다"라고 논박한다(『리비우스논고』 1권 58장 3절). 리비우스가 대중에 대하여 너무 함부로 말을 한다는 것이다. 이런 대중 비하의 관점은 이전의 '모든 고대의 저술가들,' 즉 마키아벨리 이전의 플라톤과 아리스토텔레스 같은 그리스 고전철학자들과 타키투스 같은 고대 로마 역사가, 그리고 키케로 같은 고대 로마철학자들을 포함하는 저술가들의 일반적인 문제점이라고 시사하는 것이지만, 동시에 그는 이 리비우스 역시 그러한 저술가들과 마찬가지로 동일한 오류를 범한다고 주장한다.

마키아벨리는 비단 『리비우스논고』에서만 이러한 친-대중적 입장을 나타내는 것이 아니라, 앞에서 말한 『군주론』 9장에서도 동일한 인식을 나타낸다. '시민적 군주국'을 논하는 이 장에서 그는 '군주'는 '대중'을 자신의 권력의 원천으로 삼고 끌어안고 가야 한다는 견해를 나타낸다. 그 이유는 오만한 태도를 가진 귀족의 '기질humor'과 그러한 기질로부터 벗어나고, 저항하고자 하는 대중의 '기질' 또는 이해관계는 '군주'와 동등하다는 것이다. 군주는 자신과 대등한 권능을 가지고 있다고 믿는 귀족의 오만함을 다루어야 할 처지에 있기 때문에 대중과 군주의 정치적 이해관계나 기질은 일치한다는 것이다. 그래서 그는 귀족보다 수가 더 많은 대중을 자신의 편으로 만드는 게 지혜로운 일이고 정치적으로 신중한 일이라고 강조한다. 그것이 군주의 권력을 안전하게 만드는 중요한 요인이라는 것이다. 이것이 마키아벨리의 근대적 공화주의 정신의 핵심이다.

요컨대 여기에서 우리가 볼 수 있는 점은 공화주의 정치의 당사자들인 군주, 귀족, 그리고 대중의 세 요소가 정치적으로 균형 잡힌 정체이다(비롤리, *Republicanism*, 2002). 이런 관점에서 볼 때, 우리는 마키아벨리가 군주나 귀족의 배타적 우월성만을 강조하는 듯한 리비우스의 대중관을 교정하고 개선해야겠다는 의사를 가지고 있음을 이해할 수 있다. 리비우스가 플라톤과 키케로 같은 고대의 사상가들처럼 반反대중적 태도를 가지고 있었다고 한다면, 우리는 마키아벨리가 그런 관점을 극복하기 시작한다는 점을 여기에서 볼 수 있는 것이다. 이 점에서 우리는 마키아벨리와 리비우스 사이에 하나의 중요한 차이점을 목격한다. 이것이 마키아벨리 사상이 띠는 하나의 근대적 요소라고 간주할 수 있을 것이다. 이 요소엔 대중의 힘을 인지하고 그 힘을 정치적으로 인정하고 활용해야 한다는 마키아벨리의 민주성과 실용성이 아주 강하게 압축되어 있다. 플라톤, 키케로, 리비우스 등의 고대적 저술가들에게 우리는 그런 실용성과 민주성을 아주 보기 어렵다.

여기에서 이 대중적 '기질'과 연관된 마키아벨리의 공화주의 사상과 함께 '재산'의 문제를 일별해 보는 것도 유익할 것이다. 마키아벨리는 재산에 대한 대중의 집착이 군주나 귀족 신분의 사람들이 가진 집착과 사실상 다르지 않다는 점을 보여 준다. 지위와 신분의 고하를 막론하고 누구라도 '재산'이란 남에게 양보하기 어려운 문제라는 것이다. 대중의 '헛된' 망상을 비판하는 리비우스의 입장에서 보면 대중이 재산을 많이 차지하려는 욕구에 대해서도 그는 그다지 긍정적으로는 생각하지 않을 듯하다. 그러나 마키아벨리는 좀 다르다. 그는 『군주론』 17장에서 리비우스를 인용하지는 않지만 인간의 '재산'에 관한 집착본능을 재미있는 어조로 말하고 있다. 그는 "인간이란 아버지의 죽음은 신속하게 잊어버리지만, 아버지에게서 물려받은 재산을 상실한 것을 빨리 잊지 못한다"고 관찰한다. [영문: "[M]en forget the death of a father more quickly than the loss of a patrimony"(하비 맨스필드, *The Prince* 영역본, 67쪽)]. 이 말은 독자에게 웃음을 짓게 만들기도 하지만, 인간은 본성상 아버지의 죽음보다 자신의 재산을 빼앗아 간 사람을 더 잊지 못한다는 인식이 여기에 있다. 재산이란 우리 인간의 본성상, 그리고 우리의 일상적인 삶의 필요상 핵심적인 가치라는 것이다.

또 마키아벨리는 『리비우스논고』 3권 6장에서도 역시 '재산'의 중요성을 반복적으로 강조한다. 이 장의 경우 '음모'가 주제인데, 인간은 재산을 빼앗긴 경우이거나 아니면 남의 재산을 얻기 위하여 음모적 사건을 일으킨다는 것이다. 흥미 있는 점은 이 '재산'이란 개념에 '여성'도 포함된다는 점이다. 여성은 남성의 재산에 속한다. 3권 26장 역시 여성 문제가 반복되어 언급된다. 그는 또 같은 책 1권 37장에서 아주 흥미 있는 구체적인 사례를 들면서 대중의 재산에 대한 집착심 문제를 분석한다. 그 초점은 리비우스가 『로마사』 2권 41-43장에서 전하는 '농지법' 문제다. 리비우스는 집정관 스푸리우스 카시우스가 기원전 486년의 한 전쟁에서 정복한 땅을 대중에게 분배해 주는 것을 골자로 하는 '농지법'을 처음으로 로마에서 제정했다는 사실을 기록하고 있다. 그러나 이것으로 인하여 '로마 전체가 엄청난 소용돌이 상태로' 멸이 셨다고 말한다. 마키아벨리는 이 부분을 인용하고 있다. 그러나 그 정치적 결과에 대한 부분에 있어 마키아벨리가 참고할 수 있는 『로마사』 부분이 망실되어 그는 이 문제에 관하여 리비우스가 어떻게 판단했는지, 그의 견해가 무엇이었는지 현실적으로 접할 수 없었다.

그래서 그는 이 농지법의 정치적 결과에 관하여 리비우스 대신 플루타르코스가 기록한 '그라쿠스 형제'에 관한 문헌정보에 의존하고 있다. 이 두 형제는 기원전 2세기 후반기에 로마에서 활동한 티베리우스와 가이우스 그라쿠스이다. 둘 다 '대중의 군주'라 할 만한 호민관을 역임했으나 전자는 기원전 133년, 후자는 기원전 121년에 원로원의 정적들에게 살해되었다. 플루타르코스에 의하면, 로마는 이 '농지법'으로 인하여 귀족과 대중 간 정치적 갈등이 고조되어 결국 기원전 1세기에 그라쿠스 형제의 대중적 뜻을 이은 또 다른 대중주의자populist 카이사르가 대중적 힘을 바탕으로 원로원을 무력화시키는 방식의 정변으로 권력을 장악, 결국 공화정을 폐지하고 '제정'을 수립했다고 기록한다(원전은 플루타르코스, '카이사르' 편). 결국, 로마는 재산 문제를 두고 대중과 귀족 간 치열한 투쟁으로 망한 셈이다.

애석하게도 우리는 재산문제에 관하여 마키아벨리와 리비우스 사이에서 관점의 차이를 정확하게 보기가 쉽지 않다. 그러나 분명한 것은 마키아벨리의 견해는 리비우스와 상당 부분 유사성을 가지고 있다는 점이다. 우선 둘 다 '토지' 소유문제와 같은 재산문제가 귀족과 대중 사이에 정치갈등의 핵심문제였다는 것을 언급한다. 이 갈등에서 카이사르가 대중당('마리우스' 파벌)의 지도자가 되어 귀족당('술라' 파벌)을 제압하고 로마 공화정을 폐지하여, 로마는 이전에 누리던 공화적 '자유'를 잃었다는 것이 마키아벨리와 리비우스의 공통적인 관점이다. 대중과 귀족의 계급갈등이 결국 카이사르 같은 대중적 정치인으로 하여금 권력을 장악하게 되었다는 것을 의미한다(『리비우스논고』 1권 37장 2절).

마키아벨리는 『리비우스논고』 1권 37장에서 대중과 귀족은 똑같이 재산을 중시한다는 사실을 고대 로마가 후세 사람들에게 줄 수 있는 교훈으로 제시한다. 적어도 '재산'에 관한 한, 어느 누구도 대중과 귀족에게 권리가 차등적이라고 말하기 어렵고, 차등적 인식이 있다고 말하기 어렵다는 것이다. 이 점은 '자연상태'와 '시민사회 상태' 모두에 있어 인간은 '노동'을 통해 '재산'을 형성할 권리가 있다고 주장한 17-18세기 정치철학자 존 로크를 연상시킨다. 그는 모든 인간이 '노동'을 통해서 재산을 축적할 수 있는 것은 하나의 '자연적 권리natural right'라고 주장한다(존 로그, 『시민정부2론』 5장의 재산론). 마키아벨리와 로크 모두에게 귀한 사람이나 천한 사람이나 다 같이 자신의 노력(노동)을 통하여 얻는 재산에 애착을 가지고 있다는 것이다. 그런 한, 모든 사람은 사실 같은 처지에 놓여 있다는 것이다. 마키아벨리나 로크에게나 적어도 인간은 재산의 욕구에 관한 한 평등한 셈이다.

마키아벨리는 다음과 같이 말한다. "(고대 로마의 농지법은) 사람들이 명예로운 직위보다 재산을 얼마나 더 소중히 여기는지를 잘 보여 준다. 로마의 귀족들은 그러한 직위에 관해서는 별다른 소동 없이 항상 평민들에게 양보했지만, 재산의 양보에 관한 한 그들 귀족들은 매우 완강하게 양보 안 해 주고 버텼기 때문이다"(『리비우스논고』 1권 37장 3절). 마키아벨리는 이것이 기원전 1세기 카이사르 시대까지 이어져 로마는 결국엔 '공화적 자유'를 상실하게 되었다라고 본다.

이 문제에 대한 마키아벨리의 처방은 '시간 끌기temporizing'의 전략이다. 먼 과거로 소급되는 입법을 가급적 하지 못하게 하고, 시간을 끌라는 것이다. 그러면 문제가 사라진다는 것이다. 그러나 이는 우리가 보기에 올바른 처방도, 완전한 처방도 아닌 듯하다. 그렇지만 이런 관찰은 결국 대중은 '재산' 문제로 귀족과 정치적으로 대결할 때 가장 파괴적인 힘을 나타낸다는 교훈을 시사한다. 오늘날 소위 '진보적' 이념과 보수적 이념을 가진 세력 간 투쟁을 연상시키는 대목이지만, 마키아벨리 역시 전자처럼 이 문제는 '부자들의 야심'으로 초래된 문제라고 지적한다. (이 점에서 마키아벨리의 시선은 파퓰리스트 그라쿠스 형제와 카이사르 쪽에 기울어져 있다.)

어쨌든 이런 견해를 보여 주는 마키아벨리는 획득과 자본주의적 소유를 강조하는 근대적 면모를 가진 사상가이면서도, 그의 관점이 다소 애매해 보인다. 전쟁의 전리품으로 획득된 정복된 지역의 '농지'와 같은 재산을 배분하는 문제에 있어, 마키아벨리는 그라쿠스 형제나 카이사르 같은 고대의 파퓰리스트들에 대해서는 직접 그리고 구체적으로 비난하지는 않고 단지 간접적으로만 비난하는 매너를 보이는 경향이 있다. (리비우스나 플루타르코스 같은 고대의 대중 폄하적 저술가들처럼 공개적으로 비난하는 매너와 많이 다르다.) 어떤 면으로, 마키아벨리는 그라쿠스 형제나 카이사르 같은 파퓰리스트를 조금은 수용하는 듯하다. 왜 마키아벨리는 고대의 '모든 저술가들'의 반 대중적 견해를 비난하면서도 이 파퓰리스트들의 친 대중적 성향은 오직 간접적으로만 비난하는가? 이 점은 좀 깊이 연구해야 할 흥미로운 점이다.

마키아벨리는 친 대중과 반 대중의 중간에 서 있는 것으로 보인다. 그는 친 대중적이면서도, '농지법' 논란에 대한 시선을 보면 내중의 '허황된' 희망을 정치적으로 매우 파괴적이고 위험한 일이라 간주한다. 일견 애매해 보이고, 친 대중과 반 대중의 중간적 입장에 서있는 것으로 보이는 마키아벨리의 진짜 입장에 대해 비키 설리반의 논의를 보면 이 문제는 풀린다. 마키아벨리의 친 대중적 입장은 오직 대중에게 '정당한 몫'을 주는 처방으로 귀결된다(설리반, *Machiavelli's Three Romes*, Part II and III). 솔직히 마키아벨리의 처방은 좀 실망스럽다. 그의 처방의 원칙은 『리비우스논고』 1권 37장에 나와 있다. "국가the public의 부는 부유하게 유지하고, 시민들citizens의 삶은 가난하게 유지하라"는 것이다. 그리고 "고대 로마의 제도가 이 점에서 결함이 있었다"는 것이다. 그는 국가의 부를 늘려야 한다는 점에서 중립적이지만, 시민들(귀족+대중)의 삶을 가난하게 유지해야 한다는 주장은 매우 반 귀족적이면서도 동시에 반 대중적이다. 귀족이나 대중보다 국가가 가장 우선한다. (리비우스는 귀족을 부유하게 유지해야 한다고 주장할 것이다.)

여기에서 앞서 논의한 '기질' 문제를 상기하자. 대중은 귀족의 명령(지배)으로부터 벗어나려고 하고, 그들이 귀족의 명령에 복종하지 않으면 귀족은 압박하려고 한다. 대중은 압박당하지 않으려는 '기질'이 있다고 마키아벨리는 『군주론』 9장과 『리비우스논고』1권의 3-6장에서 말한다. 하비 맨스필드는 이 기질 문제가 **가장 대표적인** 정치 문제라 관찰하지만 애석하게도 이런 기질문제가 '재산' 문제와 결부될 수 있는 가능성에 대해서는 그의 책에서 논의하지는 않아 보인다(『마키아벨리의 덕』, 24쪽 참조).

그러나 우리가 볼 때 귀족은 대개 부자고 대중은 대개 가난하다. 대중이 귀족으로부터 명예를 양보 받아 온 게 로마공화정의 역사에서 마키아벨리가 본 점이라면, 로마의 평민대중이 재산 문제에 대해서도 귀족들로부터 양보받기를 원하지 않는다는 법은 없을 것이다. 재산도 명예의 일부라고 볼 수가 있기 때문이다(반대로, 명예를 재산의 일부라고 볼 수도 있겠다). 대중은 귀족이 지닌 명예뿐만 아니라 재산에 있어서도 귀족의 완전한 배타적 독점권을 인정하지 않으려는 '기질'을 발휘할 수 있는 가능성을 우리는 배제할 수 없다. 결국 마키아벨리가 모든 시대에 관찰하는 인간의 기질문제는 정치적 명예뿐만 아니라 경제적인 문제(재산)에도 역시 연관될 수밖에 없는 것이라고 생각된다. 이것이 로마의 국내 정치를 논하는 마키아벨리의 『리비우스논고』1권 전체를 통하여 우리가 내릴 수 있는 결론이다.

마키아벨리의 결론인 귀족과 대중에게 '재산'이 의미하는 점은 동일하다는 것은 아주 자본주의적인 결론이다. 그러나 적어도 리비우스와 마키아벨리의 관계에 관한 한, 우리는 마키아벨리의 (존 로크적)자본주의적 관점이 자기 스스로의 독창적 사고에 기원하는지, 아니면 리비우스의 생각에 기원하는지 불투명해 보인다. 어떤 결론을 여기에서 이끌어 내긴 어렵다 해도, 적어도 앞서 언급한 리비우스의 대중 폄하적 관점과 민중의 지배능력에 대한 인색한 관점을 상기하면, 논리적으로 리비우스는 타인을 지배하는 데 긴요한 요소인 재산에 관해서도 대중보다는 귀족에게 더 우월한 자연적 권리를 부여하는 의견에 동조했을 것이라는 추측이 가능하다. 이렇게 보면 리비우스는 반 자본주의적인 성향이 엿보이는 반면 마키아벨리는 매우 자본주의적인 성향을 다소 가지고 있다고 보인다. (우리는 이 대목에서 존 로크적 자본주의 철학은 마키아벨리 식으로 말하면 '평민적' 기질의 문제라고 보아야 할 것이다. 평민은 사회·경제적으로 이미 많은 인맥과 자산을 가지고 있는 귀족보다 자신의 노동과 그 결과로서 축적할 수 있는 재산에 대하여 상대적으로 더 절실하고 더 민감한 법이다. 이 점에서 자본주의 현상은 본질적으로 평민적 기원을 가지고 있다.)

3) 지도자의 '개인 이익'

세 번째 차원에서 마키아벨리와 리비우스가 지도자의 '개인 이익'을 어떻게 보는지 서술해 보자. 마키아벨리는 『리비우스논고』

2권의 마지막 장(33장)과 3권의 첫 장(1장)에서 리비우스를 포함하는 '고대저술가들'이 비록 고대 로마의 '군주들'을 말하고는 있지만 그들의 '개인 이익'에 관심을 두지 않았기 때문에, 그러한 관찰 방식은 로마의 위대한 인물들을 이해하는 데 적절한 것이 아니라고 시사한다. 그래서 자신은 이런 점을 충실히 고려하겠다는 의지를 명시적으로 말한다. 이 의지는 공화정치를 논하는 『리비우스논고』의 시각이 군주정치를 논하는 『군주론』의 시각과 긍정적으로 직결되어 있다는 인상을 우리에게 주기에 충분하다. 우선 넓은 관점에서 스트라우스는 이 두 책이 '같은 가르침을 두 다른 시각에서 제시한' 것이라고 주장한다(스트라우스, 29쪽). 그리고 '마키아벨리의 수사학修辭學'을 연구한 빅토리아 칸 역시 비슷한 관점에서 두 책이 공통의 원리를 동시에 내포하고 있다고 주장한다(Machiavellian Rhetoric: From the Counter-Reformation to Milton, 35-37쪽).

그러나, 이 부분에서는 무엇보다 맨스필드의 주장을 인용하는 것이 가장 적절할 것 같다. 맨스필드는 19세기 '미국의 민주주의'가 개인들이 '올바로 이해한 자기이익self-interest rightly understood'을 가지고 있었기 때문에, 공익과 사익이 조화되는 사회적 조건이 존재할 수 있어 성립된 것이라고 관찰한 프랑스 저술가, 알렉시스 토크빌을 인용하면서, 개인이 '자기이익'을 분별하는 것이 가장 중요하다고 주장한다(Harvey Mansfield, 'Self-Interest Rightly Understood,' *Political Theory*, 1995 vol 23 #4, 62-3). 요컨대 맨스필드가 토크빌로부터 인용한 것은 19세기 초 미국의 민주주의에 있어 사회 전체의 '공익'과 개인들이 추구하는 '사익'이 서로 배척하지 않고 하나의 안정된 관계로 잘 정착되었다는 것이다.

실제로 우리가 이런 맨스필드의 주장을 접하지 않더라도 알 수 있는 점은 마키아벨리가 『군주론』에서 채용한 시각이 바로 이 시각이라는 것이다. '효용'과 '편의' 그리고 '야심'을 이익과 같은 의미로 취급하는 마키아벨리는 지도자(군주)는 자신의 이익을 확보할 수 있을 때 비로소 '사람들'의 이익을 더 잘 확보할 수 있다고 주장한다. 홀리옹의 『시민 마키아벨리*Citizen Machiavelli*』(1983)에 의하면, 『군주론』에는 군주와 대중 그리고 귀족 사이의 '공동선'의 문제틀이 없다. 거기에는 군주의 사익만 존재한다(264쪽 각주109). 지도자와 국민 사이의 '공동선'의 관점이 『군주론』에서는 2차적인 것임을 의미한다. 공동선이란 군주와 대중 사이에 자동적으로 쉽게 이해되는 게 아니라는 것이다. 뭔가가 그 중간에 있어야 하고, 그게 바로 '군주'의 개인이익이라는 것이다.

마키아벨리는 이 주장을 위해 『군주론』 17장에서 '인자한merciful' 통치방식과 '가혹한cruel' 통치방식의 상대적 장점과 단점에 주목함으로써 분석한다. 그의 현실적인 충고는 지도자는 어느 것을 선택할지를 알아야 한다는 것이다. '인자한' 통치방식은 그 자체로 좋기 때문에, 평화시에 그 혜택을 받은 사람들은 너나없이 모든 사람들이 다 군주를 위하여 '피를 흘리고, 자신의 소유물, 생명뿐만 아니라, 심지어 자식마저도 바칠 것처럼 행동'하지만, 막상 군주가 외부의 군대에 의하여 침략과 같은 위기를 당할 때 평소 혜택을 받고 충성을 맹세한 사람들은 이 '군주의 편의'보다는 자기들의 '효용'을 더 중시하거나, 자신들의 '편의'를 더 중시하고, 위기에 빠진 군주를 돌보지 않는다는 것이다. 여기에서 말하는 '효용'과 '편의'의 의미에는 사람들이 어려워진 군주의 처지보다 각자가 생각하는 안전, 도피나 피난에 대한 욕구를 실현하는 것을 포함한다. 예컨대 군주를 버리고 도망가는 게 그 대표적인 사례일 것이다. 마키아벨리의 결론은 이것이다. 사람이란 인자하게 대해 주면 그런 사람에게 자기 목숨까지도 내줄 수 있는 것처럼 행동하지만, 막상 그런 인자한 사람이 위기에 빠졌을 때엔 자신들만의 이익(효용 또는 편의)을 먼저 생각하고 평소 사랑해 준 사람의 이익은 두 번째 문제로 생각한다는 것이다. 따라서 군주란 모름지기 자신이 위기에 빠졌을 때에도 사람들이 자신의 이익을 먼저 생각해 주도록 만들어야 한다는 것이다. 이를 위한 마키아벨리의 처방은 평상시에 '사랑 받는 군주가 되기보다는 두려운 대상이 되는' 군주가 되어야 한다는 것이다. 그러면 위기시에도 사람들은 이 군주의 이익을 자신의 이익보다 더 먼저 생각하게 된다는 것이다.

『리비우스논고』 3권 21장 4절의 맥락에서 마키아벨리는 이 문제를 조금 다른 방식으로 말한다. 이 장의 제목은 "(냉혹한) 한니발의 행위는 (자비로운) 스키피오와 달랐는데, 어떤 이유로 한니발은 스키피오가 스페인에서 거둔 것과 똑같은 효과를 얻을 수 있었는가"이다. 그리고 여기에서는 구체적인 사례를 들고 있다. 스페인에서 원정군을 이끌고 있던 스키피오 장군의 부하들이 어떻게 반란을 일으켰는가 하는 문제이다. 리비우스에 따르면 이 사건은 스키피오가 너무나 '인자하여' 부하들이 그를 '두려워하지 않고' 적과 내통했던 사건인데, 마키아벨리는 이때 반란을 일으킨 스키피오의 부하들이 '야심'을 실현하기 위해 이런 짓을 저질렀다고 관찰한다. 마키아벨리는 이렇게 논평한다. "사람의 마음이란 아주 흔들려unquiet 자신의 야망을 충족시킬 수 있는 가장 작은 문이라도 열려 있기만 해도 (그것을 실현하기 위해) … 스키피오의 군인들과 친구들이 그랬던 것처럼, 지도자의 인간성humanity 때문에 지도자에게 느끼던 사랑을 단번에 전부 다 잊어버리고 만다." 스키피오의 부하군사들이 '야심' 때문에 평소 이 자비로운 지도자에게 주곤 하던 '사랑'을 일순간에 잊어버렸다는 것이다. '사랑'의 힘은 어떤 이익이 바로 눈앞에 있을 때 쉽게 무력화될 정도로 약하다는 것이다.

이런 문제점은, 마키아벨리에 따르면, 위기가 오기 전에, 군주를 '두렵게' 만드는 군주 자신의 능력에 의해 해소된다는 것이다. '두려운' 군주가 있을 때 인간은 자신들의 '편의'가 아니라, 군주의 '편의'를 항상 먼저 생각한다는 것이다. 그리고 사람들이 군주를 두려워하게 되는 것은 군주가 '자비로운' 통치가 아니라 오히려 '가혹한' 통치를 할 수 있을 때 생기는 현상이라는 것이다. 이것은 『군주론』과 『리비우스논고』 모두에서 마키아벨리가 일관적으로 우리에게 강조하는 점이다.

그것은 국민(부하 또는 군인들)의 '이익'(또는 '편의,' '효용,' 내지 '야심')이 중요하지 않다는 것이 아니라, 군주(내지 지휘관)의 '이익'이 먼저 확보될 때 비로소 국민과 군주는 서로 상생(즉 공존과 공생의 정치)을 할 수 있다는 것이다. 이것을 할 수 있는 군주는 오직 두려운 군주만이 할 수 있다는 것이다. 그러나 반대로, 스키피오와 그의 반란 군인들의 경우에서처럼 국민의 '이익'이 앞서고 군주의 '이익'이 뒤따른다면 이런 상생은 불가능하다는 것이 마키아벨리의 주장이다. 그래서 사람들이 평상시보다 위기시에 그들의 군주를 더 '사랑'할 수 있는 것이 마키아벨리가 보는 진정한 국민의 사랑인 셈이다. 이것이 마키아벨리의 '잘 실행한 선'과 '잘 실행한 악'의 이념이다.

마키아벨리는 『군주론』에서 보여 주는 군주에 관한 이러한 주장을 공화정치의 맥락에서도 그대로 반영하고 있다. 그는 고대로마의 '덕' 있는 지도자들이 취한 행보와 이룬 업적을 다루는 『리비우스논고』의 마지막 부분인 제3권에서 이런 지도자들이 의당 자신의 이익을 위해 해야 할 '개인적 고려private counsel'에 대하여 논의한다. 그는 리비우스가 지도자들의 이런 '개인적' 측면을 논하지 않았다고 말한다. 그는 지도자의 성공이 개인 이익을 잘 판단하는 것에 놓여 있다고 가정하기 때문에, 지도자는 국가에 대한 '헌신'을 통하여 '애국자'가 되어야 한다고 강조하는 리비우스의 생각에 정면으로 도전한다. 리비우스는 지도자의 개인 이익이 아니라 애국심(도덕성)이 고대 로마 공화정치의 교훈이라고 보았지만, 마키아벨리는 견해를 달리한 것이다.

필자가 보기에 여기에서 우리는 다음과 같은 점을 발견한다. 현대에 이 리비우스의 견해를 공유하는 사람들이 바로 케임브리지 학파의 학자들이라는 점이다. 퀜틴 스키너, 마우리치오 비롤리, 필립 페팃 등의 학자들이 그들이다. 또 미국의 역사학자 존 포칵 역시 이 학자들과 견해를 같이한다.[02] 그리고 국내의 정치학자 중 2005년에 『민주화 이후의 민주주의』라는 책을 출간한 최장집 역시 이 학파의 공화주의 인식을 공유하고 있다고 보인다(297-98쪽을 참조). 그는 한국의 '민주주의'를 제도보다는 '운동'의 관점에서 이해하고, '애국심'을 강조한다고 그가 이해하는 공화주의 관점을 배격하려고 한다. 그리고 이런 이해는 그뿐만 아니라 한국의 많은 학자들이 공유하고 있는 인식인 듯하다. 정치를 행위와 제도의 견지에서 이해하는 것이라고 할 때, 우리는 '운동'의 관점은 행위의 견지에서 정치를 이해하는 것이라 볼 수 있고, 또 정치를 리비우스적인 전통적 덕과 마키아벨리적인 덕의 견지에서 이해한다고 할 때, 최장집의 그러한 시각은 리비우스적인 전통적 덕의 견지에서 정치를 이해하는 것이라 할 수도 있다. 또 정치를 마키아벨리적 덕과 이념의 견지에서 이해한다고 할 때, 그 시각은 이념으로 이해하는 시각이다. 최장집은 케임브리지 학파의 공화주의 이해의 지평 위에서 한국의 운동식 민주주의를 옹호하

---

[02] 스키너의 1981년 저작, *Machiavelli*, 비롤리의 2002년 저작, *Republicanism*(Tr. by Anthony Shugaar), 페팃의 2002년 논문, "Keeping Republican Freedom Simple: On a Difference with Quentin Skinner"(*Political Theory*, Vol. 30, No. 3, 239-356쪽), 그리고 포칵의 1975년 저작, *The Machiavellian Moment: Florentine Political Thought and the Atlantic Republican Tradition*을 참조할 수 있다.

기 위해 공화주의를 배격하는 것이다. 그가 본 공화주의는 마키아벨리적인 것이 아니라 리비우스적인 것이다. 그리고 그나마도 한국 정치에서 적실성이 없다는 이유로 배격하려고 한다.

필자가 보기에 이는 공화주의에 대한 올바른 이해도 아니고, 또 폄하라 보인다. 무엇보다 근대적 공화주의는 그런 도덕적 고려에서 출발한 것이 아니다. 특히 마키아벨리가 창도한 '근대 공화주의'는 그런 도덕의 요소보다 정치의 '실제적 진실'이라는 탈脫 도덕의 요소를 더 강조한다. 이 요소는 제도보다는 행위를, 그리고 덕보다는 현실변화를 위한 이념을 더 강조한다. 이게 '운동' 식 민주주의관과 비슷하게 들리겠지만, 마키아벨리 공화주의는 '애국심'과 같은 도덕적 덕의 실제적 진실을 강조하고, 이념 역시 '양심의 직업화'가 아니라 탈 양심의 견지에서 생각하는 무엇이라고 할 수 있겠다. 최장집의 '운동' 민주주의 관점은 공화적 시선이 아니라 좌파적 시선을 드러내는 것이다. 그래서 그는 자신이 이해한 공화주의를 배격하는 것이다.

이 점을 좀 더 깊이 이해하기 위해 우리는 미국의 정치학자 라파엘 메이저Rafael Major의 2005년 논문,「케임브리지 학파와 레오 스트라우스The Cambridge School and Leo Strauss: Texts and Context of American Political Science」를 유익하게 참조할 수 있을 것이다(*Political*

Research Quarterly, Vol.58, No.3, 477-85쪽). 이 논문에서 정치학자 메이저는 '텍스트(원전)'를 중시하는 스트라우스와 '컨텍스트(역사적 맥락)'를 중시하는 케임브리지 학파 간의 차이점을 논하고 있다. 메이저 자신은 스트라우스의 텍스트주의에 동정적인 시선을 가진 학자다. 필자가 보기에 문제는 이것이다. 텍스트를 강조하는 학자는 텍스트가 하나의 완결된 사상을 내포하고 있다고 가정하고 그것을 면밀하게 잘 분석하면 저자의 사상뿐만 아니라 행위 차원까지도 알 수 있다고 가정하는 반면, 컨텍스트를 강조하는 학자는 저자와 저자가 언급하는 인물들의 생각은 역사적 상황의 변수라고 생각하고 그들의 행위차원까지 이해하기는 어렵다고 생각하는 점이다. 여기에서 논쟁도 물론 생긴다. 그러나 지금 문제가 되고 있는 지도자의 애국심이냐, 아니면 자기이익이냐 하는 물음에 대한 답을 구함에 있어, 우리 독자가 고전 속에서 지도자가 공언하고 있는 말과 실제 자신이 추구하는 개인적 이익의 차원, 즉 개인적 행위차원까지 유추하기 어려우면 지도자의 행위에서 실제로 애국심이 더 중요한지, 아니면 개인이익이 더 중요한지 어떻게 우리가 알 수 있는가? 이 문제는 우리가 잘 알 수 없는 문제가 되어 버릴 것 아닌가? 이런 의문이 생긴다. 메이저의 논문은 우리에게 이런 물음을 갖게 한다. 그리고 우리는 이런 물음

앞에서 텍스트적 접근을 통하여 저자와 저자가 다루는 인물들의 개인적 행위, 개인적 이익의 차원까지 추정할 수 있게 돕는 스트라우스의 방식에 매력을 느끼게 된다. 요는 『리비우스논고』와 같은 원전을 이해함에 있어 면밀한 텍스트적인 이해가 있어야 저자와 저자가 다루는 지도자에 대한 '실제적 진실'에 더 근접할 수 있다고 이해된다. 그리고 바로 이런 점이 '사물의 상상적 진실이 아니라, 실제적 진실에 직접 다가서겠다'고 공언하는 마키아벨리의 정신에 더 근접하는 것이라고 생각된다.

어쨌든 우리는 이런 고려를 통하여 이 케임브리지 학파와 존 포칵의 마키아벨리 이해는 대단히 리비우스적임을 볼 수 있다. 그만큼 이 학파의 마키아벨리 이해는 리비우스만큼이나 공익을 사익보다 더 많이 강조한다고 판단된다. 그러나 필자는 마키아벨리가 '실제적 진실'과 '상상적 진실'에 대하여 하는 말을 고려할 때, 그리스 고전철학자, 플라톤과 아리스토텔레스, 그리고 근대의 기독교가 가르치는 **전통적** 도덕성에서 벗어나고자 하는 마키아벨리를 다시 상기하게 된다. 말하자면, 이런 전통적 도덕성은 실제보다는 상상의 요소를 더 많이 내포하고 있어서 실제로 현실 속에 작동되기 어렵거나, 현실적으로 작동하고 있다고 보기 어려운 요소가 많이 내포되어 있어 보인다는 것이다.

마키아벨리는 고대의 저술가들(플라톤, 아리스토텔레스 등)이 '실제 존재하지도 않았고, 우리가 본 적도 없는' 국가에 관하여 '상상'했다고 말한다. 그리고 중세의 저술가들(신학자 아우구스티누스와 토마스 아퀴나스, 및 단테와 같은 중세말 인문주의자들) 역시 여기 이런 저술가들의 리스트에 충분히 포함할 수 있음을 그는 시사한다. 마키아벨리 학자, D. 저미노D. Germino는 1966년 한걸음 더 나아가, 마키아벨리에게 자기와 동시대에 살았던 '이상향적utopian' 인문주의 저술가들 역시 여기 이 범주에 속한다고 논평한다("Second Thoughts on Leo Strauss's Machiavelli," *Journal of Politics*, 28(4), 808쪽 참조). 이 저미노라는 학자의 말은 아주 흥미롭다. 마키아벨리는 자기 시대 많은 사람들(16세기 유토피아적 인문주의자들)과도 불화하고 있었다는 점을 우리는 여기에서 추정할 수 있기 때문이다.

말하자면 마키아벨리의 판단에 공익과 공공선의 '실제적 진실'은 정치지도자의 사적 이익이라는 것이다. 앞서 『군주론』의 경우 '군주의 편의' 문제가 '대중의 편의'보다 선행한다는 점을 언급했는데, 마키아벨리는 『리비우스논고』에서도 이런 입장을 반영한다. 특히 정치적 '창업'과 '개혁'의 상황에서 군주의 이익과 편의가 대중의 그것보다 선행한다는 것이다. 이것은 『군주론』과 동일한 면이다. 그러나 다른 면은 이것이다. 창업 군주가 창업한 질서를

'유지'하는 경우다. 질서 유지는 군주보다 대중이 더 잘한다는 것인데, 그 이유가 재미있다. 대중이 덕성스럽게 행동하면 이미 만들어진 질서를 유지하기가 쉬워지는데, 그것은 대중의 편의가 이 질서 속에서 보장되고 있기 때문이라는 것이다. 그래서 적어도 공화적 질서의 유지에 있어서 군주의 편의보다 대중의 편의가 더 선행한다는 것이다(『리비우스논고』 1권 58장 3절). 그렇지만 이것이 곧 이런 상황에서 지도자의 이익이 우선하지 않는다는 것을 의미하는 것은 아니다. 여전히 지도자의 개인 이익은 중요하다. 단지 덕스러운 공화국에서 지도자의 개인 이익이 대중 이익과 일치되어야 할 현실적 이유가 더 많다는 것뿐이다.

따라서 마키아벨리의 이런 '실제적 진실'을 추구하는 정신이 『리비우스논고』 3권에서 지도자 '개인의 이익'을 고찰하는 작업으로 반영되어 있다는 것은 자연스러운 일이다. 그것은 공화 체제의 '유지'에서도 중요하지만, 국가 '창업'과 '개혁'의 필요성에서도 역시 중요한 것이기 때문이다. 이 '개혁'의 의미는 『리비우스논고』 3권 1장에서 그 의미가 명료하게 나타난다. "한 종교나 공화국이 오래 존속하기 위해서는 종종 처음으로 되돌아가야 한다"는 장의 제목이 이 점을 말한다. '처음으로 되돌아간다'는 것은 지금 우리가 사용하는 말로는 당연히 개혁이라고 표현될 수 있는 문제이지만, 마키아벨리는 보통 그것을 '쇄신renewing'이란 말로 표현한다. 그가 쇄신을 말할 때 '하나의 질서(오르디네, an order)'에 의한 것과 '한 사람one man'에 의한 것, 이렇게 두 가지로 구분하여 논하지만(3권 1장 2절), 지금 우리가 말하는 쇄신은 후자의 경우다.

'쇄신'이란 '처음의 좋은 상태'로 돌아가는 것을 말한다(『리비우스논고』 3권 1장 2절의 첫 부분). 그래서 마키아벨리에 있어 개혁은 곧 '처음으로 되돌아가는 것'이기 때문에 '창업'의 또 다른 버전이다. 개혁은 곧 창업이 되기도 한다는 것이다. 이 시각의 하이라이트는 3권 22장 4절에서 나타난다. 거기에는 '냉혹한' 장군 '만리우스'와 그의 "명령 없이 전투에 임하지 마라"는 지시를 어기고 교전에 들어가 군기를 어지럽힌 그의 병사 한 명에 대한 처벌을 논하는 곳이다. 사실 이 병사는 만리우스의 친아들, '티투스 만리우스'이다. 비록 부자父子의 관계이지만, 아버지 만리우스 토르쿠아투스는 아들 만리우스에게 현장에서 최고의 형벌을 내렸다. '읍참마속泣斬馬謖'이 이와 다르지 않을 것이다. 이 경우를 굳이 사자성어식으로 말하자면, 읍참자식泣斬子息이 될 것이다. 이 사례는 리비우스가 『로마사』 7권에서 언급하는 것이다. 마키아벨리는 이 사례를 인용하면서 흐트러뜨린 '군기'를 다시 회복하기 위해 지휘관 만리우스의 '가혹한' 지도력이 필요했다고 주장한다(『리비우스논고』 3권 23장 3절). 마키아벨리는 이 경우 지휘관의 가혹한 통치방식을 지지하지만 동시에 리비우스의 관찰을 지지하는 것이기도 하다(이 논점은 그가 『군주론』 17장에서 제기하는 것과 동일하다.)

마키아벨리가 이 상황을 통해 말하고자 하는 점은 공화국의 지도자(또는 지휘관)는 『군주론』에서 말하는 '군주'와 같은 위상을 가져야 한다는 것이다. 주어진 '질서(오르디니)'로도 다스릴 수 없는 부분은 군주의 분별력 있는 현장에 대한 판단력으로 다스려야 한다는 것이다. 이때 군주의 이익이란 법과 제도를 초월해서 존재하는 무엇이라는 이미지로 우리에게 다가온다. 그렇다면, 지금 이 상황에서 군주의 이익은 무엇인가? 여러 차원이 있다. 첫째, 질서와 기강의 회복이다. 더 나아가(둘째), 전투 현장에서 만나는 적을 성공적으로 물리치고 군사적 승리를 획득하는 것이다. 셋째로, 이 현장에 나가 있는 군주가 나중 로마로 귀환한 뒤 모든 시민들로부터 얻는 찬양과 영광이 그것이다. 마키아벨리에겐 이런 현장에서의 '군주'의 이익이 긴요한 문제다. 그러나 그는 리비우스가 이런 차원의 문제를 충분히 잘 다루지 못했음을 시사한다.

마키아벨리에 있어 '개인 이익'이란 문제는 사실 지도자뿐만 아니라, 모든 시민에게 해당되는 문제이다. 마키아벨리가 개별 군주에게서 발견하려고 하는 이런 개인 이익이라는 문제틀은 다양하게 나타난다. 우선 지휘관이 아닌 개별 병사들의 경우에도 적용된다. 『리비우스논고』 1권 43장에서 마키아벨리는 "자신의 영광을 위해 싸우는 군인은 선량하고 충실한 군인들이다"라고 주장한다. 이곳은 군주(지휘관)가 아니라, 병사들에 관한 대목이다. 이 장은 지휘관에 대하여 병사들이 비굴한 태도(비굴함)가 아니라, 반대로 자주성 내지 당당함이 있어야 그들이 실제 전투에서 잘 싸운다는 주장을 하는 장이다. 어떤 면에서 이 장의 주장은 지휘관의 개인 이익의 문제를 보통 시민(병사들)의 그것으로까지 확장한 것이다. 일종의 거울 이미지mirror image 신드롬이 느껴진다. 병사들 또한 지휘관을 닮아야 한다는 것이다. 그러나 마키아벨리가 『리비우스논고』에서 병사들의 개인 이익에 대하여 말하는 것은 지도자의 개인 이익에 대하여 말하는 것에 비하면 너무나 적은 것도 사실이다. 그가 군주의 개인 이익을 말하는 곳에서 병사들(시민)의 이익을 역시 고려한다는 정도로 이해하면 될 것이다. 너무 과장할 필요는 없다고 생각된다.

다른 곳에서 마키아벨리는 로마 공화 정치의 중심지인 원로원의 지휘 하에 있는 현장지휘관의 개인 이익을 말한다. 『리비우스 논고』 2권 마지막 장(33장)에서 그는 로마의 최고지도급 기관인 원로원과 전투 현장에 파견되는 군사 지휘관 사이의 관계를 말한다. 그는 여기에서 로마인들의 전투현장 중심, 지휘관 중심의 사고를 보여 준다. 핵심적인 것은 현장 지휘관의 이익이라는 문제다. 이 장의 제목은 "로마인들은 어떻게 군대의 장군들에게 자유로운 권한free commissions을 부여했는가"이다. 마키아벨리는 이 장에서 전투현장에 관하여 현장의 지휘관만큼 현장에 대하여 많은 지식을 가지고 있는 사람은 없으므로 로마 원로원은 항상 현장지휘관의 판단에 따랐고, 그 지휘관의 이익(또는 명예)을 존중해 주었다고 말하고, 이를 높이 평가한다. 개인 이익의 요소와 실무자 사이의 연관을 말하는 대목이다. 그리고 마키아벨리는 이 대목에서도 자신이 리비우스를 개혁했음을 시사한다.

4) 지도자의 통치방식

마키아벨리와 리비우스 사이에 보이는 네 번째 차이로 지도자의 '통치방식'에 관한 문제가 있다. 여기에서도 마키아벨리는 리비우스의 한계를 찾아 그것을 자신의 방식으로 개선하려고 하는데, 이 경우에도 앞의 세 번째의 경우처럼, 리비우스를 완전히 탈

피하려는 방식을 보여 준다. 그의 『리비우스논고』 3권 19-23장은 공화정치를 위해 '가혹성과 '인간성'의 두 통치방식 중 어느 통치방식이, 왜 바람직한지를 체계적으로 분석한다. 이 분석은 한 주제에 대하여 만족한 결론이 도출될 때까지 끈질기게 논의하는 끝장토론을 시도하는 것이다. 여기에서 마키아벨리는 리비우스가 이 문제에 관해서 어떤 '확고한decided' 의견과 신념을 가지지 못했음을 적시한다(3권 22장 4절). 그런데 흥미롭게도 마키아벨리는 리비우스의 견해에 대하여 논평하는 책에서 우리와 같은 일반 독자의 기대와 달리, 리비우스의 입장에서 일순간 전면적으로 탈피하고 갑자기 고대 로마의 다른 역사가이자 로마의 폭군들을 많이 기록한 『역사Annals』의 저자 '타키투스'의 주장을 인용한다.

리비우스는 마키아벨리가 원하는 적절한 논거를 제시하지 못하기 때문에 더 이상 적절하지 않다는 것이다. 그래서 그 목적을 이루기 위해 그는 리비우스를 떠나, 타키투스의 입장을 원용하는 것이다. 이것은 '다중multitude'을 어떻게 지배해야 하는가 하는 문제에 대하여 '확고한' 지적 결단을 가지고 있는 타키투스를 선호하고, 지적 결단성이 부족한 리비우스에 대한 관심을 일단 덮는다는 것을 의미한다. (적어도 이 대목에서 우리는 마키아벨리에 있어 타키투스보다 리비우스의 비중이 압도적으로 더 크다고 주장하는 휘트필드J. H.

Whitfield의 주장이 무너짐을 본다. 그는 「리비우스 > 타키투스」라는 1976년이 된 논문에서 마키아벨리에 있어 리비우스의 중요성이 타키투스의 그것을 능가한다고 주장했다. 그러나 다른 부분에서 그럴지는 몰라도 적어도 이 문제의 대목에선 더 이상 그런 주장이 성립하기 힘든다.)

그러나 마키아벨리는 리비우스의 원래 기록을 자주 변경시키면서 자신의 주장을 했던 것처럼, 타키투스의 진술 역시 자신의 주장을 위하여 변경시키면서 인용한다. (독자는 구체적인 변경내용을 보려면 레슬리 워커의 책, 『니콜로 마키아벨리의 리비우스논고』 제2권을 보아야 한다.) 타키투스는 『역사』에서 '신민臣民, subjects'을 다루기 위해서는 '동조compliance'의 통치방식보다 '처벌'의 통치방식이 더 바람직하다는 견해를 나타냈다(타키투스, 『역사』 3권 55장). 그러나 마키아벨리는 타키투스의 '신민'에 관한 이 주장을 '시민'에 관한 주장으로 변모시킨다(『리비우스논고』 3권 22장). 말하자면 그는 '신민'이 있는 군주국에 해당되는 타키투스의 견해를 '시민'이 있는 공화국에 적용하고 있다는 것이다. 마키아벨리는 이 변조를 통하여 군주국이나 공화국이나 사실상 통치의 방식에 있어 차이가 없다는 점을 주장하는 셈이다. 이것은 타키투스가 한 주장을 그가 하는 주장의 맥락에 맞게 적용하는 것을 의미한다.

우선 문제는 리비우스와 마키아벨리가 각자 지도자의 지도방식에 대하여 말하고 있는 부분에 잘 나타난다. 즉 리비우스는 '온화한friendly' 지휘관 '발레리우스'(기원전 348-299년 사이에 집정관 6회 역임. 『로마사』 7권 40장)와 '냉혹한severe' 지휘관 '만리우스'(기원전 353년에 집정관 1회 역임. 『로마사』 8권 7-10장)를 각기 각자의 방식으로 군대를 잘 지휘하는 장군들로 언급하지만, 어느 쪽 지휘관이 더 나은 지휘관인지에 대해서는 판단을 할 필요를 못 느낀다. 그러나 마키아벨리는 『리비우스논고』 3권 22장 4절에서 온화한 '발레리우스'와 냉혹한 '만리우스'의 두 지도방식이 다 같이 전쟁에서 승리를 가져온다고 하더라도, 적어도 공화국의 통치 방식을 결정해야 하는 필요성에 있어서는 어느 쪽의 지도력이 더 바람직한지를 반드시 '결정'해야 한다고 주장한다(『리비우스논고』 3권 22장 4절). 그는 이 부분에서 '결정하지 못한undecided' 상태를 우유부단한 면을 가진 사람에 비유하여 우리에게 보여 준다. 정치사상가 마키아벨리는 확실히 강인하고 결단력 있는 철저한 인간성의 면모를 보여 준다고 하겠다.

그는 리비우스가 발레리우스와 만리우스에 대하여 동일하게 찬양하고 있는 점을 언급하면서 그것에 참지 못하는 성미를 보여 준다. 온화한 지도력이나 냉혹한 지도력은 마키아벨리에 있어 어느 하나의 방식으로 선택해야 할 문제이지, 둘 다 긍정할 문제가 아니라는 것이다. 이것이 마키아벨리의 견단이다. 이것은 '정치적인 것'의 개념을 '친구'와 '적'의 건지에서 보는 플라톤 『국가』의 한 인물, '폴레마르코스'의 관점과도 유사하다. 그는 "정의란 친구를 이롭게 하고, 적을 해치는 것이다"라고 주장한다(플라톤, 『국가』 332d). 그리고 '결단decision'을 '정치적인 것'의 핵심으로 간주하는 20세기 독일의 정치철학자 '칼 슈미트'의 정치관과도 유사하다(Carl Schmitt, 『정치적인 것의 개념』).

마키아벨리와 리비우스의 사이에서 민주주의적 감성에 익숙한 지금 우리의 입장에서 보면 리비우스가 비록 우유부단한 면은 있으나 다양성을 별로 허용하지 않아 보이는 마키아벨리보다 관용의 공간을 더 많이 허용하는 것 같아 보인다. 이 점에서 그는 마키아벨리보다 확실히 더 민주적이다. 결단주의자 이미지를 가진 마키아벨리는 권위주의적 면모마저 보인다. 따라서 역사의 흐름이 더욱더 다원적, 민주적인 것으로 발전하는 추세에 있다고 한다면, 리비우스가 마키아벨리보다 더 근대적이고 미래지향적이라고 우리는 결론 내릴 수도 있을 것이다. 그러나 과연 근대적/미래적인 것이 무제한으로 온화한 지도방식을 강조하고 냉혹한 지도방식을 무조건 거부하는가? 또 그게 바람직한가? 우리는 이런 질문을 피하기 어려울 것이다.

필자가 평가하기에, 현대의 리비우스주의자들이 있다. 현대의 '자유주의적 민주주의자들liberal democrats'인 한나 피트킨, 주디스 슈클라Judith Shklar, 또 리처드 로티Richard Rorty 같은 학자들이다.[03] 이들은 마키아벨리적인 '가혹함cruelty'의 통치방식을 민주사회의 통치방식으로서 완전히 거부한다. 그들은 "가혹한 행위는 우리가 저지르는 최악의 행위이다Cruelty is the worst we do"라고 주장한다. 또 시간을 좀 역으로 거슬러 올라가 보면, 18세기 미국 건국의 아버지 중 공화주의자이면서, 가장 자유주의적이고 민주적 성향을 나타낸 토마스 제퍼슨의 의견을 떠올리게 된다. 그는 마키아벨리뿐만 아니라 리비우스마저도 찬양한 만리우스적 지도력을 '이론적 효용'의 면에서는 인정하지만, '그 실천에서 당황스러운' 방식이라고 논평한다(Thomas Jefferson, *The Writings of Thomas Jefferson*, Ed. by Paul Leicester Ford, 9권의 279–82쪽).

다시 앞에서 제기한 질문들을 상기하자. 이런 물음들은 지금과 같은 민주적 감성의 시대에 살면서 우리가 정치철학적으로 반드시 직면하게 되는 것들이다. 그리고 정치적 삶의 현장에서도 우

---

[03] 피트킨의 책은 1984년 출간된 *Fortune Is A Woman: Gender and Politics in the Thought of Niccolo Machiavelli*, 슈클라의 책은 역시 1984년의 *Ordinary Vices*, 그리고 로티의 책은 1989년의 *Contingency, Irony, and Solidarity*이다.

리가 사실 피하기도 어려운 문제들이다. '온화한' 지도방식을 선호하는 이들 근대와 현대의 자유주의적 민주주의이론가들의 입장이 고대의 리비우스의 입장과 동일하지는 않겠지만, 적어도 온화한 지도방식을 인정하고 높이 평가한다는 점에서 마키아벨리보다 사상적으로 리비우스에 더 가깝다 할 것이다. 이렇게 보면 리비우스는 마키아벨리보다 더 근대적인 매너를 가진 고대 저술가로 보인다. 그러나 사실 우리는 리비우스보다 마키아벨리에게서 근대적 사상의 요소를 더 많이 기대하고 있다. 리비우스보다는 마키아벨리가 더 근대적이라고 믿고 싶다. 그게 지금 우리가 관심을 가지고 보는 점이다.

마키아벨리 사상의 상대적 근대성을 발견하기 위해 우리는 '근대 공화주의 사유에 있어 (마키아벨리적)군주'가 수행하는 역할을 철저하게 검토하는 하비 맨스필드에 주목하게 된다. 맨스필드는 1989년의 저술, 『군주 길들이기』*The Taming of the Prince: The Ambivalence of Modern Executive Power*』에서 마키아벨리의 『군주론』과 『리비우스 논고』에서 선보이는 '온화한' 지도방식을 '기독교적 허약성'(123-31쪽)의 상징으로 해석한다. 맨스필드는 강력한 지도력을 중시하는 '근대 행정부modern executive'의 역할을 중시하고 자신은 '공화적 민주주의republican democracy'를 지지하는 입장임을 보여 준다(131-

35, 136-39, 142-49쪽 논의). 그는 이런 근대 공화주의의 시초로 마키아벨리를 지목한다.

그리고 그는 현대 민주주의 또는 민주적 지도력 역시 '신속성 suddenness,' '비밀' 그리고 '단독으로(이탈리아어 'solo' 영어의 alone)' 결정하고 실행하는 지도자의 행위방식을 배제하지 말아야 한다고 주장한다. 포함해야 한다는 것이다. 여기에서 우리는 이 마지막의 '단독으로'라는 의미를 조금 강조할 필요가 있다. 이 'solo'라는 부사어는 마키아벨리가 『리비우스논고』에서 총 50번 사용하고(맨스필드와 탈코프 영역 『리비우스논고』의 '용어해설,' 312쪽), 『군주론』에서 총 6번 정도 사용한다(맨스필드의 영역, The Prince의 '용어해설', 114쪽). 이것은 뭔가를 홀로 결정하고 과단성 있게 행동한다는 이미지로서, 가장 전형적인 『군주론』식 '군주'의 이미지를 상징한다. 그러나 이것이 공화주의 국가에도 없어지지 않고 여전히 존재한다는 것이 중요하다. 맨스필드는 공화주의 정치사회에도 군주의 존재를 생각한 마키아벨리의 이론을 근대적 지도자의 이미지로 재탄생시키려고 시도한다.

바로 이 관점에서 마키아벨리는 리비우스와 다른 의미의 근대성을 일으킨 사상가라고 할 수 있을 것이다. 리비우스가 근대적 '자유주의적 민주주의자'의 이미지를 가지고 있다고 하면, 마키아벨리는 근대적 '공화주의적 민주주의자'의 이미지를 가지고 있는 것이다. 두 개의 근대성이 여기에 있다. 그리고 이 점에서 마키아벨리는 리비우스가 상상하지 못한 새로운 공화주의, 새로운 근대성을 가지고 있다. 마키아벨리의 근대성은 공화적 민주성을 담고 있는 근대성이다. 이 점을 리비우스는 결여하고 있었던 것이다. 리비우스의 민주성은 마키아벨리적 견지에서 생각해 보면 자상하고 온화한 지도자 카이사르와 발레리우스 스타일의 민주성에 가깝다. 그러나 마키아벨리는 그것을 '창업군주'의 상황을 포괄하지 못하는 '계승군주'의 이미지가 지배적인 민주정(즉 '덕'보다는 '운수'가 더 지배적인 그런 민주정)이라 부를 듯하다.

5) 정치과학

이제 마지막으로 지도력에 관한 정치과학의 가능성에 있어 마키아벨리와 리비우스 사이의 다섯 번째 차이를 볼 순서가 되었다. 마키아벨리는 『리비우스논고』 3권에서, 리비우스가 지도자와 국민(피치자)의 관계에 대하여 잘못된 견해 또는 부족한 인식을 가지고 있음을 지적한다. 리비우스는 정치지도력의 문제에 관하여 이론적으로 엄밀한 인식을 가지지 못했다는 것이다. 이 책 3권 13장에서 마키아벨리는 이 문제를, 첫째로, '좋은 지휘관'

과 '좋은 군대'의 상대적 중요성의 문제로 상정하고 논술하고 있는데, 그는 여기에서 리비우스의 견해(『로마사』 2권 40장)가, 카이사르의 견해(수에토니우스Suetonius, '율리우스 카이사르')와 마찬가지로, 잘못된 견해임을 주장한다. 마키아벨리는 이 두 고대의 저술가들이 **일정한** 주관이 없다는 것을 지적함으로써, 이들이 하나의 정치과학으로까지 도달하지 못했음을 시사한다. 그리고 그것을 간접적이나마 힐난한다.

실상 리비우스는 이 문제에 관하여 '좋은 지휘관'이 '좋은 군대'보다 더 중요하다고 말을 하는가 싶더니(리비우스, 『로마사』 2권 40장), 또 다른 곳에서는 반대로, '좋은 군대'가 '좋은 지휘관'보다 더 중요하다고 말을 함으로써(『로마사』 25권 36-39장), 일정한 정견이 없이 오락가락하는 면모를 보이고 있음을 마키아벨리는 적시한다(『리비우스논고』 3권 13장 1절). 또 마키아벨리는 리비우스와 카이사르의 견해가 비슷함을 발견하고, 카이사르의 경우, '좋은 지휘관'이나 '좋은 군대'의 어느 쪽이 더 중요하든 말든, 상관하지 않는 비과학적인(상황에만 따르는) 사고를 하는 인물로 제시한다(『리비우스논고』 3권 13장 2절).

필자가 보기에 마키아벨리는 카이사르를 지성이 떨어지는 사람으로, 다소 모욕적으로 묘사하고 있다고 보인다. (실제 카이사르는 뛰어난 장군이면서도, 『갈리아 전기』라는 책을 저술한 뛰어난 저술가다.) 이 지휘관과 군대의 관계를 왕정과 공화정과 같은 체제regime 문제로 확대하면, 마키아벨리는 카이사르가 왕정(군대 지휘관을 군주의 이미지로 간주할 수 있으므로)과 공화정(병사들의 이미지를 국민의 이미지로 간주할 수 있으므로)의 상대적 우월성의 문제에 있어 아무 관심이 없으며, 일정한 정견도 없는 사람임을 시사하고 있다고 보인다.

여기에서 마키아벨리가 내리는 결론은 군사적 '승리'(또는 성공적 '정복')를 거두는 지휘관도 훌륭한 지휘관이지만, '형편없는' 군대를 잘 '훈련'시켜 '좋은 군대'로 변모시킬 수 있는 지휘관도 역시 훌륭한 지휘관이라고 주장한다. 또 승리와 훈련 모두 훌륭한 지휘관은 '이중적 덕'을 가진 지휘관이라고 말하고, 이런 지휘관이 가장 뛰어난 지휘관이라고 주장한다. 즉 승리와 훈련, 이 두 가지를 다 같이 성취할 수 있는 지휘관이 가장 훌륭한 지휘관이기 때문에, 이런 지휘관을 가진 군대는 적의 군대가 상대하기에 가장 '두려운' 군대이므로 '좋은 지휘관'의 요소는 단순히 '좋은 군대'가 있다는 것보다 더 중요한 문제이다.

마키아벨리는 이 주장에 이어 좋은 지휘관이 군대를 좋게 만드는 것과 좋은 군대가 좋은 지휘관을 만드는 것 중에 어느 쪽이 더 쉬운가 하는 문제로 나아간다. 흥미롭게도 여기 이 문제에서 그는 좀 다른 방식으로 관찰한다. 마키아벨리는 좋은 군대가 좋은 지휘관을 만드는 것이 좋은 지휘관이 좋은 군대를 만드는 것보다 더 쉽다고 주장한다(『리비우스논고』 3권 13장 3절). 즉 다수가 좋은 지휘관 한 사람을 만드는 것이, 반대로 한 사람이 다수를 좋게 만드는 것보다 더 쉽다는 것이다. 그러나 마키아벨리는 쉽다는 것이 곧 바람직함을 의미한다고 말하지 않는다. 즉, 좋은 군대가 좋은 지휘관을 만드는 것이 좋은 지휘관이 좋은 군대를 만드는 것보다 더 쉽다고 해서, 무제한으로 군대가 지휘관을 만들어야 한다는 법이 있는 것은 아니라는 것이다. 또 군대가 지휘관보다 더 중요하다고 말하는 것도 아니다.

우리는 이런 마키아벨리의 분석을 어떻게 이해할 수 있을까? 마키아벨리에 있어 '좋은 군대'란 그 속에 이미 '좋은 지휘관'의 훈련이 어떤 방식으로든 스며들어 있다고 보는 게 합당할 듯하다. 그래서 비록 좋은 군대 그 자체 속에 눈에 보이는 지휘관의 존재는 없다고 해도, 눈에 보이지 않는 방식으로 그런 요소가 이미 그런 군대에 스며들어 가서 체질화되었다고 볼 수 있을 것이다. 필자가 보기에 마키아벨리가 말하는 점은 이런 점을 내포하고 있다. 그래서 좋은 군대가 좋은 지휘관을 만들기가 쉽다는 그의 관찰은 이렇게 해석해 볼 수 있을 것이다. 좋은 지휘관의 훈련이 이미 축적되어 있는 좋은 군대는 이미 그 자체에 좋은 지휘관의 리더십의 요소가 축적되어 있다. 그래서 이런 군대는 좋은 지휘관의 말을 쉽게 이해하고 쉽게(기꺼이) 작전을 실행하고 탁월하게 작전을 수행해 나갈 수 있는 능력이 있다. 적과 싸울 때 전투력도 아주 탁월하다. 이것은 필자의 해석이다. 이렇게 해석하면 우리는 지휘관(지도자)과 병사(국민)의 관계에 대하여 좋은 지휘관의 문제가 더 중요하다는 마키아벨리가 가지고 있는 생각을 잘 이해할 수 있다고 생각된다.

이 대목에서 약간 논지에서 일탈하겠다. 맨스필드에 따르면, 스트라우스는 독일에서 히틀러의 유태인 박해를 피해 1940년대에 미국에 정착한 후 대학 강의를 할 때 하버드 대학에 대하여 아주 '낮은' 평가를 하고 있었다고 증언한 바 있다. 그 이유는 "좋은 대학이 되려면 학생이 좋아서가 아니라, 선생이 좋아야 한다"였다고 한다. 맨스필드는 이 점을 한 TV 인터뷰에서 밝힌 바 있다. 필자의 생각으로 우리가 지금 논의하는 이 '좋은 지휘관'과 '좋은 군대'의 문제가 바로 이와 같다고 생각된다. 실력의 원천은 선생이지, 학생이 아니란 것이다. 좋은 선생은 좋은 학생 없어도 있을 수 있지만, 반대로 좋은 학생은 좋은 선생이 없으면 생겨나기 어렵다. 우리는 이런 교훈을 여기에서 확인할 수 있다.

이상의 논의를 종합해 보자. 마키아벨리는 지금 우리에게 두 가지 교훈을 준다. 하나는 지도자와 국민의 관계, 또는 상대적 중요성에 관한 시사를 던져 주고 있다. 마키아벨리는 비록 좋은 국민이 국가를 위해 할 수 있는 일이 많다고 인정하지만, 지도자가 행동과 말(지성)의 양면에서 '이중적 덕'을 갖추고 있을 때, 단순히 좋은 국민이 성취할 수 있는 것보다 더 많은 것을 성취할 수 있다는 점을 강조한다. 국민의 역할에 관하여 마키아벨리는 『군주론』9장에서 '시민적 군주국'을 논할 때 이미 예고되어 있었다. 거기에서 국민(이 경우, 정확히는 '신민臣民'이다)이 지도자를 옹립하는 것은 소수 귀족들이 가지고 있는 권력이나 힘, 특권을 견제해 달라는 열망을 가지고 있기 때문임을 마키아벨리는 목격한다. 그러나 『군주론』 전체에서 마키아벨리가 강조하고자 하는 것은 '군주'이지 국민이 아니라는 점에서 보면 이런 시선은 다소 제한적임을 우리는 역시 보아야만 한다. 『군주론』의 맥락에서 시사만 하고 충분히 고찰하지 못한 문제를 마키아벨리는 『리비우스논고』로 이동하여 고찰하는 것이다. 그래서 이 점에서 생각하면 우리는 『리비우스논고』 전체의 논의는 『군주론』9장의 시민적 군주국의 '공화적' 확대판이라고 이해할 수 있는 것이다. 그만큼 이 『군주론』9장의 의미가 크다 할 것이다. 이것이 마키아벨리의 정치과학이 담고 있는 중요한 한 부분이다.

다른 면에서 보면 우리는 '이중적 덕'에 대한 논의에서 플라톤 적 사고의 번뜩임을 볼 수 있다. 여기에서 마키아벨리는 '철학자 왕'의 가치를 주장하는 『국가』의 저자 플라톤의 면모에 가까워 보이기까지 한다. 플라톤은 '철학자 왕'의 존재가 있어야 '도시의 모든 문제'가 이해되고 가장 적절히 처리될 수 있다고 관찰했다. 따라서 '철학자 왕'이 도래하기 전까지는 모든 국가는 '지배자(지도자)' '수호자(군인)' 그리고 '생산자(보통의 국민)'의 세 계층이 '정의로운' 국가 속에 살아가고 있다고 말하기 어렵다는 것이다. 군주국이든, 공화국이든 '군주'의 역할을 강조하는 마키아벨리 역시 이와 다르지 않다 보인다.

그러나 마키아벨리 정치과학의 또 다른 교훈은 아주 공화주의적인 것인데, 마키아벨리는 '훌륭한 것'을 창조하는 능력에 있어서 다수의 힘이 한 사람의 힘보다 더 낫다는 견해를 제시한다. 이것은 『리비우스논고』 1권 58장과 조금 위에서 말한 『군주론』 9장에서 보여 주는 대중친화주의자 내지 근대 공화주의 철학자로서의 마키아벨리의 면모에서 나타난다. 즉, 지도자는 대중의 힘을 안고 가야 한다는 그의 주장에서 나타난다. 이것을 실천할 수 있는 지도자가 마키아벨리적 공화주의 정치가이다. 여기에서 우리는 마키아벨리가 리비우스의 견해의 한계를 지적하고, 그것을 한층 더 일관성 있는 정치과학의 수준으로 이끌어 올려 개선하고 있음을 볼 수 있다. (독자는 마키아벨리에 있어 과학의 개념을 『리비우스논고』 3권 39장에서 언급하는 전쟁에 대비한 '사냥' 훈련을 언급하는 곳에서 잘 드러내고 있음을 역시 알 필요가 있을 것이다. 여기에서 마키아벨리는 '하나의 지형'과 '다른 지형' 사이에서 그 공통점과 차이점을 잘 이해하면 지형에 관한 하나의 일관된 인식을 획득할 수 있다는 것이다. 이것이 마키아벨리가 말하는 과학의 가장 핵심적인 점이다.)

4
마키아벨리, 리비우스를 개혁하다

우리는 이상의 논의를 통하여 마키아벨리는 리비우스가 고대 로마에 대하여 긍정적 시각을 가지고 있었고, 이 도시의 위대성을 찬양했음에도 불구하고, 그의 로마관에 불충분한 점이 있음을 발견하고 그것을 개선하려고 시도했음을 보았다. 우리가 두 저술가의 사이에서 볼 수 있는 마키아벨리 사상의 근대성은 첫째로, 리비우스가 로마의 번성의 원인을 덕과 운수의 결합으로 관찰하고 있음에 비해 마키아벨리는 로마인의 정치적·군사적 덕(능력)으로만 관찰하려는 경향을 보인다는 사실에 있음을 보았다. 이것이 정치적 관찰에 있어 인간의 덕의 요소를 드높이고, 운수와 종교의 요소를 정복하고자 하는 마키아벨리 정치철학의 근대적 성격이라고 할 수 있는 점이다.

우리는 또 마키아벨리와 리비우스의 사이에서 대중의 문제를 보았다. 리비우스는 로버트 멜러가 시사하듯이 로마의 번성을 운수와 도덕적 원인에서 보았던 반면, 대중을 도덕적으로 열등한 존재로 보았다. 그러나 마키아벨리는 그런 관점을 비판하고 대중과 군주는 사실상 도덕의 면에서 동일하다는 시각을 드러낸다. 마키아벨리는 단지 정치적 기능의 면(질서의 창업과 유지)에서 대중과 군주는 다르다고 보았다. 이것이 마키아벨리의 근대적 공화주의의 관점의 성격 속에 용해되어 나타났던 것이다. 대중의 재산에 대한 애착의 문제에 있어 마키아벨리는 반 대중적 입법의 가능성을 보인 리비우스와 친대중적 입법을 주장한 그라쿠스 형제와 카이사르의 입장의 중간에서 '국가는 부유하게, 시민은 가난하게'라는 원칙으로 결론내리고 있음을 보았다.

세 번째로 고찰해 보았던 '개인 이익'의 중요성에 관한 주장에서 우리는 마키아벨리와 고대 저술가 리비우스 간에는 공익(헌신과 애국심의 강조에 나타나는 이익)과 사익에 대한 인식에 있어 현저한 차이를 나타낸다는 것을 볼 수 있었다. 마키아벨리는 공익을 사익의 토대 위에 두려는 경향을 강하게 보인다. 이것은 전형적인 근대적 사유방식이라고 해야 할 것이다. 아마도 이 점이 마키아벨리 정치철학의 가장 대표적 근대성의 면모라 할 수 있을 것이다.

이어 네 번째로 우리가 다룬 문제는 '온화함'과 '냉혹함'이라는 두 통치방식에서 어느 쪽이 상대적으로 더 우월한가 하는 문제였다. 이 문제를 취급함에 있어 마키아벨리의 역사적 전거로서의 리비우스는 아예 나타나지 않는 경향이 있음을 보았다. 그 대신 그 자리에 타키투스라는 새로운 역사가의 이름이 등장했다. 마키아벨리가 보기에 리비우스는 두 통치방식을 다 인정할 뿐 이렇다 할 만한 자신만의 이론적·정치적·그리고 도덕적 '결정'의 필요성을 느끼지 못했다. 그러나 우리는 이 부분에서 마키아벨리와 리비우스 중 누가 더 근대적인가 하는 문제에 관하여 쉽게 결론내리기는 어려운 부분이 있음을 보았다. 우리가 민주성을 바라면 리비우스의 견해를 선택해야 하고, 공화성을 바라면 마키아벨리를 선택해야 할 것이다. (필자는 공화성을 바란다.)

끝으로 우리는 마키아벨리와 리비우스의 지도력에 관한 견해를 비교해 보았다. 이 비교에서 우리는 대중과 지도자의 상대적 중요성에 있어 리비우스는 지도자와 국민 사이에서 오락가락하는 면모를 보였던 반면에, 마키아벨리는 통치방식의 문제에서 보인 태도와 마찬가지로 하나의 일관된 견해를 나타냈다. 어떤 면에서, 리비우스의 비일관성은 그의 개방적 심성을 드러내지만, 그런 만큼 마키아벨리보다 과학적 정신은 덜 나타난다. 통치방식 문제와 더불어 지도력의 문제에 있어 마키아벨리의 근대적 정치과학의 관점은 리비우스보다 더 엄격하다. 또 그의 정치과학은 어떤 정치적 상황에서 지도자가 더 중요하고, 또 어떤 상황에서는 반대로 국민이 더 중요한지에 관하여 구체적인 조건의 명시화를 담아내고 있다고 생각된다. 마키아벨리의 정치과학은 '이중적 덕'이라는 현상에서 보았듯이 정치공간에서 지도자의 훌륭함이 시민의 훌륭함보다 여전히 더 결정적 요소가 될 수 있음을 우리에게 보여 준다.

6

지배와 복종의 질서:
'프로포르치오네proporzione'

1
'프로포르치오네'의 개념에 대하여

통치란 지배와 복종(피지배)의 관계를 만들고 유지해 나가는 것이다. 그 과정에서 지도자는 권력을 행사하는 것이다. 그래서 누구든 통치를 하려면 그것을 가능하게 하기 위한 조건을 만들어야 할 것이다. 이것이 통치의 기술이다. 마키아벨리가 말하는 '프로포르치오네proporzione'는 바로 그것에 관한 것이다. 이 **지배와 복종으로 구성되는 하나의 질서**를 지칭하는 것으로 사용한 말, '프로포르치오네'라는 이탈리아어는 그가 『군주론』과 『리비우스 논고』에서 사용하는 말이다. 영어권 학자들은 이것을 '프로포션proportion'이라고 영역하기도 한다. 이 말의 사전적辭典的 의미는 비율比率, 비례比例라는 뜻이지만, 마키아벨리가 이 말을 사용할 때 우리가 이런 사전적 의미로 그가 의미하고자 하는 것을 전혀 해독할 수는 없다. 이 말은 외면적으로는 아주 이상한 말로 여겨지기까지 한다. 실제 많은 학자들이 이런저런 방식으로 이 말에 대하여 논평하기도 하지만, 어떤 마키아벨리 학자도 이 말을 우리에게 완벽하게 해설해 주는 이는 없다. 너무나 많은 학자들과 번역자들이 이 말을 전혀 엉뚱하게 해석하고 번역하여 우리 독자는 어리둥절하게 되는 경우가 왕왕 있다. 차라리 디 알바레즈, 하비 맨스필드와 같이 이탈리아어 'proporzione'에 가장 근접한 영어 단어, 'proportion'으로 번역하는 게 가장 마키아벨리의 의도와 정신에 가깝다고 필자는 느낀다. 잘 알 수 없는 말은 알 수 없는 원래의 상태로 두는 게 최선일 것이다. 고도로 농축濃縮된 의도와 의미가 실려 있는 말은 번역하지 않고 있는 그대로의 말을 전달하는 게 더 나을 것이다.

이 말을 통해 실제 마키아벨리가 우리에게 전달하는 뉘앙스는 두 당사자 사이의 지배와 피지배(복종)라는 관계를 내포하는 하나의 질서이다. 지금 여기에서 우선 필자는 하나의 질서로 이해할 수 있다는 점을 독자에게 강조하고자 한다. 마키아벨리는 이 말을 『군주론』에서 두 번(6장과 14장) 사용하고 있고, 『리비우스논고』에서 다섯 번 사용한다(1권 55장의 5절과 6절, 3권 22장의 1절과 같은 장의 2절에서 두 번). 그래서 이 말은 그의 저술에서 총 일곱 번 나타나는 개념이다. 이러한 기초적 이해 위에서 이 책의 독자들은 동시에 마키아벨리 학자들의 문헌에서 그동안 다양한 방식으로 이 말을 해석해 온 문헌상의 역사가 있음을 볼 필요가 있다. 몇 가지만 들면, 어떤 이는 이것을 '조화harmony'(레슬리 워커의 해석)로, 또 어떤 이는 '일치correspondence'(엘린 길버트)로, 또 '신중한 행동'을 가능하게 하는 근거(하비 맨스필드)로, 또 '지배의 기술art of rule'(J. 코비), 또는 '동조성conformity'(앳킨슨과 사이시스) 등으로도 해석한다. 그러나 필자가 보기에 **지배와 복종의 질서**로 해석하는 것이 가장 무난하고 적절하다고 보인다.

다른 방식으로 이를 해석하면 프로포션이란 신중한 힘과 자발적 동의의 두 차원을 다 가진 지배와 복종의 관계로 해석할 수 있는 문제라고 생각된다. (이 대목에서 우리는 안토니오 그람시라는 공산주의 이론가의 '패권egemonia' 이론이 생각난다. 필자가 보기에 그람시의 이 개념은 마키아벨리를 표절, 도용한 것이라는 느낌을 가지고 있다. 그는 이 논의를 하면서 출처를 말하지 않았다. 그는 '패권' 현상이 물리적 '힘'과 정신적 '동의'의 두 차원을 포괄하고 있다고 설명했음을 우리는 알고 있다. 그러나 우리는 이 책에서 이 연관을 다루지는 않겠다.)

그리고 이 질서라는 의미에 추가하여 프로포션은 때로는 영적靈的인 사상성을 띠고, 정치적 의리를 상징하는 당파적 관계를 의미하기도 하고, '파벌' 현상인 '교파sect' 또는 '당파성partisanship'을 지칭하기도 한다. 그리고 프로포션은 신중성이라는 도덕 현상이 되기도 하고, 믿음belief 현상을 내포하고 있기도 하고, 로마가 여타 세계와 가지는 하나의 질서를 의미하기도 한다. 또 프로포션은 마키아벨리가 미래세대와 다소 비밀스럽고 영적인 방식으로 교감하는 조건이 되기도 한다. 일종의 밀교적密教的 신호이기도 한 것이다.

　마키아벨리가 개념화한 이 지배와 복종(피지배)의 질서는 물론 당연히 두 당사자의 정치적인 관계의 차원을 포함하지만, 우선 이 개념을 가장 시발적始發的인 차원에서 이해할 필요가 있다. 그 기원을 살펴보자. 이것은 본질적으로 생물학적 내지 부자父子의 인간적 관계에서 나온 말이다. 리비우스가 『로마사』 7권에서 만리우스 토르쿠아투스와 그의 아버지 루키우스 만리우스에 대하여 진술하는 것이 그것이다. 이 진술에 주목한 마키아벨리가 이 관계를 지칭하기 위해 그 스스로가 새로이 만든 개념이다. 리비우스가 묘사한 아버지와 아들의 부자관계父子關係를 마키아벨리가 다양한 측면의 뉘앙스를 가진 현상으로 개념화한 것이다.

　리비우스는 그의 『로마사』 7권 5장과 7장에서 이 부자관계를 말하는데, 실제 마키아벨리가 자신의 『리비우스논고』 3권 22장에서 말하는 무서운 현장 지휘관(현장의 군주), 만리우스의 엄격하고 냉정한 통치술은 어릴 적 자신의 아버지로부터 받은 '거친 coarse' 훈육과 교육에 기인함을 목격하고 있다. 『로마사』를 보면, 만리우스는 어릴 적에 '말을 하는 데 어려움이 있는'(말을 더듬는?)

장애를 가지고 있었고, 아버지는 그런 아들을 가혹할 정도로 매우 거칠게 꾸짖고 훈육하고 키웠음을 알 수 있다. 그러나 아들은 그런 아버지에 반항하거나 대들지 않고, 언제나 존경하고 사랑하여, 아버지의 정적들이 아버지를 고발하고 중상重傷하고 위해危害하려고 할 때 용감하게 나서서 그들과 결투를 벌일 정도로 아버지를 방어하려고 했다. 만리우스 토르쿠아투스는 아버지에겐 극진한 효자였던 것이다. 이 사실은 정치적·도덕적 그리고 이론적으로 마키아벨리에게 매우 중요하다. 그는 여기에서 아버지와 자식 간 지배와 복종의 질서(프로포션) 현상을 추리해 내고, 그것을 하나의 이론적 현상으로 개념화한 것이다. 이것이 '프로포션'이다. 아버지의 힘은 거친, 그러나 진정한 자식에 대한 애정에서 묻어나는 훈육과 가르침을 통하여 자식을 키우는 것에 나타나고 아들은 언제까지나 그러한 아버지를 오해하지 않고 진심으로 믿고 따르는 행위로 나타난다. 아버지가 아들을 거칠게 다루어도 부자의 관계가 지속되는 것은 두 사람 사이에 아버지의 힘의 요소와 아들의 복종의 요소(동의의 요소)가 같이 있기 때문에 가능하다는 것이다. 이게 마키아벨리의 발견이다.

마키아벨리는 이 현상을 다른 차원의 인간관계, 정치적 관계, 도덕적, 심지어 영적인 차원의 인간관계로 까지 확대한다. 이 부자관계의 특징을 다른 차원으로 확대, 응용한 것이다. 이 대목만 보면 마키아벨리는 유교적 훈육을 받은 동양인은 물론 아니지만 엄격한 부친父親의 존재와 효孝와 같은 동양적 가치를 믿는 사람 같다. 마키아벨리가 부자관계를 확대하여 생각하게 된 다른 현상들은 예컨대 군주와 신민臣民 간의 질서, 공화국 군주들과 시민市民 간의 질서, 로마와 비非 로마세계 사이의 질서, 그리고 마키아벨리와 그의 독자들(추종자들) 사이의 관계의 문제로까지 확대된다.

그뿐만 아니라 필자가 보기엔, 마키아벨리 텍스트에서 이 부자관계의 질서가 비단 정치적인 것에서만 나타나는 게 아니다. 비非정치적인 것에서도 역시 나타난다. 예컨대, 남자와 여자 간의 연애관계나 가장家長과 가족 간의 관계에서도 나타난다. 『리비우스 논고』 1권에서 마키아벨리가 언급하는 로마의 독재가문 타킨 왕가의 아들, 섹스투스가 루크레치아Lucrezia라는 여성을 범하는 경우나, 참주가 되기를 시도하다가 실패하여 몰락한 로마의 정치인 아피우스 클라우디우스가 버지니아Virginia라는 여성을 범하려 했던 사건에서도 나타난다. 이 두 경우엔 성적 질서가 수립될 수 없는 경우이다. 남자의 힘(강압)과 여성의 동의의 결여缺如라는 형태로서의 성적性的 관계이기 때문이다. 이 두 사건에는 분명히 정치적인 질서(권력 가진 사람과 못 가진 사람)를 상징하는 차원이 있다. 두 권력자에 반대하는 대중들이 드러져, 정치적으로 이 두 피해 여성들과 한편이 되어 이들을 지지하고 옹호한다. 마키아벨리는 이런 문제들까지에 대해서도 그만의 특유한 지배와 복종의 질서(프로포션)라는 일관성 있는 이론적 시각을 유지하고 있는 것이다.

그러나 우리는 이 차원의 문제를 여기에서 직접 다루지 않고 뒤의 11장에서 서술할 것이다. 여기에서는 부자관계의 원리가 다른 많은 차원으로까지 확대된다는 점과, 마키아벨리의 사유에 있어 이 프로포션 식의 사유방식이 매우 광범위하게 뻗어 나갈 수 있는 문제임을 독자에게 강조하는 것만으로도 충분하다. 그리고 한 가지 더 강조해 두고자 하는 점은 독자들은 지금 필자가 언급한 이 프로포션 개념의 다양한 차원을 (마키아벨리를 일단 조금이라도 읽은 독자라면) 나름으로 더욱더 확대할 수도 있다는 점이다. 그것은 독자 자신의 몫이다. 우선 이들 지배와 복종의 질서 유형을 모두 정리하면 다음과 같다. 우선 필자는 ①에서 ⑧까지 8개의 프로포션 유형과 마키아벨리적 프로포션에 해당되지 않는 것, 즉 비 마키아벨리적 프로포션을 추출해 보았다.

① 아버지와 아들의 관계 — '프로포션'의 개념이 애초에 여기

에서 나왔다. 이 개념이 이하의 제일 마지막인 ⑨의 경우를 제외하고, ②에서 ⑧까지의 모든 경우에 다 적용이 된다.

② 남과 여 사이의 프로포션

③ 가장家長과 가족家族 간의 프로포션

④ 지성적/영적 프로포션intellectual/spiritual proportion

⑤ 군주적 프로포션princely proportion

⑥ 공화적 프로포션republican proportion

⑦ 국제정치적 (내지) 로마적 프로포션Roman proportion

⑧ 마키아벨리적 프로포션Machiavellian proportion

⑨ 비非 마키아벨리적 프로포션Non Machiavellian proportion

여기 열거된 것 중에 ①에서 ⑧까지 여덟 가지의 관계의 원리는 모두 동일하다. 그 원리는 이것이다. **누군가 신중하게 이끌고, 누군가는 거기에 자발적으로 동의하고 복종하는 질서가 있어야 통치가 이뤄진다는 점**이다. 이것이 어떠한 오르디니에 있어서도 가장 기본적인 원리가 된다. 이 모두의 차원에서 지배자와 피지배자 사이의 신중한 힘의 사용과 자발적 동의의 두 요소가 항상 나타난다. 무엇보다 이 지배와 복종의 관계는 하나의 질서를 구성하게 되는 현상이다.

그러나 국제정치적 또는 로마적 프로포션(위 ⑦의 경우)은 약간 예외가 있을 수 있는 문제다. 이 영역에는 지배와 복종이라는 질서기 없는 것은 아니다. 분명히 존재한다. 그렇지만 그게 부자관계의 질서가 함축하는 것과는 많이 다르다고 해야 할 것이다. 국가와 국가 사이에서 부자 간의 애정과 믿음이라는 현상이 발견되는 그런 현상은 우리가 경험적으로 보기 어려울 듯하다. (물론 이와 비슷하게, 조선시대에 중국과 조선의 관계가 '형제'의 관계의 이미지로 포착되는 측면도 있었다.) 그러나 반면, 국가들 간의 관계에서도 거친 아버지와 순종적인 아들의 관계처럼 아들이 아버지의 강압이나 회유에 못 이겨 일종의 체념(『리비우스논고』 1권 55장 5절에 나오는 '멍에 yoke'라는 표현과 6절의 '프로포션이 없는 사물a thing without proportion' 참조)의 심리상태에서 복종하는 그런 관계/질서는 얼마든지 있을 수 있다고 생각된다. 강대국의 강압에 복종하는 약소국의 이미지가 그것이다. 이는 쌍방 국가의 힘의 관계가 어떻게 분포되어 있는가 하는 문제에 달린 문제이겠지만, 강압적 관계에서도 아주 약한 형태의 동의의 요소는 있을 수 있을 것이다.

순수한 강압과 체념에 의한 국제질서는 '참주적' 국제관계의 질서일 것이다. (『리비우스논고』 1권 55장 5절에 이 질서의 **국내정치적** 이미지가 논의되어 있다.) 이것은 국가 간에 **프로포션 없이**without proportion 하나의 국제적 정치질서를 수립하는 경우이다. 여기엔 강대국의 신중한 지배와 약소국의 자발적인 복종이 존재하는 그러한 질서가 없다. 오직 강압에 의한 질서만 있을 뿐이다. 마키아벨리는 국제정치를 논하는 『리비우스논고』 2권에서 프로포션이란 말을 어디에도 사용하지 않는다. 이것은 국가 간 질서란 기본적으로 강압에 의한 질서임을 강하게 시사하는 대목이다. (오늘날 국가 간 질서가 강압에 의하여 수립되는 경우도 있지만 모든 질서가 오직 강압에 의해서만 수립된다고 보긴 어렵다. 국제적 동의에 의한 질서 수립이 더 일반적일 것이다.)

여기에서 우리는 코비J. Coby라는 학자의 표현을 차용하여 마키아벨리적 국제질서를 '참주적 프로포션'이라고 부를 것이다. 우리는 이러한 차원의 지배와 복종의 질서 유형을 1권과 3권에서 말하는 질서 유형에 정확하게 일치된다고 말하기는 어렵다. 그런 질서 유형에 일치될 수도 있지만, 아마 일치되지 않는 경우가 더 많은 듯하다. (이것은 우리가 『리비우스논고』 2권에서 왜 프로포션이란 말이 없는가 하는 의문을 중심으로 더 깊이 생각해 보아야 할 문제이다. 일단 여기에서 우리는 잠정적이나마 마키아벨리의 국제질서는 강압적인 것이 우선한다는 점만 유념해 두자.)

그리고 우리는 여기에서 마키아벨리의 텍스트에서 가장(완전히) 예외적인 프로포션, 즉 비非 마키아벨리적 프로포션Non

Machiavellian proportion(위 ⑨의 경우)의 경우를 추가할 수 있다. 『리비우스논고』 1권과 3권에서 마키아벨리가 말하는 '디스프로포션 disproportion'의 상황이다. 이 상황은 마키아벨리가 지배하지 못하는 그러한 상황이다. 마키아벨리의 지배와 무관한 그러한 오르디니다. 그러나 어쨌든 이것까지 합치면 총 아홉 가지의 정치적인 질서 범주를 확인할 수 있다. 여덟 개는 긍정적인 질서가 있는 것이고(물론 국제적 프로포션의 경우, 강압이 주요 요소인 경우는 아주 예외라 해야겠지만), 한 개는 그러한 질서가 없는 것이다.

위에서 보는 이 오르디니의 차원은 생물학적(인간적, ①과 ③의 경우), 성적(②의 경우), 지성적/영적④, 정치적⑤, ⑥과 ⑦), 마키아벨리적⑧), 그리고 마키아벨리와 무관한 질서⑨), 이렇게 다섯 가지 범주에서 총 아홉 개의 오르디니가 발견된다. 우리가 마키아벨리 텍스트에서 확인할 수 있는 이 여섯 가지 질서현상은 물론 서로 중복될 수 있는 부분도 있다. 예컨대 여기에 열거된 ①은 ②-⑧까지의 것들과 중복될 수 있다. 그리고 ②와 ③ 역시 중복이 가능하고, ④는 ②와 ③, 그리고 ⑧과도 중복이 가능하다. ⑤는 ⑥, ⑦, ⑧과도 중복이 가능하다. ⑥은 ⑧과도 중복이 가능하다. 그러나 무엇보다 ⑨는 다른 것들과 중복이 되는 면이 가장 적다. 가장 예외적이다. 또 ⑨는 ⑦과도 중복되기 어려울 수도 있다. 로마적 질서는 기독교적 질서 및 플라톤과 아리스토텔레스 같은 고전정치철학자들이 상상한 질서와도 중복이 매우 어려울 듯하다. 아마 안된다고 말하는 게 더 정확할 것이다. 어쨌든 우리는 여기 이 아홉 개의 오르디니 중에서 ④-⑨까지의 여섯 가지에 주로 집중하여 말하고자 한다. (나머지, ①-③은 이하 11장에서 간단히 다룰 것이다.)

2
'프로포션'과 반대되는 현상

이 ⑨의 경우에 우리가 보게 되는 오르디니가 마키아벨리의 '프로포션'의 개념에 반대되는 오르디니다. 마키아벨리는 『리비우스 논고』 1권 6장 1절에서 단 한 번 '디스프로포르치오네disproporzione'라는 이태리어를 사용한다. 또 그는 이 말을 3권 22장 1절에서는 조금 다르게 '스포르포르치오네sporporzione'라는 말로 단 한 번 사용하는데, 그 의미는 같다. 총 두 번이다. 우리는 여기에서 이 두 가지를 그냥 영역자들이 한 것처럼 '디스프로포션disproportion'이라고 지칭할 것이다. 이것의 의미는 **두 당사자 사이에 지배와 복종의**

관계가 성립하지 않는 것이라는 점이다. 서로가 신중하게 지배하고 동의를 표현하면서 복종하는 그러한 관계가 성립되기 않는다라는 의미다.

여하튼, 마키아벨리 텍스트에서 프로포션(다섯 번)과 디스프로포션(두 번)이라는 말은 그의 저술에서 총 아홉 번 사용되고 있다. 여기에서 독자는 마키아벨리가 '프로포션'이란 말을 사용하는 경우가 1권과 3권에 집중되어 있는 것과 같이, '디스프로포션' 역시 1권과 3권에만 나타난다는 사실을 보아야 한다. 지배와 복종이라는 정치적 관계는 오직 로마의 국내정치와 '로마의 군주들'을 언급하는 대목에서만 사용된다는 것이다. 그러나 반대로 마키아벨리는 이런 말들을 국제정치를 서술하는 2권에서는 사용하지 않는다는 것이 중요하다. 이것이 의미하는 것은 **정치적인 것(지배와 복종)은 오직 국내정치 영역에만 존재하고, 국제정치의 영역에서는 존재하지 않는다**는 마키아벨리의 시선이 그대로 농축되어 있다는 것을 의미한다. 국제정치 영역은 '사적 고려'의 대상으로서, 현장에 나가 있는 개별 군주들이 스스로 결정할 수 있는 영역이고, 일정한 오르디니가 없는 상태라 본질적으로 단순한 '획득'의 대상이라는 것이다.

이 프로포션과 디스프로포션 개념은 필자가 보기에 마키아벨리 정치사상의 전체는 아니라 하더라도 그의 힘의 정치사상에 있어 매우 중요한 핵심부분의 하나다. 2006년 하비 맨스필드 교수는 이게 "폭력이나 무기를 사용하는 것과 관련이 있다"고 필자에게 개인적으로 설명해 준 적이 있었다. 이는 지배와 복종의 관계에 있는 사람들은 이 관계의 밖에 놓여 있는 타인, 다른 집단, 또는 타국에 대하여 무기나 폭력을 사용할 수 있음을 의미하는 것이다. 오르디니가 없는 관계의 상태에서는 이게 지배적이다. 그러나 일단 누군가 군주국이나 공화국을 건설하면 일단 오르디니가 수립되므로, 무기나 폭력을 사용하는 문제는 사적 고려는 물론이지만 무엇보다 의당 '공적 고려'를 해야 할 사안이다. 그러나 국가의 경계 밖에 있는 것에 대해서는 '공적 고려'는 사라지고 '사적 고려'만 남는다는 것이다. 물론 이렇게 설명한다고 하여, 마키아벨리가 말하는 『군주론』과 『리비우스논고』의 '프로포션'에 도덕적 차원의 뉘앙스가 없다는 것을 의미하는 것은 아니다. 여기에도 나름으로 도덕적 차원의 뉘앙스가 있다. 신중한 힘의 사용과 동의라는 차원의 결합, 그것이 마키아벨리에 있어 지배와 복종의 질서라는 개념이다. 신중성과 동의의 차원은 도덕적 현상이다.

요약하면, 지배와 복종 현상이 존재하는 질서 속에서는 무기나 폭력이 '공적 고려' 없이 사용되지 않는다. 여기엔 정치적 삶이 존재하기 때문이다. 그러나 반대로 그게 없는 상태, 즉 '디스프로포션'이 지배적인 상태에서는 무기와 폭력을 사용할 수 있는 가능성이 당사자 쌍방 간에 증가한다. 이것이 마키아벨리적인 사유다. (이 점은 마키아벨리 학자들이 잘 연구하지 않는 이슈 영역이다. 학자들은 대개 살벌한 문제는 말하길 꺼리는 성향이 있다. 또 이런 이슈에 대하여 말을 해도 조심스러워야 한다는 부담감이 작용한다.)

어쨌든 위 ⑨(비 마키아벨리적인 프로포션)의 경우가 실제 나타나는 한 가지 예를 들면 마키아벨리가 상상한 오르디니와 16세기 로마 바티칸 가톨릭 세력이 구축해 있던 오르디니 사이에 지배와 복종이 원활하게 되지 않는다는 점을 말할 수 있다. 또 마키아벨리 자신과 고전정치철학(내지, 중세정치철학, 또는 자기 시대 '이상주의자들')과의 사이에도 공통적으로 소통이 되는 그러한 오르디니가 없다고 할 수 있겠다. 마키아벨리는 그러한 오르디니에 자발적으로 '복종'도 하지도 않고, 그러한 '오르디니로부터 이탈한다'라고까지 『군주론』에서 고백한다.

3
여섯 가지 지배와 복종의 질서

1) 지성적/영적 지배와 복종의 질서(위 ④)

마키아벨리는 『군주론』 6장과 13장, 그리고 26장에 나타나는 '무장한 질서'를 찬양하고 거기에 복종한다고 고백한다. 여기엔 마키아벨리 자신의 영적인 자아의식과도 연관이 있다. 그가 『군주론』에서 자신을 새로운 모세라고 암시하는 것이 이것과 연관이 있다 보인다. 『군주론』 6장은 '무장한 예언자' 모세와 같은 선대先代 인물이 후대後代에 아마도 타국에서 '무장한 오르디니'를 가졌던 군주들과의 사이에서 국경을 초월하는 정신적 유사성이 있는 경우를 시사하고 있다. 후대後代 군주가 국경과 민족성을 초월하여 정신적으로(지성적으로) 선대의 군주들을 추종하는 경우라고 할 수 있겠다. 서로 국가가 같지 않기 때문에 선대와 후대 사이엔 정치적 의리를 공유하는 당파성을 말하긴 어려워도, 어떤 교파적sectorial 뉘앙스를 띠는 공감대는 여기에 있다 할 것이다. (마키아벨리의 모세 이미지에 대하여 이하 7장에서 자세히 다룬다.)

『군주론』 6장에서 마키아벨리는 고대의 위대한 네 군주(모세, 로물루스, 테세우스, 그리고 키루스)와 '시라쿠사의 히에론'[04] 사이에 '약간의 프로포션'이 있다고 진술한다. 네 군주가 지배자라면 히에론은 그런 군주들의 오르디니에 복종하는 후대의 군주이다. 여기에 양자 간 지성적·영적 유사성이란 것이 있다는 것이다. 히에론이 모세 등과 같은 고대의 위대한 군주들처럼 '(남의) 군대를 해체'하고 자신만의 '새로운 군대,' 그리고 '새로운 친구'(또는 '새로운 동맹')를 만드는 능력도 비슷하고, 스스로의 능력으로 '원하던 국가'를 수립하는 능력도 비슷하다는 것이다.

정신적 유사성이지 파당적 유사성은 아니다

필자는 이 대목에서 프로포션이 비록 지성적(정신적) 유사성을 의미하는 뉘앙스를 가진 말이지만 엄밀히 보아 파당성이나 당파성을 띠는 개념이라고 말하기 어려운 부분이 있음을 느낀다. 이것은 마치 조선시대에 서인과 동인이 있었고 노론과 소론이 있었는데 지금을 살고 있는 우리가 동인 내지 소론 중 어느 한쪽을 정신적으로 지지하게 되는 경우, 우리 자신과 동인 내지 소론과

---

04 히에론 2세를 지칭한다. 그는 기원전 308년(?)-215년(?)의 인물이다. 마키아벨리가 리비우스 『로마사』 24권이나 아니면 폴리비우스의 『역사』 1권 8장 16절 등에서 인용했을 것이라 보인다 (맨스필드, *The Prince* 1998, 각주5 참조).

맺게 되는 종류의 그러한 유사성이다. 엄밀히 말해 이게 당파성, 파당성인지 우리는 좀 더 생각해 보아야 할 것이다. 당파나 파당은 정치적 성격을 띠고 있다. 당파 내지 파당이란 말을 적용할 수 있는 경우는 세력을 같이해야 함을 의미한다. 『군주론』 13장의 끝부분을 보면 마키아벨리의 고백이 나타나고 있는데 거기에서 마키아벨리는 '무장한 권력자'의 이미지와 '무장하지 못한 권력자'의 이미지 중에서 전자를 선호하고 전자의 오르디니에 '전적으로 복종한다'고 고백하고 있다. 이것은 마키아벨리 자신이 정신적으로 무장을 조직화할 줄 아는 세력에게 정신적으로 '복종'한다는 것이다. 어쨌든 『군주론』 6장에서 말하는 '프로포션'의 이미지에서 우리는 정치성이 강한 정치적 의리는 당장 발견하기는 어렵다 해도, 역사적 세대를 뛰어넘는 정신적 공감대는 발견할 수 있다고 생각된다. 이러한 공감대를 지키는 것이 마키아벨리에 있어 어떤 정신적인 가치가 되는 셈이다. 그러나 우리는 이런 종류의 가치란 기본적으로 정신적 것이어서 파당적인 것이라고 말하기 어려울 것이다.

이 『군주론』 6장의 '프로포션' 문제가 안고 있는 정신적·영적 차원의 뉘앙스는 자신이 '복종한다'라고 말하는 13장에서 그 정점을 나타난다. 이 문제가 자기 자신의 '영혼'과 연관되어 있음을 직접 고백하고 있다. 하비 맨스필드는 1979년에 자신의 책, 『마키아벨리의 새로운 행위방식과 질서』에서 '마키아벨리이 영혼'이라는 표현을 쓰다가 2006년 필자와 대화할 때엔 '마키아벨리의 자아Machiavelli's self'라는 용어를 사용했음을 참고로 독자에게 전한다. (그러나 영혼과 자아는 같은 말이다.) 마키아벨리가 '복종'하는 오르디니는 자신의 '희망'과 같은 소망을 나타내는 부분이기도 하다. 『군주론』 26장에서 "무기가 없는 곳에서 어떠한 희망도 없을 때 … 무기는 경건한pious 것이다"라고 말하는 대목과 견주어 보면 이 '희망'이란 곧 마키아벨리의 무장의 가치에 대한 믿음인 셈이다. 요는 『군주론』 6장에서 우리가 볼 수 있는 점은 히에론 같은 군주를 경유하여, 마키아벨리가 모세와 같은 인물과 더불어 서로 공유하는 일종의 믿음의 오르디니이다. 이는 영적靈的 차원을 내포한다는 게 필자의 인상이다.

2) 군주적 지배와 복종의 질서(위 ⑤)

군주적 프로포션이란 군주가 지배권을 행사할 수 있는 정치 질서를 의미한다. 왕정에서 군주가 통치하는 것은 마키아벨리적 의미에서 힘과 나름의 정당화의 기제機制를 갖추고 있을 때 가능한 것이다. 이것은 『군주론』에서 아주 잘 나타나는 문제이다. 예컨대 마키아벨리는 군주가 '자신의 무장one's own arms'을 강조하고, 정치적 비전을 가지고 대중을 '설득'하고 이끌어 나갈 수 있는 능력도 언급한다. 말로 대중을 설득하고 이끌어 나가되, 말이 통하지 않을 때엔 물리적인 '힘'으로 '강제'할 수 있는 능력을 갖추고 있어야 한다는 것이다. 그는 이 점을 설명하기 위해 6장에서 모세를 언급하면서 그를 '무장한 예언자'라고 말한다. 예언자는 비전을 가지고 말로 설득하는 능력을 가진 존재이다. 모세는 힘과 설득(피지배자의 동의를 얻을 수 있는 수단)의 모든 요소를 다 가지고 있어서 통치에 성공했고 미래 세대로부터도 명성을 얻을 수 있는 '행복한' 군주가 되었다고 관찰한다.

이 대목에서 마키아벨리는 '무장하지 않은 예언자'의 사례를 든다. 그는 그런 사례로 자기 시대(15세기 말) 피렌체에서 자신이 직접 눈으로 목격한 적 있던 도미니크 수도사 출신의 공화적 군주 사보나롤라를 든다. 그는 마키아벨리가 청년이던 시절에 뛰어난 예언과 화술로 수년간 피렌체 시민들의 호감을 얻어 이 도시의 지배자가 된 사람이었다. 그러나 그를 반대하던 정치세력인 수구파 메디치 가문을 추종하던 세력이 그가 어리석게도 약속한 것("내가 하나님으로부터 불 위를 걸어갈 수 있는 권능을 받았다")을 "입증하라"고 요구하여, 결국 반대파에게 붙들려 화형당하는 고난을 겪게 된 인물이다. 문제는 그가 정적들에게 몰려 체포당할 때 평소 그의 말에 열광하고 설득되어 그를 연런히 사랑에 주민 피렌체 시민들(대중)은 막상 그가 정적들의 계략에 의해 치명적인 위기에 봉착했을 때엔 아무도 와서 구원해 주지 않더라는 점이다. 마키아벨리는 이 인물에 동정적이지는 않았지만, 이론적 차원에서 이 사건을 매우 심각한 눈으로 보았다. (『군주론』 6장을 보면 이 사건으로부터 마키아벨리가 받은 충격을 "무장하지 않은 예언자는 몰락한다"는 하나의 명제로 정립하고 있음을 볼 수 있다.)

요는 마키아벨리가 볼 때 모세는 힘과 동의(설득능력)의 두 가지를 갖춘 '무장한 예언자'라 성공했지만, 사보나롤라는 힘을 갖추지 못하고 말을 통한 설득능력만 갖춘 '무장하지 않은 예언자'라 실패했다는 점이다. 그래서 모세는 군주적 프로포션, 군주로서의 통치 기술(조건)을 다 갖추고 있었지만, 사보나롤라는 그러한 프로포션을 갖추지 못했다는 것이다. (사보나롤라는 실제 공화적 지도자였지만, 마키아벨리는 그를 군주로 취급하고 있다.)

3) 공화적 지배와 복종의 질서(위 ⑥)

공화적 프로포션이란 시민이 지배하는 공화적 정치에서의 지배와 복종에 관한 것이다. 우리는 여기에서 '오르디니'와 '모디'의 의미를 구분할 수 있어야 한다. 공화적 오르디니는 『리비우스논고』 1권에서 마키아벨리가 주로 언급하고 있는 것이고, 공화적 모디는 그가 3권에서 주로 언급하는 것이다. 로마의 공화적 오르디니의 가장 큰 특징은 '자유'이다. 그런데 놀랍게도 마키아벨리는 공화적 '자유'는 계급 간의 투쟁의 결과라고 간주한다. 그는 로마가 기원전 6세기 타킨 왕정 이후부터 기원전 2세기 그라쿠스 형제가 정치를 좌지우지하던 시대까지 약 4세기 동안 "로마의 정치적 자유는 원로원으로 대표되는 귀족과 호민관으로 대표되는 평민 사이의 정치적 적대성에 의하여 가능했다"라고 1권에서 주장한다.

이는 자신이 살았던 당대 르네상스 인문주의자들은 쉽게 수긍하기 어려운 일이다. 당장 그와 매우 친했던 친구 프란체스코 구이치알디니조차 이 견해에 반대했다. 실제로 지금의 우리에게도 아주 이상하게 들리는 주장이다. 그러나 마키아벨리의 주장은 이 '적대성'에서 공화주의적 견제와 균형의 논리를 찾을 수 있다는 것이다. 여기서 가장 중요한 것은 이 균형이 수립되는 것은 두 적대세력이 서로 적대성을 내뿜고 치열하게(때로는 유혈을 감수하며) 정치적으로 싸우되, 어느 한쪽이 상대방을 완전히 멸절시키지 않을 때라는 점이다. 이것은 오늘날의 용어로 말하면 '세력균형의 정치'이다. 즉 어느 한쪽 세력이 집권을 해도 다른 쪽 세력을 완전히 말살하지 않는 정치다. 견제와 균형이 그때시 딜·빙된나. 그리고 이 유동성은 끊임없이 전개되고 이전의 세력균형은 시간이 지나 새로운 형태의 세력균형으로 변모된다. 이것은 어떤 종류의 공화적 가정이 전제되어야 하는 것은 물론이다. 그 가정이란 정치세력 사이에 '권력공유'가 되어야 좋은 정치가 된다는 것이다.

그러나 반대로 공화적 디스프로포션의 상황이 존재한다. 그런 공화적 가정과 인식이 서로 간에 공유되지 않아, 어느 한쪽이 권력을 많이 획득하게 되면 다른 쪽의 권력을 박탈하여 완전히 정치의 지평에서 사라지게 한다. '자유'는 권력공유가 사라짐과 동시에 실종된다. 마키아벨리는 『리비우스논고』에서 이러한 논의를 하지만, 그가 집필한 『피렌체 역사』에서 자신의 고향인 피렌체라는 도시의 역사에 나타난 이런 공화적 디스프로포션 현상에 대하여 풍부한 사례를 들며 논의한다. 그가 서술한 피렌체의 역사는 자유가 어떻게 하여 실종되어 왔는가 하는 것을 보여 준다. 그 결과는 공화주의 정치 지도력은 물론, '복종' 현상도 실종하여, 궁극적으로 '정치적 자유'와 '시민적 삶'(또는 '정치적 삶')이 실종된 결로 나타난다.

따라서 우리는 마키아벨리에 있어서 '자유'란 두 적대세력의 동태적인 정치적 관계 달성에 의존한다는 점을 배운다. 마키아벨리가 우리에게 강조하고 가르치려 하는 점이 바로 이것이다. 바로 이것이 마키아벨리가 설명하고자 하는 로마적 오르디니이다. 세력들 간에 끊임없는 '분란'과 '소요,' '부조화discord'가 로마적 오르디니의 가장 본질적 특성이라는 것이다. (현대 미국 정치학자 사무엘 헌팅턴의 『부조화의 정치Politics of Disharmony』라는 책이 생각난다. 그 역시 미국의 정당정치가 합의된 이익이 존재하지 않는 세력 간 '이익의 부조화'를 둘러싼 쟁투의 결과로 이해한다.)

그러나 우리는 공화적 프로포션의 문제에서 공화적 오르디니가 중요한 것이 아니라 공화적 모디가 더 중요하다는 것을 이해해야 한다. 모디는 오르디니에 선행한다. 이것이 『리비우스논고』 3권의 주제다. 3권 22장에서 마키아벨리는 만리우스라는 군주에 대하여 논의한다. 지금 만리우스는 전투의 현장에서 군대의 오르디니가 문제된 상황, 즉 명령을 듣지 않는 부하, '군의 기강'을 지키지 않는 부하들의 문제에 직면하여 이것을 어떻게 다루어야 하는가를 고민한다. 이것은 군대의 법과 원칙에 되돌아가면 문제는 해결되는 상황이지만 그러려면 어떤 지휘의 모디로 명령을 어긴 부하들을 처벌하고 나머지 군사들을 선량한 군대로 다시 유지할 것인가 하는 것이 중요하다.

이 공화국 군대의 지배와 복종의 질서를 유지한다는 문제는 『리비우스논고』 3권에서는 이 만리우스적 프로포션 유사하기의 문제로, 그리고 이미 언급한 1권에서는 로마적 프로포션 유지하기의 문제로 상징된다. 공화적 지배와 복종의 관계는 '자유'와 '정치적 삶'을 유지하고, 국가의 대외적 '확장'을 위해 긴요한 것이다. 그래서 우리가 『리비우스논고』 1권과 3권 전체를 통하여 유념해야 할 부분은 1권의 프로포션이 말하는 점은 로마라는 국가의 오르디니(질서)이고, 3권은 현장 지휘관의 모디(행위방식)라는 점이다.

만리우스의 공화적 프로포션Manlian republican proportion의 문제란 자신과 군대 사이에 지배와 복종의 관계를 어떻게 유지해 나가는가 하는 문제다. 여기에 힘과 동의의 두 요소가 흐트러져 가는 상황에서 그가 이것을 다시 확보해 나간다는 게 그 기본적인 스토리다. 만리우스는 '냉혹한' 통치방식으로 군기를 어긴 병사를 처벌한다. 그리고는 전장의 부하병사들이 자신만의 기분대로 행동하거나, 지휘관 개인에게 충성하는 것이 아니라 공화국과 조국에 헌신하는 군인들로 거듭나게 만든다. 그것이 만리우스가 공화적 지도력을 발휘하는 것이다. 마키아벨리는 이런 그를 '공적인 효용'(국가적/국민적 효용)에 헌신하는 지도자라고 치켜세운다.

요는 만리우스는 현장에서 공화국의 지배와 복종의 질서를 유지함으로써 공화적 프로포션을 다시 회복한다는 것이다. 냉혹한 지도력 행사가 핵심이다.

4) 로마적 지배와 복종의 질서Roman proportion
―'참주적 프로포션'(위 ⑦)

로마적 프로포션이란 마키아벨리의 프로포션 이론을 국제적 차원으로 확대한 것이다. 그러나 어떤 면으로는 국내정치 지평에서 논의한 프로포션 현상은 국제정치 지평엔 없다는 것이 마키아벨리가 행동으로 우리에게 보여 주는 점이다. (그의 『리비우스 논고』 2권이 국제정치를 논하는 부분이지만 이곳에서 마키아벨리는 프로포션을 말하지 않는다.) 그렇지만 우리는 마키아벨리가 말하지 않았지만 그가 사실상 말하고 있는 대목에 주목할 수 있다. 철학자 마키아벨리 텍스트를 제대로 이해하기 위해서는 이것이 필요하다. 우리는 로마가 세계를 지배하던 상황을 로마적 프로포션이 있던 상황이라 부르고자 한다.

로마의 프로포션이란 고대 로마 공화정이 지중해 전역을 지배하게 된 통치기술로 성취한 질서이다. 우리가 흔히 로마의 힘에 의한 국제적 평화라는 의미로 말하는 '팍스 로마나Pax Romana'

현상이 바로 이것이다. 로마와 여타 도시들 사이의 지배와 복종의 관계이다. 마키아벨리는 『리비우스논고』 2권 전편을 통해 로마의 정복전쟁과 로마의 패권현상을 말한다. 고대 로마가 어떻게 하여 자신의 힘과 영역을 확대하여 세계적 대제국으로 발전해 나갔나를 서술한다. 그는 로마의 힘과 통치가 행운보다는 덕이 있었기 때문이라고 말하고 이 덕 속에는 군사력과 기강, 동맹을 만드는 방법, 외부로 확장하는 방법, 그리고 원로원과 호민관의 여러 군주들의 '신중성'이 함께 했다고 관찰한다.

거기에는 로마의 강압도 있지만 피지배국의 묵종默從, 순종順從이라는 약한 형태의 동의와 적극적 형태의 동의도 역시 존재한다. (이는 오늘날 '팍스 아메리카나'라고 불리는 미국 주도의 세계질서 현상 속에서도 역시 존재하는 문제다.) 이 로마적 프로포션은 사실상 코비가 말하는 '참주적 프로포션'을 의미한다. 동의보다는 힘이 더 현저하기 때문이다. 그리고 이 참주정치 수립이라는 문제를 그는 1권 40-43장에서도 말하지만, 특히 우리의 현재 목적에 직결되는 부분은 1권 55장이다. 거기에서 그는 이론적으로 참주정치를 수립하는 방법에 대하여 말하고 있다.

국제적으로 로마적 프로포션이 있으면 로마가 여타세계에 지배권을 행사한다. 그러나 이미 말한 대로 본질적으로 국내정치적 지배와 피지배의 관계와는 좀 다르다. 로마적 프로포션은 우리가 앞에서 열거했던 군주적 프로포션도, 공화적 프로포션도 아니다. 그리고 마키아벨리가 『리비우스논고』 2권에서 '프로포션'을 언급하지 않고 있음에 우리는 다시금 유의해야만 한다. 이 2권에서는 마키아벨리가 인간 대對 인간의 관계를 언급하지 않는다. 국가 대 국가의 관계가 이곳의 초점이다. 군사적 정복과 피정복의 스토리들만 있다. 그래서 여기에서는 『로마사』의 저자, 리비우스가 전하는 스토리로서의 아버지 루키우스 만리우스와 아들 만리우스 토르쿠아투스의 이야기(아버지의 냉혹한 훈육과 힘들게 말하기 연습하는 아들의 모습, 엄한 지도자와 충성스러운 아들의 순종 같은 그런 부자간 이야기)도 없다. 마키아벨리에게 그게 국제정치의 이미지라는 것이다. (현대의 한스 모겐소Hans Morgenthau와 케네스 월츠Kenneth Waltz, 존 미어샤이머John Mearsheimer 같은 '리얼리스트적' 국제정치 이론가가 강조하는 국제정치의 거친 이미지가 여기 있다.)

마키아벨리는 이 2권에서 로마 대 여타 국가들 간의 관계를 '나무'의 '몸통'과 '가지'의 관계로 비유한다. 이 비유를 통하여 그는 국가 사이의 프로포션 신드롬을 설명하고 있다. 로마는 나무의 '몸통'이고 로마가 복속시킨 국가들은 나무의 '가지'에 속한다. 로마라는 몸통이 피지배 국가들이라는 가지보다 더 크고 강하면 로마의 세계 지배는 성립한다. 그러나 반대로 가지, 즉 해외 식민지가 로마라는 몸통보다 더 크고 강하며 로마는 하시라도 그 기배권을 내려놓아야만 한다. 이게 마키아벨리 자신의 국제적 문제에 대한 시선이자, 규범이다. 실제 역사상 존재했던 과거의 로마가 실제로 힘이 달려 그 지배권을 내려놓았든, 아니면 그럼에도 불구하고 계속 유지하려고 무거운 가지를 힘겹게 붙잡고 있으려 했든, 비키 설리반이 말하는 미래의 '마키아벨리의 새로운 로마'에서는 몸통과 가지 사이의 원칙을 지켜야만 할 일인 것이다. 그것이 마키아벨리가 본 로마적 힘에 의한 질서, 또는 팍스 로마나라는 현대적 언어가 상징하는 로마적 평화라는 것이다.

로마의 프로포션은 국내정치적 의미의 지배와 복종(피지배)의 질서 속에서 '획득'이 중요한 것보다 국가 간에 '획득'이 더욱더 중요한 그런 상황에서의 문제다. 우리가 이 책의 9장(미국과 마키아벨리)에서 언급할 마커스 피셔의 용어를 잠시 빌리자면, '약탈rapacity'과 '방종license'이 빈발하게 나타나는 그러한 영역에서 나타나는 로마의 지배와 타국의 묵종과 순응의 신드롬이 여기에 있다. 그러므로 이것이 시사하는 정치적 관계의 모델은 본질적으로 1권 55장에서 마키아벨리가 '참주적' 오르디니를 수립하는 것에 대하여 말할 때 언급한 체념(멍에)의 오르디니이다. '참주적 프로포션'(참주에 의한 지배와 신민에 의한 체념적 복종의 정치질서 이미지)이 여기에 있다. (이 용어는 『리비우스논고』 1권 55장에서 마키아벨리가 '공화국'을 '군주국'으로 변형시키는 정치 ―마키아벨리가 참주정치라고 말하진 않지만 이는 사실상의 참주정치이다― 에 대하여 논의하는 것에 대하여 정치학자 코비가 붙이는 용어다. 『마키아벨리의 로마인: **리비우스논고**에서의 자유와 위대성』 참조. 마키아벨리는 이 장에서 사실상 두 가지 종류의 참주정치를 말한다. 이것이 하나이고 다른 하나는 '군주국'을 '공화국'으로 변형시키는 참주정치이다. 그러나 두 정치의 공통점은 참주적 모드를 실행한다는 것이다.)

코비가 말하는 '참주적 프로포션'이란 한 명의 참주가 지배권을 획득하여 자유로운 공화국의 시민들로부터 자유를 박탈하여 신민으로 만드는 오르디니를 수립하는 능력을 가지고 있는 상황을 의미한다. 반복하지만, 『리비우스논고』 1권 55장 5절이 그 텍스트이다. 마키아벨리는 이미 자유의 맛을 아는 시민들이 있는 도시에서 그들이 도덕적으로 부패해 있지 않은 경우에 이 국가를 '군주국가'로 만들기 위한 방법을 말한다. (그러나 실제로 여기에 필요한 정치는 참주정치이다.) 이런 참주가 될 사람은 야심이 많고 지칠 줄 모르는 정신을 가진 자들을 발탁하여 그들을 단순히 이름뿐만 아니라 실질적인 '신사계급'으로 만들어야 한다고 말한다. 이를 위해 '성곽, 토지, 재산과 몸종'을 제공해 주어 그들의 환심을 사서 그들에 둘러싸여 권력을 지탱한다는 것이다. 잠재적인 독재자가 국민보다 상대적으로 더 강한 묶러저 '힘'을 가지고 있으면, 자신에 대해 반대하는 국민들을 힘으로 제압할 수 있다는 것이다. 그러면 "무력을 사용하는 자와 그 무력을 당하는 자들 사이에 프로포션이 생기고, 사람들은 각자 자신만의 오르디니에 굳건하게 선다"라고 말한다. 이것이 '참주적 프로포션'을 성취한 참주의 스토리다. 어떤 면에서 그는 이 대목에서 참주를 위해 충고하는 것처럼 들리지만, 이는 참주체제의 등장에 대한 이론적인 것이지, 실천적인 것은 아님에 유념하자. 이어 마키아벨리는 '매우 드문 두뇌와 권위'를 가진 인물만이 이런 참주정치를 실행할 수 있다고 덧붙인다. 지극히 달성하기 어려운 일이라는 것이다. 대중적 저항이 그만큼 클 것이라고 전망하기 때문이다.

그러나 우리는 이 대목에서 이 국내정치적 이미지를 국제정치에 성공적으로 투영시킨 국가가 있었다는 점을 인지해야 한다. 그게 바로 리비우스와 마키아벨리가 공통적으로 본 로마라는 것이다. 로마는 국제적으로 '드문 두뇌와 권위'의 가장 실제적인 사례인 것이다. 이렇게 하여 만들어진 로마적 오르디니는 하나의 국제적인 오르디니가 되었다. (그러나 이 지중해의 패권 국가 로마는 궁극적으로 통치의 허약함을 드러내어, 5세기경 서로마와 동로마로 분리되었다가

서로마는 먼저 망하고 천 년 뒤에 뒤에 동로마 역시 결국엔 망했다.)

5) 마키아벨리적 프로포션Machiavellian proportion(위 ⑧)

이 대목에서 마키아벨리가 주도하는 질서, 그가 지배하고 누군가가 복종하는 질서 현상을 잠깐 보기로 하자. 우리는 그것을 마키아벨리적 프로포션이라고 불렀다. 마키아벨리적인 프로포션이란 그가 지배권을 행사할 수 있는 오르디니를 지칭한다. 이것은 군주적인 질서일 수도 있고 심지어 참주적인 것도 될 수도 있지만, 물론 공화적인 것이 될 수도 있다. 비키 설리반이 자신의 책,『마키아벨리의 세 로마』에서 말하고자 하는 미래의 로마는 공화적인 오르디니이다. 마키아벨리는 거기에서 공화적으로 다른 사람들과 더불어 다른 사람들을 지배한다. 물론 그 자신도 이 오르디니에 복종해야 한다.

필자의 경험 한 가지를 첨가하자면, 우리 사회에 비하여 미국이라는 나라는 학문적으로나 사회적으로나 상당한 정도로 마키아벨리적 오르디나나 모디가 이미 많이 뿌리내려 있는 사회로 보였다. 미국인들은 우리보다 더 마키아벨리적인 프로포션에 익숙한 사람들이었다. 이것이 반드시 그들 미국인이 다 마키아벨리안들이다라는 것을 의미하는 것은 물론 아니다. 단지 그들은

사회 문화적으로 마키아벨리적 오르디니와 모디를 이해할 준비가 되어 있다는 것이다. 그러나 우리는 그렇지 않아 문제가 많이 나르다. 필사는 있는 그대로의 '마키아벨리 읽기'를 하기 위해, 이 점을 의식하는 것이 의식하지 않는 것보다 더 유익할 것임을 독자에게 강조해 두고자 한다.

마키아벨리가 만약 후세의 사람들에게 어떤 종류의 지배권을 행사하고 있다고 말할 수 있다면, 우리는 그것을 마키아벨리적 지배와 피지배의 현상, 마키아벨리적 프로포션 현상이라고 말할 수 있을 것이다. 이 측면의 프로포션은 마키아벨리와 미래의 잠재적 군주들(또는 더 광의적으로, 미래의 독자들이나, 아니면 그의 추종자들) 사이에 놓여 있는 정신적 수용 가능성에 관한 문제이다. 그리고 여기엔 (하비 맨스필드가 『마키아벨리의 덕』이라는 책에서 주장하는 방식으로) 마키아벨리 자신이 구사할 수 있는 '지배의 기술art of rule'이라는 차원이 존재한다. 이 기술은 그를 이해하는 정도만큼 그의 독자가 발견하는 기술이다. 그로부터 많은 것을 배울 수 있는 독자는 그만큼 마키아벨리의 지배를 많이 받는 셈이 된다.

그런데 좀 더 구체적으로 그가 우리에게 지배권을 행사한다는 것은 대체 무엇을 말하나? 어떻게 지배권을 행사하나? 이것을 이해하기 위해 우리는 비키 설리반의 말을 유익하게 참고할 수 있다. 설리반은 마키아벨리가 우리에게 '어떤 종류의 통치a type of rule'를 하고 있다고 말한다. 그가 이 통치를 하는 수단은 뭔가 필요한 것을 제공함으로써이다. 설리반은 "마키아벨리가 우리에게 어떤 사적 혜택을 제공함으로써 우리가 자신의 당파partisans가 되기를 바라고 있다"고 주장한다(위 책, 176-77쪽). 여기에서 '사적 혜택'이란 물론 지적 계몽을 받는 것을 말한다. 설리반이 말하는 마키아벨리가 미래의 독자에게 제공할 수 있는 '혜택'은 개인적인 것이다. 그리고 그것은 군주적·참주적 질서가 아니라 공화적 질서 속에서 개인이 얻는 혜택이다.

설리반이 관찰하고 있는 점은 『군주론』의 영역자이자, 『마키아벨리의 엔터프라이즈』의 저자인 디 알바레즈 역시 보고하고 있고, 하비 맨스필드 역시 관찰하고 있다. 설리반은 계속하여, "이것이 마키아벨리가 우리 미래세대 사람들을 향하여 표현하는 일종의 자신만의 '사랑의 선언a profession of love'이다"라고까지 논평한다. 이런 맥락에서 하비 맨스필드는 '마키아벨리안이 된다는 것being a Machiavellian'의 의미를 이렇게 설명하고 있다. 그것은 숨겨져 있는 마키아벨리의 지도력을 인지하고 그 속에서 마키아벨리의 가르침과 충고를 효과적으로 학습하여 자신만의 '개인이익self interest'이 무엇인지를 인식하는 능력을 획득하고 그것에 따라 행동할 수 있는 능력을 가진 개인이 된다는 것을 의미한다고 주장한다(하비 맨스필드, "Self Interest Rightly Understood," *Political Theory*, Vol. 23 #1, 48-66).

어쨌든 마키아벨리가 미래의 독자들과 공감할 수 있는 대목에서 마키아벨리적 프로포션은 어떤 하나의 질서로 수립될 가능성이 있다. 그리고 이 가능성은 항상 열려져 있다. 우리는 이 부분에 대하여 이하 7-8장에서 좀 더 논의하고자 한다.

6) 비 마키아벨리적 프로포션Non Machiavellian proportion (위 ⑨)

마지막으로 우리가 주목하는 것은 마키아벨리적 프로포션과 대립되는 프로포션이다. 마키아벨리가 지배권을 행사하지도 못할 뿐만 아니라, 복종도 하기 어려운 오르디니에 관한 것이다. 마키아벨리는 『군주론』 13장에서 '무장하지 않은' 오르디니에 '복종' 하지 않는다는 고백을 한다는 것을 우리는 이미 보았다. 군주가 자기 국민을 '무장'시키지도 않고, 자신은 그것에 대하여 공부하지도, 배우지도 않으며 가르치지도 않고 자신의 '덕'을 강조하지 않는 오르디니이기 때문이다. 그리고 이 점은 그의 『리비우스논고』에서도 아주 빈번하게 강조되는 주제의 하나다. 무엇이 마키아벨리와 무관한 오르디니인가? 그것은 고전 정치철학자, 예수,

그리고 르네상스 유토피아니스트(인문주의자) 등이 제공하고 믿는 그러한 오르디니이다. 이 오르디니는 '무장하지 않은 예언자'가 지배하는 '무장하지 않은 천국'이다. 또 아니면 플라톤의 『국가』에 주인공으로 등장하는 철학자 소크라테스가 말하는 '말 속의 국가a city in speech'라고 할 수도 있다.

(1) 고전정치철학자의 프로포션

고전 정치철학의 소크라테스, 플라톤, 아리스토텔레스가 시사하는 오르디니와 마키아벨리의 오르디니 사이엔 서로 유사성이 적다. 마키아벨리는 그런 오르디니를 주도할 의지가 없다. 그리고 그는 그것에 복종하지 않는다. 국가에 대하여 '실제적 진실'을 찾아보기 어렵기 때문이다. 마키아벨리는 『리비우스 논고』 3권 6장('음모'를 논의)에서 플라톤의 정치과학의 비효율성을 비판한다. 반대로 아리스토텔레스는 다소 긍정적으로 인용한다(3권 26장). 그러나 마키아벨리가 아리스토텔레스의 오르디니를 부정적으로 생각하는 이유는 그와 마키아벨리의 '덕'의 개념이 근본적으로 다르기 때문이다. 정치의 목적은 아리스토텔레스가 주장하듯이 덕의 실현이 아니라, 생존과 안전의 실현이다. 아리스토텔레스적 오르디니의 목적은 마키아벨리가 자신의 오르디니에서 실현하고자 하는 목적과 다르다.

단지 크세노폰의 경우에 마키아벨리는 『리비우스논고』에서 /회,
『군주론』에서 1회 긍정적으로 인용한다. 득히 크세노폰이 페르
시아의 창건자, '키루스'를 언급하는 대목에서 강조하는 '획득'이
라는 주제에 있어 마키아벨리는 크세노폰을 추종하기까지 한다.
크세노폰은 마키아벨리의 '획득'에 대한 관점의 기원이다. 따라
서 마키아벨리는 크세노폰의 오르디니에 복종한다. 그러나 크세
노폰이 스승 소크라테스로부터 배운 '덕'의 개념은 거부한다. 이
점에서 크세노폰적인 오르디니는 마키아벨리에게 일부는 수용
되지만 일부는 거부되는 셈이다. 요컨대 소크라테스/플라톤과
마키아벨리 사이엔 프로포션이 없다. 그러나 아리스토텔레스와
크세노폰이 창건한 오르디니를 마키아벨리는 각각 일부씩만 수
용하고 나머지는 거부한다. 마키아벨리는 이런 오르디니(특히 소
크라테스/플라톤의 것)에선 반체제反體制 지식인이 될지도 모르겠다.

(2) 예수의 프로포션

마키아벨리는 『군주론』 6장에서 '무장하지 않은 예언자'를 말
한다. 그 가장 구체적인 사례는 도미니크 교단의 가톨릭 수도승
인 사보나롤라였다. 그는 '예수'와 프로포션이 있는 인물이다. 예

수는 사보나롤라를 영적으로 지배하고, 사보나롤라는 그 오르디니에 복종한다. 마키아벨리는 물론 이런 오르디니에 복종하지 않는다. 예수의 로마 버전은 기원전 2세기의 티베리우스와 가이우스 그라쿠스 형제이다. 그들은 대중당 마리우스당을 주도하여 귀족당인 술라당을 공격했다. 전쟁에서 얻은 토지를 평민에게 더 많이 배분해 주는 '농지법'을 입법하라고 주장했다. 그러나 문제는 이 입법이 먼 옛날로 올라가는 소급입법이었다는 점이다. 마키아벨리는 이런 입법은 국가의 근본질서를 어지럽히는 해로운 것이라고 관찰하고 있다. 그렇지만 그는 어중간한 처방만 제공한다. 이런 문제가 정치현안이 되지 못하도록 의도적으로 지체시키는 것이 그의 처방이다.

기원전 1세기에 이러한 그라쿠스 형제의 정신을 이어받은 인물이 친 평민적 군주 카이사르이다. 그는 공화국에서 자기 군대와 자신 사이에서 군주적인 프로포션을 수립하여 추종자를 만들고 그라쿠스 형제처럼 로마의 평민에게 인기 있는 대중적 정책을 내걸었다. 그는 이런 자비로운 지도력으로 추종자를 불려 공화정을 전복하여 황제정을 수립했다. 나중에 그는 마르쿠스 브루투스가 주도한 음모의 희생물이 되어 죽고 난 뒤 '순교자'라는 닉네임을 얻었다. 그 이후 그를 잇는 황제들은 모두 '카이사르의 이름으로in the name of Caesar' 권좌에 등극하고 통치를 했다.

마키아벨리 텍스트에서 그리스도의 프로포션은 이러한 선상 선상에서 이해되는 문제다. 그리스도의 프로포션, 그의 지배와 복종의 질서는 '무장하지 않은 천국'을 목표로 하고 '무장하지 않은 예언자' 사보나롤라 같은 지도자를 배출했다. 이 오르디니에선 하나님의 사랑과 정의가 '강물처럼 흐른다.' 그러나 마키아벨리는 이 오르디니에 복종하지 못하는 자신을 발견한다. 그렇지만 이 오르디니는 마키아벨리에게 가장 실존적인 문제는 아니다. 그에게 정작 중요한 실존적 문제는 그가 복무하던 피렌체 공화국의 통령gonfalonier, 피에로 소데리니적인 오르디니였다. 그는 이 소데리니 밑에서 15년간 '제2 서기관' 직책으로 복무했다. 소데리니는 메디치 가문의 세력에게 정권을 빼앗기고 외국으로 축출되었다. 마키아벨리에게 소데리니의 문제는 자신의 정적들이 자신의 권좌를 위협할 때 그들에게 시혜를 베풀어 줌으로써 그들의 시기심과 적대심을 누그러뜨리고 조용하게 만들 수 있다고 생각했던 점이다. 마키아벨리는 그와 같이 추방당한 이후 소데리니를 이렇게 평가했다. "소데리니는 자신을 너무나 '선량한 사람'이라 스스로 생각하고 '시대적인 분위기, 자신의 선량함, 자신의 행운'을 너무 과신했다. 그러나 시간이란 아무도 기다려 주지 않고 선량함만으로는 충분하지 않으며, 운명은 변하고, 악의惡意는 그것을 달랠 수 있는 어떠한 선물도 없다는 점을 깨닫지 못했다." 마키아벨리는 『리비우스논고』 3권 16장 1절에서 쓰라린 기억을 가지고 이를 회고한다. 소데리니적 오르디니는 예수의 오르디니는 분명 아니지만, 그러한 오르디니를 많이 연상시킨다는게 마키아벨리의 시선인 듯하다.

(3) 이상주의적 인문주의자의 프로포션

마키아벨리는 자기가 살았던 당대의 '유토피아적' 인문주의자들과 불화했다(단테 저미노의 1966년 글, 'Second Thoughts on Leo Strauss'). 그의 눈에 그들은 '상상적 진실'을 말하는 저술가들이었다. 그들과 마키아벨리 사이엔 프로포션이 없었다. 그래서 『군주론』 14장 식의 언어로, 마키아벨리와 그들 사이엔 '의심'과 '불신'이 존재하여 서로 일을 같이 할 수 있게 하는 '신뢰감'이 없었다고 보인다. 가장 눈에 띄는 경우가 그의 가까웠던 친구 프란체스코 구이치알디니 Francesco Guicciardini였다. 그는 친구 마키아벨리가 쓴 『리비우스논고』를 본 뒤 이 책의 1, 2, 3 권 전체의 중요한 대목에 대하여 논평한 책을 썼다. 『니콜로 마키아벨리의 **논고**에 대한 고찰 Considerations of the Discourses of Niccolò Machiavelli』이었다. 그러나 이 책에서 구이치알디니는 마키아벨리가 주장한 원로원과 호민관의 투쟁과 불화가 고대 로마공화국에 있어 '자유'의 원인이 있으므로 그걸 찬양할 만하다고 주장한 것을 부정했다. 그는 이상주의적(즉, 전통적) 어조로 로마의 자유의 원인은 '조화'였다고 주장했다. 그래서 '불화'를 찬양하는 마키아벨리에 대하여 "이는 마치 병든 환자의 병을 찬양하는 것과 같다"라고 매우 냉소적으로 논평했다.

그러나 무엇보다 마키아벨리 동시대 인문학자로서의 구이치알디니는 마키아벨리가 『리비우스논고』 1권과 3권에서 말하는 '프로포션'에 대하여 단 한마디의 논평도 남기지 않았다는 점이 지금 우리 입장에서 보면 매우 애석하고 유감스러운 일이다. 아마 그가 이 말의 뉘앙스에 대하여 전혀 이해를 못 했거나, 아니면 질투심 같은 감정으로 인하여 마키아벨리의 독창적인 주장을 의식적으로 무시하고 외면한 것인지도 모른다.

앞에서 말했듯이 부자관계, 남녀관계, 가족관계 상의 프로포션 문제는 이하 11장에서 다룰 것이다. 단지 여기에서 필자가 말하고 싶은 점은 마키아벨리에 있어 프로포션 신드롬은 정치와 같은 공적인 것에서 가장 분명하게 나타나지만, 비정치적인 것으로서의 사적인 것에서도 역시 보인다는 점이다.

7

밀교주의密教主義, Esotericism

'밀교주의'란 저술가가 미리 의도한 자신의 메시지를 독자에게 비밀스럽게 전달하는 매너, 또는 숨겨진 의미가 담겨 있는 메시지를 의식적으로 고안한 방법에 따라 전달하는 현상이다. 그 가치에 대한 신념이기도 하다. 명시적으로 메시지를 직접 전달하는 것이 무의미하거나, 실익이 없거나, 위험하거나, 아니면 비교육적이라는 등의 이유가 여기에 있다고 생각된다. 한자로 풀이해 보면 비밀스러울 '밀密'에다 가르칠 '교敎'자로, 누군가 뭔가를 남에게 비밀스럽게 가르친다는 의미다.

이 말의 반대말은 '공개주의公開主義, exotericism'이다. 모든 것을 공개적으로 말하는 것을 중시하거나, 그 가치에 대하여 신념을 가지고 있는 것이다. 19세기 프리드리히 니체Friedrich Nietzsche 같은 철학자가 정적이나 박해persecution를 두려워하지 않아도 되는 정치적 상태에서 마음속 자기 뜻을 자유로이 말하는 것처럼, 터놓고 말하는 것을 하나의 미덕 내지 가치로 여기는 매너나 그러한 상태를 의미한다. 한국은 아마 제2공화국과 1987년 '민주화' 이후 자유로운 언론과 언로가 보장된 상태가 이것으로 나타나고 있을 듯하다. 공개주의에서는 모든 것이 공개되는 것이 보편적이다. 아마 모든 민주사회의 국가에서는 상당한 정도의 공개적 표현의 관행이 보편화되었다고 말할 수 있을 것이다. 이는 기본적으로 표현 때문에 정치적 박해를 행하는 지도자나 사회는 비윤리적, 비도덕적이라고 간주되는 상황에서 가능한 일이다. 계몽주의자, 마키아벨리에게도 물론 이 현상은 많이 있다. 그리고 그는 다른 저술가와 달리 매우 용감한 저술가다. 그는 '자기 자신의 이름으로' 참주정치처럼 사악하다고 간주되어 어느 누구도 선뜻 말하지 못하는 통치수단의 긍정적인 측면을 말한다. 이는 순수하게 지성적 차원의 용기이고, 사실 마키아벨리에게만 존재하는 현상이다. 고대사회에서 마키아벨리와 비슷한 면모를 보여준 철학자는 아리스토텔레스였다. 그는 놀랍게도 자신의 책, 『정치학』에서 참주정치를 유지하기 위한 방법을 현실적으로 논하고 있기 때문이다. 그러나 그렇다고 해도 마키아벨리에 비교하면 조족지혈鳥足之血이라고 해야 할 것이다. 스트라우스는 마키아벨리가 누구나 공개적으로 말하기를 주저하고 꺼리던 문제들을 공개적으로 말하기 시작한 사람이라고 논평한다. 말하자면 마키아벨리는 '국가의 비밀(또는 통치의 비밀, 라틴어 arcana imperii)'을 폭로한 '계몽주의'의 임무를 수행했다는 것이다(스트라우스, III장, 178쪽).

우리는 이 대목에서 18세기 철학자 장 자크 루소의 말에 잠깐 관심을 둘 필요가 있다. 그는 자신의 책,『제1논고』에서 '과학(내지, 이성)'이 일반화되기 시작한 계몽주의 시대에 과학의 공개적인 보급이 끼치는 도덕적 악영향을 문제 삼았다. 과학적 지식을 공개주의의 매너로 추구한 결과, 도덕적 황폐함이 초래되었다는 것이 그가 지적하고자 한 문제였다. 그러나 루소가 이러한 공개적인 과학의 발달의 문제에 대한 처방을 내놓았건, 내놓지 못했건 간에 이 점은 21세기인 지금에도 여전히 일정한도 우리가 곱씹을 만한 가치가 있다. 어쨌든 마키아벨리 텍스트에 이러한 공개주의 현상이 넘치고 있는 것은 사실이지만, 지금 여기에서 우리가 보고자 하는 게 바로 공개주의 이외의 문제, 밀교주의이다.

우리가 마키아벨리에 있어 '밀교주의'라는 현상을 말하는 것은 무엇보다 마키아벨리 텍스트에 이런 현상이 존재하기 때문이다. 더 정확히 말하면, 그것이 존재한다고 볼 수 있기 때문이다. 이것이 마키아벨리의 에소테리시즘을 분석하게 된 배경이다. 그러나 무엇보다 우리는 이 대목에서 레오 스트라우스의 책『마키아벨리에 대한 사색』의 공헌을 지적하지 않을 수 없다. 스트라우스가 이 논쟁을 촉발시킨 장본인이기 때문이다(이하 8장에서 이 점을 다룰 것이다). 그러나 이것을 부정하는 학자들도 더러 있다. 우리는 그런 학자들을 나중 거명擧名할 것이다. 그렇지만 이 책에서 우리는 이런 학자들과 달리 마키아벨리에게 밀교주의 현상이 존재한다고 간주하고 그 실례를 들 것이다. 우리는 여러 측면을 보게 되겠지만 가장 인상적인 부분은 마키아벨리가 명시적으로 꺼내 놓고 말하기에 가장 어려운 성경적 하나님을 이러한 방식으로 특징짓는다든가, 아니면 자기 자신을 어떤 인물로 간접적으로 시사하기 위해서도 이런 기술을 사용한다는 점일 것이다.

이 현상의 의미는 여러 차원에서 분석해야 할 문제이겠지만, 필자가 보기에 마키아벨리의 에소테리시즘은 그가 근대적 정치철학을 창도한 인물로 평가됨에도 불구하고 그의 가장 고전적인 (고대적인) 면모라고 평가할 수 있다고 믿어진다. 그래서 가장 본질적 차원에서 이 '밀교적' 글쓰기의 문제는 고전적古典的(=고대적, 古代的)인 것이고 마키아벨리가 고대적 저술가들로부터 배운 기술이기 때문에 그와 고대의 저술가들이 서로 접맥接脈되는 측면이기도 하다.

1
밀교주의를 전략적으로 실행하는 이유

필자는 이 독특한 방식의 마키아벨리의 글쓰기 방식을 '밀교적 密敎的인' 것이라는 관점에서 다루는 것이 가장 최선의 방법이라고 생각한다. 밀교적인 것이란 이미 말한 대로, 저자가 독자에게 자신의 메시지를 다소 비밀스러운 방식으로 전달하거나, 가르치거나, 아니면 그러한 방식을 사용하는 것이 의미나 가치가 있다고 믿는 것을 내포한다. 마키아벨리의 경우엔 이 밀교적인 것이 의도적인 행위로서의 침묵, 왜곡, 암시, 은폐, 실수, 과장, 축소, 변형, 논지 일탈, 초점 흐리기 등의 글쓰기를 구사하면서 실행되고 있다(스트라우스, I장, 29-53쪽 참조).

1) 박해 피하기

누구나 말을 함부로 하면 정치적, 사회적, 직업적, 종교적 박해를 피하지 못할 것이다. 마키아벨리 역시 그런 상황에서 자유롭지 않았다. 무엇보다 우리는 그의 저술 중 『군주론』을 읽으면 그가 자신이 헌정하고자 하는 책의 주인공이 현실군주였던 로렌초 메디치임을 안다. 그런 존재에게 말을 하는 것은 당연히 조심스러워야만 한다. 게다가 그는 그 군주에게 일자리를 하나 부탁하려고 했기 때문에 이는 두말할 필요도 없는 것이다. 마키아벨리가 특히 말을 조심하는 대목은 무엇보다 '군주'와 '참주'에 관한 대목인데, 이미 말했듯이 그는 『군주론』에서 폭군을 의미하는 '참주'란 말을 단 한 번도 사용하지 않았다. 그렇지만 독자는 여기에서 군주가 경우에 따라 참주일 수도 있다는 것을 염두에 두어야 한다. (이는 우리가 앞의 6장에서도 보았듯이 공화국을 논하는 『리비우스논고』에서도 나타난다.) 그는 '군주'라고 표현하면서 사실상의 참주들에 대하여 많은 사례를 들고 있기 때문이다.

또 마키아벨리가 말을 조심하는 대목은 그가 『군주론』 11장에서 종교에 관하여 말하는 곳이다. 이 역시 박해를 피하기 위한 목적이 있다 할 것이다. 그는 로마교황청이라는 '국가(군주국가)'에 대하여 이렇게 말한다. "이러한 국가들은 인간의 마음이 감지할 수 없는 초월적인 권능에 의해 다스려지기 때문에, 이런 국가들에 대하여 논의하는 것을 삼가겠다. 이 국가들은 신에 의해 건국되고 유지되기 때문에 그것들을 검토하는 것은 오만하고 경솔한 처사가 될 것이다." 이것은 마키아벨리의 신중성의 한 표현이다. 그러나 대신 마키아벨리는 여기에서 말하기 어려운 것을 다른 책, 『리비우스논고』에서, 그것도 같은 장 11장(1권 중)에서 한다. 이게 그의 밀교적 행동이다.

2) 교육적 의도

이 부분에서 우리는 스트라우스와 탈코프가 주장하는 마키아벨리의 '교육적' 의도의 문제에 주목해 보자[Nathan Tarcov의 1983년 논문, "Philosophy and History: Tradition and Interpretation in the Work of Leo Strauss," *Polity* 16(Fall), 5–29]. 이 의도는 마키아벨리가 독자가 알았으면 하고 바라는 점을 자신이 친절하게 직접 다 말하지 않고 문제 제기만 하거나, 아니면 그런 필요성을 독자 스스로가 느끼도록 유혹하거나, 신중하게 유도하는 방식을 통하여, 독자 스스로가 그 답을 찾는 노력을 하게 하여 답을 알도록 유도하는 방식을 사용하는 것에 있다. 또 추정컨대, 바로 여기에서 마키아벨리는 자신이 창도하고자 하는 '새로운 모디와 오르디니'의 진수를 독자에게 효과적으로, 강력하게 전달할 수 있는 가능성을 생각하고 있었다.

마키아벨리는 매우 특이한 방식으로 이 '새로운 모디와 오르디니'를 비밀스럽게 독자에게 전달함으로써 '근대성'의 지평을 창도한다. 그러나 자기 이후의 사람들이 근대적으로 정치적 삶을 살도록 돕는 것이 자신의 소망이라고 해도, 그는 이 근대성의 정치를 매우 독특한 방식으로 인도한다. 그는 그것을 미래 세대가 직접 느끼도록 하는 방식으로 창도한다. 이것이 의미하는 것은 그의 저작을 피상적으로 읽고, 겉핥기로만 이해하는 독자는 결코 도달하기 어려운 그런 지평을 그는 개척했다는 것인데, 이것을 이해하는 것은 오직 독자 스스로 파헤치고 깨닫는 노력을 통하여 가능하다는 것이다. 마키아벨리의 '밀교적' 가르침의 문제는 그래서 우리에게 깊이 있게 그를 이해하는 방법을 제공한다.

2
마키아벨리 텍스트에서의 밀교주의 사례들

여기에서는 마키아벨리에 있어 이 밀교주의라는 문제를 그의 텍스트에서 나타나는 사례들을 중심으로 본격적으로 따져 보자. 우선 우리는 마키아벨리가 과연 어느 대목에서 이런 방식의 글쓰기를 하고 있는지를 확인해 보아야 한다. 1절에서 말한 의도적 행위로서의 침묵, 왜곡, 암시, 은폐, 실수, 과장, 축소, 변형, 논지 일탈, 초점 흐리기 등에 초점을 두고 대략 여덟 개 범주(이하 1)

에서 8)까지)에서 열여섯 가지의 현상을 지목하고 마키아벨리에 있어 밀교성의 사례를 서술해 보려고 한다. 실제 마키아벨리 텍스트에선 이보다 숫자가 더 많을 것이다. 더 찾을 수 있다. 이것만으로도 좋은 연구 소재가 된다. 그러나 여기에서는 전부 다 찾을 필요는 없고, 단지 독자들에게 밀교적 텍스트의 여러 사례를 예시하는 것만으로도 충분하다.

1) 숫자를 통한 밀교성

(1) 리비우스와의 연관성을 암시하기 위한 수, '142'

리비우스의 『로마사』는 총 142권으로 된 저술인데, 마키아벨리의 『리비우스논고』는 총 142개의 장으로 된 저술이다. 그래서 수가 묘하게도 일치한다는 점이 우리의 관심을 끈다. 우리가 주목하고자 하는 것은 이 숫자의 밀교성 여부이다. 이것으로 마키아벨리가 의미하는 것은 무엇인가 하는 점이 문제다. 그러나 마키아벨리는 어디에도 이 숫자의 의미를 말하지 않는다. 우리는 여기에서 마키아벨리가 실제로 말을 통하지 않고(행위만을 통하여) 전하는 메시지를 보아야 한다. 우리가 볼 때, 그 메시지는 이것이다. 그 자신과 리비우스가 적어도 대등하다는 것이다. 그래서 그가 원하는 것은 독자들이 대등한 수준에서 리비우스와 자신을 비교하고 평가해 달라는 것으로 추정해 볼 수 있겠다.

(2) '5'라는 수의 의미

이 '142'라는 숫자의 의미와 함께 마키아벨리에 있어 우리는 '5'라는 숫자의 의미를 한번 보아야 한다. 스트라우스는 이를 '완결성completeness'을 나타내는 것이라고 추정했다. 마키아벨리는 『리비우스논고』의 연이은 다섯 장에서 하나의 문제를 제기하고, 그 문제를 이런 면, 저런 면에서 종합적으로 검토하고 마지막으로 최종적 결론을 내리곤 한다. 그리고 이 결론을 독자들에게 자신의 최종적인, 하나의 완결된 의견으로 제시한다. 다른 여러 사례들도 있지만, 우리가 이하에서 분석해 볼 '타키투스 절 Tacitean subsection'이라고 스트라우스가 이름 붙인 『리비우스논고』 3권 19장에서 23장까지의 연이은 다섯 장들을 보면 이런 가설假 說은 입증된다. (다른 예는 이 책 1권 11장-15장, 2권 1-5장, 2권 6-10장, 2권 11-15장 등이 있다.)

필자는 이 대목에서 이 '5'라는 숫자가 마키아벨리에 있어 어떤 의미가 있다면, 한 주제를 논의하는 데 다섯 장이 안 되는 경우, 그 의미를 추리할 수 있는 여지가 생기지 않는가 하는 점에 주목해 본다. 예컨대, 마키아벨리가 『리비우스논고』에서 참주와 참주적 우르디니를 논하는 1권 40, 41, 42, 43장은 연이은 네 장들이고 참주/참주적 오르디니 문제를 분석한다. 그러나 이 장들은 다섯 장이 아니라 단지 네 장으로만 되어 있다.

그렇다면 우리는 여기에서 '밀교적' 의미에 관한 공식을 적용하여, 4는 5에 미치지 않으므로 완결성에 미치지 못한다라는 추론을 이끌어 낼 수 있고, 이것은 또 마키아벨리가 참주와 참주적 오르디니에 대하여 어떤 완결된 결론을 내리지 못하고 있는 것으로 추정할 수 있는 일 아닌가? 그것에 대하여 마키아벨리는 어중간한 결론만 내리고 있다는 이야기가 된다. 그러나 재미있는 점은 그는 1권 55장이라는 하나의 장에서 다시 참주문제를 말한다는 점이다. 여기에서는 하나의 완결된 매뉴얼(내지 공식)과 같은 주장을 던진다. 그리고 여기에서 그는 '프로포션'이라는 말을 꺼낸다. 말하자면 55장에서 (55장은 1권 40-43장의 시리즈로부터 거리상으로 열두 장이나 떨어져 있다.) 마키아벨리는 좀 기습적인 매너로 참주에 대한 자신의 철학을 일시에 공식처럼 내뱉고 있는 것이다. 마치 참주적 오르디니를 수립하는 데 필요한 공식을 던지듯이 그는 그것을 던지고는 다른 주제로 유유히 사라지는 듯하다. (마치 영화 '십계'에서 모세가 시나이 산에서부터 하산하여 이스라엘의 대중에게 하나님으로부터 받았던 율법이 새겨진 동판을 던지는 장면이 이 대목에서 오버랩된다.)

　1권의 40-43장에서는 결론을 내리지 못했는데 열두 장을 건넌 뒤에 55장에서 갑자기 기습적으로 참주 오르디니 수립을 위한 방법을 공식처럼 던지고 사라지는 게 마키아벨리다. 그래서 어떻든 그는 참주와 참주 오르디니에 관한 자신의 사상을 전부 내놓았다고 우리는 말할 수 있을지도 모른다. 그렇지만 이것도 우리의 추정에 불과한 일이다. 왜 그는 네 개의 장에서 참주문제를 말하다, 다섯 장을 다 채우지 못하고 한참 뒤에서 다시 하나의 장에서 참주문제를 다시 꺼내어 하나의 공식을 결론처럼 던지나? 명확한 답은 없다. 그래서 우리는 이 의미를 알아야 할 것이다. 이게 우리에게 남은 문제이고, 우리 자신이 풀어야 할 문제다. 그래야 마키아벨리의 이상하게 보이는 이러한 글쓰기 행동의 의미를 충분히 알 수 있게 될 것이다. 필자는 여기에서 문제에 대한 답을 내놓을 수는 없다. 그러나 그럼에도 불구하고 위험을 무릅쓰고 좀 과감하게 필자의 의견을 말하자면, 마키아벨리가 1권 40-43장에서 참주와 참주의 오르디니에 관하여 하나의 완결된 결론을 내리지 않고, 1권 55장에서 내리는 것은 그에게 어떤 **도덕적 망설임**이 있기 때문이 아닌가 하는 상상이 된다는 것이다. 이것이 답이 아닌가 하는 생각이 들 때도 있다. 만약 이게 답이 아니라면, 마키아벨리는 적어도 그런 인상을 독자들에게 주기를 원하는지도 모른다. 그렇다면 이는 일종의 위장과 같은 교묘한 트릭trick이다. 이 대목에서 우리는 하비 맨스필드가 주장한 "마키아벨리는 마키아벨리안이다Machiavelli is a Machiavellian"는 주장을 상기하게 된다. 그러나 우리가 유념해야 할 점은 마키아벨리는 분명히 참주적 오르디니를 찬양하는 게 아니라는 점이다. 단지 '필요한 경우에' '참주적 모디'를 실행해야 한다는 점을 강조하고 있다는 점을 독자는 유념해두어야 한다고 생각된다. 그 경우란 자유롭지 못한 정부(군주국)를 자유로운 정부(공화국)로 만들거나, 아니면 반대로 자유로운 정부를 자유가 제한된 군주국으로 변형시키는 것이다. 그리고 『군주론』은 『리비우스논고』와의 연관성 하에서 그 밀교적 성격이 드러나기도 한다. 예컨대 전자에서 말하지 못한 점을 그는 후자에서 말하고 있다거나, 반대로 후자에서 말하지 못한 점을 전자에서 힌트를 주기도 한다. 마키아벨리는 수 현상, 또는 수의 활용을 통하여 우리에게 자신의 뜻을 전하고 있는 것이다. 그 자신이 수를 가지고 다소 장난스럽게 자신의 의미를 전달한다는 게 그의 밀교성인 셈이다. 이하 (3)에서 (6)까지 그러한 사례 네 가지를 소개한다.

(3) '10'이란 수의 암시

『군주론』 10장은 군주가 자신의 '무력forces을 측정'하는 습관을 늘 가지고 있어야 함을 논한다. 마찬가지로『리비우스논고』 2권 10장은 그러한 '무력 측정'의 문제를 다시 논한다. 이 역시 '10'이란 숫자를 통한 간접적 의미 전달의 사례를 드러내는 면이고, 그런 만큼 밀교성의 또 다른 사례라고 볼 수가 있다. 이 두 책의 두 장을 면밀히 보면, 독자는 '돈'이나 '재산'보다는 군주의 안전과 국가의 안전, 그리고 전쟁(방어전쟁+침략전쟁 모두)에 있어 군사적으로 활용할 수 있는 '무력'과 국민(군인)의 '사기'가 더 중요하다는 마키아벨리의 주장이 놓여 있음을 보게 된다. 여기에서 우리가 설명하고자 하는 마키아벨리의 밀교성이란 수를 통한 암시의 방법으로 독자에게 이 두 장의 대조와 비교를 권유하는 것이라 이해되고, 그것을 통하여 공통적 교훈을 도출해 내기를 촉구하는 것에 있다고 보인다.

(4) '11'이란 수의 암시

마키아벨리는『군주론』 11장에서 '성직자의 군주국가ecclesiastical principalities'를 논의한다. 종교적 국가다. 그리고『리비우스논고』 1권 11장에서 15장에 이르기까지 그는 '로마의 종교'에 대하여 총 다섯 장에 걸쳐 분석한다. 11장은 그 분석의 출발점이다. 그는 『군주론』에서 로마의 교황청(그는 이것을 하나의 '성직자의 국가'라고 말한다)에 대하여 극도로 말을 자제한다. 자신의 심중에 있는 생각을 있는 그대로 말하지 않고 얼버무리는 방식을 사용하고 있다. 하나님의 축복으로 만들어진 국가에 대하여 이렇다 저렇다고 논평할 수는 없다는 것이다. 자신이 헌정하고자 하는 현실 군주(로렌초 메디치) 앞에서 함부로 하나님이 만든 '국가'에 대한 추리를 하지 않겠다는 겸양의 표현이라 할 수도 있겠다. 그러나 우리는 이 대목에서 메디치왕가가 '성직자 국가'와 이런저런 연계를 가지고 있음을 여기에서 간접적이나마 엿볼 수 있다. 독자는 메디치 왕가에서 세 명의 교황이 배출되었다는 역사적 사실을 상기할 필요가 있다. 16세기에 재위한 레오10세(1513-1521년)와 클레멘스 7세(1523-1534년), 그리고 17세기 초 잠깐 재위한 레오 11세(1605년 4월)가 그들이다.

필자가 이 두 장을 밀교적인 것이라 보는 이유는 이것이다. 마키아벨리는 『군주론』에서 자신이 성직자의 국가에 대하여 하고 싶은 말을 하지 못했다. 그러나 그는 다른 기회를 통하여 말하고 싶은 욕구를 가지고 있다는 점이다. 그는 『리비우스논고』에서 그 기회를 찾은 것이다. 그의 밀교성은 바로 여기에 있다. 자신이

『군주론』에서 하지 못한 말을 '11'이라는 숫자의 상징성/일치성을 통해 『리비우스논고』에서 발견해 보라는 취지를 독자에게 알리겠다는 것이다. 우리는 이렇게 추론할 수 있고, 이것이 그의 밀교주의다.

마키아벨리는 『리비우스논고』의 맥락에서 아주 자유롭게 말한다. 그는 이제 '종교'를 '해석해interpret' 보아야 한다고까지 주장하고 나선다. 마치 '도덕'의 계보를 다루고 그 기원을 분석하고자 하는 『도덕의 계보학』의 저자, 19세기 프리드리히 니체를 연상시킨다. 마키아벨리는 1권 11장부터 12, 13, 14, 그리고 15장까지 총 다섯 개의 장을 할애하여 '종교'를 해석하고 있다. 그의 논의의 출발점은 고대 로마인이 어떻게 종교를 이해했고 어떻게 활용했는가 하는 점이다. 그것에 비추어 그가 살았던 당대 이탈리아의 종교를 비판적으로 논하고 있는 것이다. 앞에서 필자가 이미 말했지만 이 '5'라는 숫자는 마키아벨리에게 하나의 '완결성'(스트라우스의 말)을 의미한다. 모든 문제를 여기에 다 털어놓고, 필요한 모든 논의를 다하고, 하나의 최종적인 결론도 도출한다는 것을 의미한다. 그래서 우리가 마키아벨리의 종교에 대한 견해를 알고 싶으면 이 『리비우스논고』의 다섯 장을 보면 된다는 의미가 여기에 있다.

(5) '18'이란 수의 암시

나기이벨리가 『군주론』 18장과 『리비우스논고』 1권 18장에서 드러내는 밀교적 신드롬은 우선 장의 숫자가 둘 다 '18'이어서 숫자상으로 일치된다는 점에 있다. 그리고 놀라운 점은 두 장이 모두 같이 대중의 생리와 엘리트의 생리를 말하고 비교, 대조시키고 있다는 것이다. 두 장의 실제 내용을 보면 이 숫자의 일치성은 아주 반가운 느낌마저 준다. 『군주론』 18장의 주제는 '신의'와 '배신'이다. '법'을 지키는 '사람'의 이미지와 그것을 지키지 않는 '짐승'(늑대)의 비유도 나타난다. 법을 준수하는 사람에게는 신의를 기대할 수 있지만, 그것을 준수하지 않는 사람은 사람이 아니라 짐승이기 때문에, '군주'는 이성적인 사람과 짐승 같은 사람을 다 통치하려면 사람의 모습과 함께 짐승의 모습까지도 갖추고 있어야 된다는 것이다. 이 경우 마키아벨리가 말하는 짐승의 모습이란 용맹스럽고 힘이 있는 '사자'와 교활하여 함정에 잘 빠지지 않는(속지 않는) '여우'의 모습이다. 그래야만 교활하고 약탈적 행위를 서슴지 않는 '늑대' 같은 불량배를 척결할 수 있다는 것이다. 따라서 군주는 그리스 신화에 나오는 반은 사람이고 반은 짐승인 '반인반수半人半獸'와 같은 모습을 갖추어야 한다고 마키아벨리는 권고한다.

이와 함께 정치사회는 '실제 모습'이 아니라, '외면적으로 보이게' 하는 것이 매우 중요하다는 교훈도 여기에 있다. 마키아벨리는 그 이유를 대중은 눈으로 보고 정치적인 것을 판단하기 때문이라고 말한다. 이것은 또 추리능력과 같은 것을 행사하여 정치적인 것을 '촉각touching'의 정신적 능력, 즉 '추론conjecture'으로 판단하는 엘리트(또는 군주)와 다른 점이라고 그는 대조시키고 있다. 엘리트는 외면적인 것에 의하여 좀처럼 기만당하지 않지만 일반 대중은 눈으로 보고 판단하기 때문에 그런 외면에 쉽게 기만당한다는 것이다.

『리비우스논고』 1권 18장의 제목은 "부패한 도시에 자유로운 정부(즉, 공화국)가 존재한다면 어떻게 유지할 수 있는가. 그리고 그것이 없다면 어떻게 수립할 수 있는가"이다. 여기에서 마키아벨리는 "모든 것에 관하여 추리하는 것은 좋은 일이다"라고 말하기 시작한다. 이는 철학자로서의 마키아벨리의 면모를 우리에게 보여 주는 대목이다(이 책 2장 6절 참조). 그는 여기에서 부패한 공화국의 문제를 미리 볼 수 있는 사람은 신중한 사람이지만 매우 드물다고 말한다. 그리고 대중이 이 부패의 폐단을 눈으로 '직접 보는' 것이 아니어서 소수 엘리트에 의한 '추론conjecture'이 있어야 그것을 볼 수 있다고 지적한다. 바로 이 대목이『군주론』 18장의 '시각seeing'과 '통찰하기touching'의 대목과 정확히 일치한다.

우리가 이 두 장에서 볼 수 있는 점은 수단의 문제이다. 마키아벨리가 『리비우스논고』의 장에서 말하는 것 중에, 좋은 정부를 수립하려는 선량한 목적을 가진 인물과 폭력이라는 사악한 수단으로 국가의 지배자가 되려는 인물을 대조한다. 그러나 문제는 좋은 인물은 나쁜 수단을 통하여 지배자가 되려고 하지 않는 반면, 사악한 인물은 올바른 목적을 가지고 지배자가 되려고 하지 않는다고 말한다. 마키아벨리가 여기에서 주장하고자 하는 점은 나쁜 수단을 좋은 목적과 결합시켜야 한다는 것이다. 그는 이 두 가지를 일치시키고 싶어 한다. 이것은 아마도 우리의 경험상, 매우 어려운 결합일지 모른다. 그러나 이것은 미래의 공화국(비키 설리반이 말하는 '마키아벨리의 새로운 공화국'을 연상하라)을 위해 그가 우리에게 주는 정치 과학적 권고이기도 하다.

그러면 이것이 어떻게 『군주론』 18장과 연결이 되나? 이것을 알기 위해 '반인반수'의 모습을 한 군주의 이미지에 주목하는 것이 하나의 방법이다. 나쁜 수단을 집행하는 군주는 사악한 '짐승'의 이미지를 가지고 있고, 선한 목적(자유로운 정부, 공화국을 수립하려는 선한 목적)을 실현하고자 하는 군주는 선한 사람이고 '법'을 준수하고 '이성'의 요구를 따르는 사람의 이미지를 가지고 있다. 이 두 이미지가 결합되어야 한다는 것이다. 이 '반인반수'의 지도자의 이미지에서 우리는 『군주론』과 『리비우스논고』의 연결고리를 볼 수 있다. 요는 마키아벨리는 '18'이라는 숫자의 일치성을 설정함으로써 『군주론』과 『리비우스논고』가 일치되는 가르침을 담고 있음을 독자에게 시사한다는 것이 핵심이다. 그는 말을 통하지 않고 행동으로 이것을 알린다. 이 점이 그의 밀교성이다.

(6) '26'이란 수의 암시

숫자를 통한 밀교성 문제는 『리비우스논고』에서 현저하지만, 『군주론』에서도 이런 현상은 역시 존재한다. 그것을 발견할 수 있다. 예컨대 스트라우스는 『군주론』이 총 26장으로 되어 있는데, 이 '26'이란 숫자는 그리스도의 죽음과 연관된 숫자인 '13'이란 수에다 아마도 부활을 상징하는 수인 '2'를 곱한 것이라 말하고, 여기에 필시 마키아벨리가 숨겨 놓은 어떤 의미가 있을 것이라고 추정하고 있는 게 그런 사례다. (지금 여기에서 이 의미를 논할 필요는 없다. 그리고 어떤 학자들은 이런 스트라우스와 스트라우스의 견해를 추종하는 하비 맨스필드의 견해를 조롱하는 경우도 물론 있다.)

마키아벨리는 『군주론』 마지막 장, 26장에서 야만족들(즉, 외세)로부터 분열된 이탈리아를 구출해야 한다고 새로이 등장할 '신군주'에게 거의 절규하다시피 요구한다. 자기 조국에 대한 깊은 고민과 열정, 애국심이 여기 묻어난다. 이러한 일을 할 수 있는 인물은 그가 『군주론』에서 자주 강조하는 모든 것을 새로이 일으키는 '신군주'밖에 없다. 1990년대에 일본의 소설가 시오노 나나미는 옳든 그르든 이 존재가 바로 마키아벨리가 7장과 13장에서 매우 자세하게 분석하던 '체사레 보르자'였다고 주장했다.(그러나 어떤 학자들은 이를 부인한다.)

『리비우스논고』1권 26장에서 마키아벨리는 "신군주는 그가 정복한 도시나 지역에서 모든 것을 새롭게 조직해야 한다"라고 말한다. 자신이 하고자 하는 말을 이 장의 제목으로 내걸고 있다. 여기에서도 신군주가 주제이다. 그래서 우리는 '26'이라는 숫자가 곧 신군주를 지칭하는 것이라고 추정할 수 있는 것이다. 이미 언급했듯이, 이는 그리스도의 죽음과 연관되는 숫자인 '13'에다 '2'를 곱한 것이다. 스트라우스가 이 점을 언급한다. 만약 '2'가 부활을 상징하는 것이라면, 이 '26'이란 숫자는 죽음으로부터 부활한 이태리를 의미하는 것이다. 이태리는 분열과 피폐함, 스페인·독일·스위스 등의 외세의 지배를 극복하고 하나의 통일된 국가로 우뚝선다는 장래 '희망'과 포부가 여기에 있다. 우리는 이 점을 '26'이라는 숫자에서 볼 수 있다는 것이다. 바로 이것이 마키아벨리의 비밀스러운 가르침이다.

2) 마키아벨리는 리비우스의 '침묵'에서 밀교적 글쓰기 요령을 배웠다

침묵이란 말을 하지 않고 말을 하는 방식이다. 마키아벨리는 리비우스의 침묵에 대하여 언급한다. 이것은 그가 뭔가를 거기에서 배웠다는 걸 강하게 시사한다. 그렇지 않으면 그것을 언급하는 것은 무의미한 일이다. 마키아벨리는 돈과 전쟁의 연관관계에 대하여 리비우스가 매우 독특한 방식으로 자기 주장을 하고 있음을 발견한다. 리비우스의 시대에 사람들은 '돈이 있어야 전쟁을 할 수 있다'는 의견이 지배적이었다. 그러나 리비우스는 그와 반대되는 의견을 가지고 있었다. 그럼에도 불구하고 리비우스는 『로마사』를 집필하면서 전쟁에 있어 돈이 차지하는 의미에 대하여 '단 한마디도 언급하지 않은 채 자신의 결론에 도달한다'(『리비우스논고』 2권 10장). 마키아벨리의 말이다. 돈은 아예 언급조차 되지 않지만, 리비우스는 자신이 하고자 하는 말의 취지를 모든 독자들에게 충분히 전달하고 있다는 것이 마키아벨리가 발견한 점이다. 그리고 그는 이 점을 명시적 언어로 지적한다. 리비우스는 이렇게 말한다. "전쟁에서 가장 중요한 것은 군인의 수와 용기, 지휘자의 재주, 그리고 특히 전쟁과 같은 인간의 모든 일에 하나의 강력한 영향력을 미치는 행운이다"(『로마사』 9권 17장). 마키아벨리가 지적하는 대목은 이것이다. 그가 말한 대로 여기 이 리비우스의 말엔 돈에 대한 언급이 없다.

이 문제에 관하여 우리가 더 깊이 주목할 수 있는 점이 있다. 우선 스트라우스의 관찰을 원용하면, 마키아벨리는 리비우스로부터 '밀교적' 방식으로 자신의 독자에게 중요한 메시지를 전달하는 방법을 배웠다는 것이다(스트라우스, 30쪽 참조). 그 문제의 대목은 지금 말한 이 '전쟁의 수행' 능력에 있어 중요한 문제가 무엇인가 하는 점에 관한 리비우스의 논의(『로마사』 9권 17-19장)와 그것에 대하여 논평하는 마키아벨리의 논의이다. 마키아벨리의 관찰에 따르면, 리비우스는 '돈에 대하여 단 한마디도 하지 않으면서도' 자기의 주장을 전달하는 능력이 있어 아주 신통한 능력을 가진 저술가라는 것이다. 돈이 전쟁수행에 가장 결정적인 요소라고 주장한 자기 시대 로마인의 일반적 견해를 아주 효과적으로 반박하고 있다는 것이다. 필자가 리비우스의 『로마사』 9권 17-19장 부분을 확인해 본 결과, 실제로 리비우스는 위에 말한 대목과 그 이외의 대목에서도 마키아벨리가 발견하듯이 '단 한 번도' '돈'에 대하여 언급하지 않는다.

마키아벨리는 이런 글쓰기 방식을 터득한 리비우스로부터 '침묵'을 통하여 자신의 주장을 효과적으로 하는 방법을 배웠던 것이다(스트라우스, 31-32쪽 참조. 물론 스트라우스는 자기 책 IV장에서 마키아벨리가 이런 방식을 고대 그리스와 로마 철학자들로부터도 역시 배웠다는 점을 시사한다). 바로 이것이 마키아벨리가 침묵을 통하여 자신의 주장을 은밀한 방식으로 전달할 수 있는 준비된 저술가임을 추정해 볼 수 있는 대목이다.

3) 예언자, 새로운 것의 군주라는 암시

(1) 스트라우스가 본 마키아벨리는 '예언자'다

스트라우스는 마키아벨리를 정치, 군사, 정신적인 것까지 포함하는 '포괄적인 사회질서의 창건자'로 볼 수 있기 때문에, '예언자prophet'라 말한다(스트라우스, 83쪽). 심지어 '새로운 모세'라고까지 부르기도 한다(스트라우스, 위 책과 『정치철학이란 무엇인가』). 『군주론』의 모세와 마키아벨리의 연관성 문제는 모세는 믿음을 만들었기 때문에 6장의 군주들 중에서 '가장 찬양받을' 만한 군주라는 점, '무장한 질서'를 갖춘 군주라는 점, 그리고 마키아벨리 자신은 그런 질서에 '복종'한다는 점에서 구체적으로 볼 수 있다. 마키아벨리는 비록 무장한 예언자는 아니지만 적어도 무장을 옹호하고 무장한 질서에 대한 하나의 예언자적인 믿음을 퍼뜨린다는 점에서 작은 모세little Moses라고 할 수 있을지도 모른다.

『리비우스논고』에서 마키아벨리는 '무장하지 않은 예언자'인 예수의 행위방식을 모방하고 있다. 이 역시 스트라우스의 논평이다. 마키아벨리가 예언자이지만, '무장하지 않은 예언자' 예수를 닮았다는 점에 주목한 논평이다. 여기에선 마키아벨리적인 믿음이 가장 핵심적 문제다. 그의 후속 세대 중에서 그와 믿음을 공유하는 사람들이 있고, 이 중 간부급(기독교의 성직자에 해당되는 사람들, 즉 마키아벨리 사상을 누군가에게 가르치는 사람들, 또는 그걸 실천하는 사람들)이 마키아벨리적 믿음을 널리 확산시킨다면 마키아벨리는 무장하지 않은 예언자 예수와 비슷한 일면까지도 갖추게 된다는 것이다. 마키아벨리 텍스트에서 예수, 성직자(즉, 간부급), 신자들의 이미지는 순서대로 마키아벨리, '장군captains,' 신자로서의 '군인soldiers'의 이미지들로 나타난다.

(2) 새로운 것의 우두머리

『마키아벨리의 새로운 행위방식과 질서』와 『마키아벨리의 덕』의 저자, 하비 맨스필드는 "마키아벨리는 일종의 군주이다"는 관점을 가지고 있고, 『군주론』을 영어로 번역한 영역자이자 『마키아벨리의 엔터프라이즈』의 저자, 레오 폴 디 알바레즈와 『마키아벨리의 세 로마』의 저자, 비키 설리반 같은 학자들 역시 이 관점을 공유한다. 우리가 보기에 마키아벨리가 실제로 모세나 예수는 못 된다 하더라도, 사회의 운영 원칙에 관한 '예언자'는 될 수 있는 인물이라는 점에서 우리는 그를 맨스필드처럼 '일종의 군주a type of prince'와 같은 존재라고 볼 수 있는 여지는 많다. 특히 오늘날의 사회과학이나 역사학에서 '근대적 리얼리즘modern realism'과 '근대적 공화주의modern republicanism'의 원조는 마키아벨리라고 보는 것은 매우 일반적이다. 적어도 그는 이 점에서는 '군주'라고 해도 틀리지 않는다.

이 관점의 출발점은 마키아벨리 자신의 암시에 나타난다. 그는 자신을 '새로운 질서와 행위방식'의 '우두머리head'라고 암시한다. 『군주론』 6, 7, 10, 13, 그리고 26장은 모두 마키아벨리의 '자신의 무기one's own arms' 명제가 이런저런 모습으로 등장하는 장들이다. 그리고 이 관점은 행위방식이란 의미를 가진 '모디'를 중시하는 맥락에서 마키아벨리가 클레임하는 것에서 가장 절정을 이룬다. 즉, 우리가 위 6장에서 취급한 '마키아벨리적 프로포션'(마키아벨리가 지배하고 추종자들이 따르는 질서)에서 그 질서의 우두머리가 바로 자신임을 암시하는 『리비우스논고』 3권 22장 3절에서의 '밀교적' 시사가 그것이다. 이 절을 조금 더 자세히 보아야 할 듯하다.

여기에서 마키아벨리는 자신을 지칭하면서도 그것을 서의 완전히 숨긴다. 그는 자신에 대한 진실을 은폐하면서도 아주 애매한 밀교적 방식으로 자신을 지칭하기도 한다. 마키아벨리는 거기에서 이렇게 말한다. "(부하들로부터 복종을 원하는 자들은) 자신의 특징들과 자신에게 복종해야 할 사람들의 특징들을 비교한다. 거기에 프로포션(앞에서 보았듯이, 지배와 복종의 질서)이 있을 때엔 그들은 명령을 내리며, 그게 없을 때에는 명령하기를 삼간다. 그러므로 예로부터 **어떤 신중한 사람**은 만일 어떤 국가가 무력으로 국가를 지탱하려면 폭력을 통하여 명령하려는 사람과 거기에 복종하는 사람이 가진 무력과의 사이에 프로포션이 있어야 한다고 말해 왔던 것이다." 여기에서 필자는 '어떤 신중한 사람'이라는 마키아벨리의 표현을 볼드체로 강조했다.

문제는, 이 사람이 과연 누구냐 하는 것이다. 레슬리 워커는 '아리스토텔레스'라고 지목한다. 그러나 이와 달리, 스트라우스는 이 사람이 '마키아벨리' 자신이라고 시사한다(스트라우스, 326쪽 미주 172 참조). 다른 적지 않은 학자들(예컨대, 맨스필드와 탈코프, 마우리치오 비롤리, 그리고 앳킨슨과 사이시스 같은 학자들)도 역시 이 사람이 마키아벨리임을 확인한다. 특히 『니콜로의 미소』라는 저서에서 비롤리는 마키아벨리의 다소 습관적인 어법에 주목하여 이 사람이 마키아벨리 자신이라고 지목해 낸 것은 아주 인상적인 대목이다.

요컨대 우리는 어떻게 해서 이 사람이 마키아벨리 자신인 줄을 아는가? 그 열쇠는 '프로포션'이란 단어에 있다. 우리는 이 대목을 잘 이해하기 위해 『군주론』 6장에서 마키아벨리가 '새로운 질서와 모드'의 '우두머리'가 되는 것에 대하여 언급하고 있는 점과 연관해야 한다. 그 주인공은 사실상 마키아벨리 자신이다. 두 권의 책에서 마키아벨리가 암시하는 인물은 바로 자기 자신인 것이다. 이 '프로포션'이란 단어는 『군주론』 6장에서 처음 등장했다. 반복하지만 지배와 복종의 질서라는 뉘앙스를 가진 단어다. 무장한 오르디니를 스스로의 능력으로 일으켜 지배권을 수립하고 질서를 유지해 나가는 인물들이 습득한 통치의 기술이 바로 프로포션을 만드는 능력이다. 우리는 이미 앞에서 이를 보았다. 『군주론』 6장의 프로포션에 대한 문제의식은 7장 체사레 보르자라는 인물의 능력, 8장의 아가토클레스의 능력, 13장의 '자국군'에 대한 명제에 이르도록 면면히 유지된다. 그러다가 이 책 14장에 가서 마키아벨리가 '무장한' 지휘관과 '무장하지 못한' 현실 군주 사이에 '프로포션이 없다'고 말할 때 정점에 도달한다. 프로포션으로 시작하여 프로포션으로 끝나는 이 마키아벨리 사고의 행진을 잘 보면, 프로포션은 결국엔 마키아벨리 자신이 창도하는 정치적 오르디니임이 드러난다. 마키아벨리는 모세와 같은 위내한 과거의 군주의 행위를 토대로 하여 자신만의 오르디니를 수립하고 있는 것이고, 그 궁극적인 수장은 이러한 오르디니를 최초로 발견한 사람, 아니 최초로 글로 옮긴 저술가, 마키아벨리 자신이라는 것이다. 마키아벨리는 프로포션을 말하는 순간 가장 자기 자신으로 돌아와 있다. 프로포션을 통해 그는 미래의 독자들과 어떤 오르디니에 대하여 소통하고 있다. 그리고 그 오르디니의 '우두머리'가 바로 자신이라는 것이다. 『리비우스논고』 3권 22장에 프로포션이란 단어가 등장하는 것은 이러한 오르디니에 있어 그 '우두머리'가 되는 자신을 비밀스러운 방식으로 드러내기 위한 것이다. 이것이 마키아벨리의 가장 밀교적인 순간인 것이다.

4) 성경적 암시를 통한 밀교성

(1) 하나님을 다윗으로 조작한 것

마키아벨리는 『리비우스논고』 1권 26장에서 성경을 왜곡/조작하여 인용한다. 여기에 그의 밀교성이 있다. 이곳의 주제는 '신군주'('참주')가 새로이 정복한 땅을 어떻게 다스리나 하는 문제이다. 이때 신군주/참주는 '부자'와 '가난뱅이들'을 바꾸어 놓는 존재이다. 그는 신약성경을 좀 변조하여 다음과 같이 말한다. "다윗이 왕이 되었을 때 ― '그는 빈자들을 좋은 것들로 채워 주고 부자들을 빈털털이로 만들었다.'" 이 작은 따옴표(' ') 안의 진술은 『신약성경』 누가복음 1장 53절의 대목에 나오는 구절이다. 이 성경책에서 부자를 가난하게 만들고 가난한 자를 부유하게 만드는 당사자는 신약성경의 '하나님'이다. '다윗'이 아니다. 다윗은 구약성경에 나오는 인물이다. 원래 신약성경은 하나님은 인간사 모든 것을 다 개편하는 권능을 가지고 있다는 취지로 썼다. 마키아벨리의 눈에 이런 정도의 권능을 가진 존재는 폭군, 즉 참주이다. 그러나 마키아벨리는 전략적으로 여기에서 '하나님'이라는 표현을 빼고 대신 다윗이라는 표현을 슬쩍 집어넣은 것이다. 이것은 성경원전에 대한 왜곡, 조작이자 각색이다.

　흥미롭게도 마키아벨리는 이 신약성경의 구절을 인용하면서도 신약의 하나님을 구약성경에 나오는 혁신적 '참주,' '다윗'으로 이름을 바꾼 것이다. 신약의 하나님은 참주적 오르디니를 수립한 참주라고 말하고 싶은데, 마키아벨리는 그 말을 직접 하기에 뭔가 좀 어려움이나 불편함이 있으므로 구약의 참주, 다윗을 그 자리에 대신 끌어와서 넣은 것이다. 그러나 마키아벨리가 전달하는 메시지는 다윗도 참주였지만, 하나님 역시 참주라는 찜이고, 더 중요한 점은 신약의 하나님은 참주적 오르디니를 건설했지만, 구약의 다윗은 참주적 모디(수단)를 통해 '모든 것을 새롭게 조직'했다는 점이다. 이것은 아주 심각한 의미를 가지고 있는 것이다. 신약의 하나님을 모욕하면서도 동시에 다윗을 찬양하는 것이다. 아주 극도로 교묘한 언행言行이다. 신군주를 찬양하고 신을 모욕하는 것이다.

　스트라우스는 이 대목을 아주 심각히 여기고 이 왜곡의 의미를 분석한다. 신약성경의 하나님을 마치 구약성경의 다윗인 것처럼 제시하는 것은 스트라우스가 보기에 우선 신약의 하나님과 구약의 다윗을 동일시하려는 의지를 나타낸 것이다. 그래서 스트라우스는 마키아벨리의 이런 글쓰기 행위가 결국 성경적 하나님에 대한 '엄청난 신성모독enormous blasphemy'을 범하는 짓이라고 논평한다(스트라우스, 48-52쪽 참조). 그것도 직접적으로 모욕하는 것이 아니라 신약성경의 이 구절과 마키아벨리 자신의 『리비우스논고』를 직접 대조하여 읽는 **독자들에게만** 이 진실이 교묘하게 드러난다는 점에서 스트라우스는 이런 교활한 마키아벨리에게 매우 불쾌한 감정이 묻어난 논평을 하게 된 것으로 보인다. 스트라우스의 이 논평을 눈여겨보는 독자는 다음의 사실을 발견할 수 있다. 즉, 스트라우스가 보기에, 마키아벨리는 자신의 책과 신약성경의 누가복음 1장 53절을 같이 대조하여 보는 독자가 발견하게 될 충격을 미리 염두에 두었다는 것이다. 어떤 면에서 보면, 이것은 마키아벨리의 아주 장난스러운 면이다. 그리고 이런 사실을 발견하는 독자는 하나님이 참주 다윗과 동일한 존재로 마키아벨리의 손에 의하여 변형되고 있다는 사실을 발견하고, 다윗이 참주였듯이 결국엔 성경적 하나님 역시 참주에 불과하다는 인식에 도달하게 된다는 것이다. 스트라우스가 본 대로 만약 어떤 독자라도 이 두 원본을 대조하면서 읽는 사람이라면 이런 충격을 당연히 받게 될 것이다. 필자가 보기에, 스트라우스 역시 그런 충격을 받았음에 분명하다. 그의 단어 사용과 어투가 그 점을 말한다. (필자가 본 모든 스트라우스의 책 중, 스트라우스가 가장 감성적으로 고조된 상태에서 거의 흥분에 가깝다시피 논평하는 것은 이것이 아마 유일한 것이라 기억된다. 그만큼 이것을 발견한 스트라우스 자신의 충격이 매우 컸음을 반영한다고 생각된다.)

이는 솔직히 우리에게도 좀 충격이지만, 동시에 좀 흥미 있는 부분이기도 하다. 스트라우스의 눈에 이는 '엄청난 신성모독'에 해당하여 비난받아 마땅한 일이라 보였지만, 우리는 이때의 마키아벨리는 의도적이고 충격적인 글쓰기 방식과 원전조작을 통하니 자신이 마음속 깊은 곳에 있는 생각을 간접적으로, 그러나 좀 교활한 방식으로 자기 독자에게 표현한 것임을 알게 된다. 이 충격을 동반하는 의도적 조작을 통하여 마키아벨리가 자신의 속마음에서 우러나오는 메시지를 전달한다는 점이 '밀교성'의 요소다.

그렇다면 그가 비밀스럽게(밀교적으로) 노리고자 하는 효과는 무엇인가? 왜 마키아벨리는 이런 방식의 글쓰기를 주저하지 않고 선택할까? 우리는 크게 두 가지로 생각할 수 있다. 하나는 마키아벨리에게 신약의 하나님은 참주라는 이미지를 던진다는 점이다. 이는 특정한 종교에 대한 모욕이다. 다른 하나는 오르디니와 모디의 차이점에 관한 그의 가르침이다. 하나님은 참주적 오르디니를 만들었지만, 다윗은 그런 모디만을 활용했다는 것이다. 다윗은 단지 '국가의 기초가 약하고,' 그 결과로서 '시민적 삶'이 존재하지 않는 곳에서 그런 땅을 군사적으로 새로이 정복하여 다스리기 위해 그러한 수단을 사용했다는 것이다. 그는 다윗에게 변명의 여지를 부여하고 있는 것이다. 이는 어떤 면, 종교적 '천국'과 '세속적' 세상 사이에서 마키아벨리가 세속적 삶에다 더 윤리적 우위를 두고 싶은 열망을 가지고 있었는지도 모르겠다는 인상이 들게 만드는 대목이다. (그리고 독자는 앞에서 보았듯이, 지금 이 『리비우스논고』 1권 26장은 그리스도의 죽음을 상징하는 '13'이란 수의 두 배가 되는 수임을 볼 필요도 있다. 죽음을 두 번 겪으면 부활이 된다는 견해가 성립한다면, 이 '26'이란 숫자는 부활을 상징한다. 『군주론』에서 26장은 국내적으로 사분오열하여 외세에 짓밟힌 이태리의 부활을 절규하듯이 호소하는 마키아벨리를 볼 수 있는 장면이다.)

이 종교적 차원의 문제에 추가하여 좀 더 일반적인 이론의 차원에서 이런 것도 한번 고려해 보자. 마키아벨리는 『리비우스논고』 1권 12장의 제목을 이렇게 달고 있다. "종교를 해석하는 것이 얼마나 중요한가, 그리고 종교에 대한 해석을 결여한 로마교회를 통하여 이탈리아가 어떻게 망했는가." 이 제목은 사실 우리에게 아주 인상적인 것이다. 오늘 날 누구라도 한국에서도 이런 제목을 달고 글을 쓰기는 쉽지는 않을 듯하다. 어쨌든 마키아벨리는 이 장에서 고대 종교와 자기 당대 이탈리아의 종교를 비교 검토하면서 로마의 교황청으로 대변되는 이탈리아의 기독교라는 종교를 '해석'해 보아야 한다고 주장한다. 자신이 인용하여 활용하는 여러 고대 원전을 자신의 '새로운 모디와 오르디니'의 이념에 맞게 재해석하려는 마키아벨리에겐 이러한 작업이 기독교라는 자기 당대 종교에 있어서도 마찬가지로 필요한 일이라고 본 것이다. 『군주론』 15장에서 그가 지적한 '상상적 진실'의 병폐(病弊)와 그가 특별히 자신이 중시하는 개념이라고 강조한 '실제적 진실'이란 관점을 종교의 해석이란 문제에도 그대로 반영한 것이다.

마키아벨리가 종교적 원전을 위조 내지 변조하는 것을 주저하지 않는 것은 그가 보기에 종교적 교리가 담긴 신약성경 같은 원전은 '상상적 진실'의 관점에서 쓰인 것이라 보고 그러한 '진실'을 좀 더 '실제적 진실'로 전환시키고자 하는 의도를 가지고 있기 때문으로 해석해 볼 수 있다. 말하자면 마키아벨리의 '밀교주의'는 이런 대목에서 일종의 원전 왜곡 내지, 레슬리 워커 신부가 말하는 '기만적 글쓰기'를 통하여 자신이 창조하고자 하는 오르디니로 가기 위한 전략적 행동이라고 생각된다.

(2) 그라쿠스 형제와 카이사르 — '성경'의 이미지로 그려진 인물들

다른 차원에서 마키아벨리의 '밀교성' 문제를 고찰하면, 우리는 마키아벨리에 있어 '카이사르' 현상(공화정을 전복하고 참주 체제를 수립한 것)의 권위와 힘은 '기독교'의 권위와 힘의 이미지로 나타난다는 점에 주목할 수 있다. 그는 기독교와 비슷한 역할과 통치의 방식을 가진 존재로 그라쿠스 형제와 카이사르를 지목한 것이다.

물론 이 인물들은 기원전 2세기와 1세기의 인물들이고 그리스도가 오기 전의 인물들이다. 그러나 그라쿠스 형제들과 카이사르가 기독교와 공통적으로 보여 주는 점은 '가혹성' 또는 '엄격성'의 통치방식과 대조되는 '사랑'의 통치방식을 구사한다는 것이다. 그들 모두는 대중주의적(요즘 식으로는, 포퓰리즘적) 정치인들이었다.

문제는 '사랑'의 방식 그 자체가 잘못되었다는 것이 아니라, 이 사랑의 방식이 정치와 '인간의 자유human liberty'의 유지에 반대되는 방식으로 실행되었다는 것이다. 이 '인간의 자유'란 것은 '종교적 자유'에 반하는 개념이다. 이 점을 『마키아벨리의 세 로마』의 저자, 비키 설리반이 잘 분석하고 있다. 설리반은 특히 카이사르가 '사랑'의 통치 방식으로 대중(그와 함께 오랜 시간 전장에서 같이 고락하면서 작전을 수행했던 '부하군인들'로 대변되는 대중)이 자신을 추종하게 만들었고, 그것이 '당파partisans'를 만들게 하여 고대 로마의 공화정치에 파괴적이었다고 관찰한 마키아벨리의 견해에 주목한다. 고대의 카이사르가 이 당파와 함께 쿠데타를 일으켜 '원로원'과 같은 정치기구를 무력화시켜, 로마의 공화정과 로마인의 '자유'를 박탈했듯이, 마키아벨리가 본 근대의 기독교는 성경적 '하나님'이 '인간의 자유'를 박탈하고 억압하는 오르디나라는 것이다.

설리반은 이 점을 그라쿠스 형제의 포퓰리즘과 동일한 정신을 가지고 있는 카이사르는 적어도 참주정치에 관한 한, 기독교의 '하나님'과 동일한 기능적 등가물等價物임을 보여준다. 요컨대, 마키아벨리의 밀교적 주장은 고대 로마의 그라쿠스 형제와 카이사르의 실제적 진실은 그들이 고대 로마판 기독교라는 점이다. 그는 이 점을 아주 미묘하고 비밀스러운 방식으로 다룬다.

5) 리비우스에 대한 왜곡과 변조

이 대목에서 마키아벨리가 리비우스를 변조, 왜곡하는 측면을 살펴보자. 이 측면은 우리가 마키아벨리와 리비우스의 사이에 설 때 비로소 나타나는 문제이다. 우리는『로마사』원전과 마키아벨리의『리비우스논고』의 중간에 서서 두 사람의 차이점을 발견해야 마키아벨리의 사유를 정확하게 읽을 수 있다. 그의 혁신과 근대성을 여기에서 이해할 수 있다. 따라서 그러한 목적을 염두에 둘 때 마키아벨리가 시도하는 왜곡과 변조는 부도덕하다든지, 아무런 의미가 없다든지 하는 비난을 받을 문제가 아니라, 의미가 아주 많은 흥미로운 사실이라는 점을 비로소 목격하게 된다.

우리는 앞의 5장 3절에서 리비우스와 마키아벨리의 생각이 다른 점을 살펴보았다. ① 고대 로마의 '번성'의 원인에 관한 견해, ② '대중'의 정치적 의의, ③ 지도자의 '개인이익'에 대한 인식, ④ 인자함과 냉혹함의 통치방식, 그리고 ⑤ 정치과학의 가능성에 대하여 두 저술가가 가졌던 견해의 차이가 그것이었다. 그러나 거기에서 우리는 마키아벨리가 리비우스를 왜곡하고 변조하는 문제를 다루지는 않았다. 여기에서는 이 점을 좀 다루어 보자.

이 대목에서 1953년 영국의 신부, 레슬리 워커Leslie Walker가 출간한 책, 『니콜로 마키아벨리의 리비우스논고』 제2권과 1987년 로날드 리들리가 쓴 논문, '마키아벨리의 리비우스 편집'(*Rinascimento* 27의 327-41쪽)을 참조하는 것이 가장 유익할 것이다. 워커는 자신의 책에서 마키아벨리가 총 '23'번 리비우스의 『로마사』를 잘못 인용하는 '실수'를 하고 있다고 보고하고, 리들리는 한 발 더 나가 마키아벨리가 인용하고 있는 총 '58'회의 리비우스 인용사례 중 총 '49'번이나 원전을 자기 나름대로 멋대로 '편집'하면서 인용하고 있음을 지적한다. 우리는 지금 이 책에서 이 모든 사례들을 다 열거할 수는 없다. 이 점은 마키아벨리를 직업적으로 연구하는 학자들의 관심사일 것이다.

지금 이 대목에서 우리가 좀 관심을 가질 필요가 있다고 생각되는 점은 이들 두 저술가들은 마키아벨리가 단순히 리비우스를 인용하는 데 '실수'했다라든지(워커의 경우), 아니면 마키아벨리가 리비우스의 기록을 '편집'했다라고(리들리의 경우) 말하는 것을 좀 더 면밀하게 보아야 한다는 것이다. 필자는 아마 이들은 마키아벨리가 의도적으로 리비우스를 편집하고 왜곡하는 행위를 보지 못했거나, 아니면 그 왜곡과 편집의 정확한 의미가 무엇인지 저절히 인식하지 못하지 않았을까 하는 인상을 가지게 된다. 리들리와 워커 식의 해석을 따르면 마키아벨리는 리비우스를 인용하는 데 단순히 '실수'를 저질렀거나, 아니면 좀 악의성을 가지고 원전을 멋대로 '편집'했으므로, 우리는 마키아벨리에게 '밀교적' 동기가 존재할 공간이 없거나 적다는 결론에 도달하게 된다.

그렇지만 우리가 보기에 리비우스에 대한 마키아벨리의 왜곡과 편집은 다분히 의도적이다. 그는 어떤 목적을 가지고 있다고 생각된다. 이 의도된 실수나 편집에서 우리는 마키아벨리의 밀교성을 읽을 수 있다는 것이다. 그는 분명 밀교적 의도를 여기에서 관철하고 있다. 그것을 통해 자신이 의도하고자 하는 것을 창조하려고 하는 것이다.

마키아벨리의 의도는 리비우스가 '상상적' 진실을 전하는 저술가라고 보는 관점에서 이해할 수 있다. 그는 리비우스가 전하는 사실들을 자신이 보아(즉, '실제적 진실'의 견지에서 보아) 옳을 것이라고 생각하는 방향으로 리비우스의 역사적 컨텐츠를 '편집'한다. 바로 이러한 그의 편집행위가 우리에겐 밀교적이라는 것이다.

뭔가를 은밀하게 우리에게 가르치고 있다는 것이다. 그리고 이 밀교성은 우리 독자에게 향하는 그의 요구와 관련이 있다. 그렇다면 마키아벨리가 우리에게 요구하는 것은 무엇인가? 우리 스스로가 리비우스와 자신의 **사이에** 서 보라는 것이다. 그리고 거기에서 누가 더 옳은지를 우리 스스로가 독자적으로 판단하라는 것이다. 이것이 그가 리비우스의 컨텐츠를 왜곡하는 행위에서 가진 의도라고 보이는 점이다.

6) 타키투스에 대한 왜곡과 변조

마키아벨리가 교정, 개선하려던 인물은 리비우스만이 아니다. 그는 자신이 인용하는 타키투스까지도 왜곡, 변조하는 방식으로 교정하고 개선하려고 시도한다. 앞에서 이미 말한 『리비우스논고』 3권 19, 20, 21, 22, 그리고 23장은 스트라우스가 '타키투스 절'이라고 이름을 붙인 곳이다(스트라우스, 160쪽). 다섯 장들이다. 이 이름은 스트라우스가 볼 때 마키아벨리가 고대 로마 역사가, 리비우스를 인용하고 자기 책을 쓸 것으로 기대하는 대목에서 엉뚱한 역사가, 타키투스를 읽고서 배운 점을 토대로 하여 집필한 부분이라고 판단했기 때문에 그 컨텐츠가 리비우스의 것이 아니라 하여 별도로 붙인 이름이다. 이 다섯 장들이 다루는 문제는 공화 정치를 하기 위해 '가혹성cruelty'과 '인간성humanity'의 두 통치방식 중 어느 통치방식이 더 바람직한가, 그리고 왜 바람직한가 하는 것이다. 마키아벨리는 또 여기에서 선사의 통치방식에 대하여 사실상 종교적인 차원이라고까지 볼 수 있는 정도의 '믿음belief'을 가져야만 한다고 주장한다. 말하자면 마키아벨리적 버전의 신앙이다.

게다가 우리는 또 이런 점까지 목격할 수 있다. 레슬리 워커와 스트라우스, 그리고 맨스필드가 지적하듯이, 마키아벨리는(이미 앞에서 필자가 말한 대로) 성경을 다소 자의적으로 변조했듯이, 지금 여기에서도 이 고대의 역사가 타키투스의 말을 자기 나름대로 변조하고 있다. 오늘 날 누구라도 이런 방식으로 글을 쓰면 많은 학자들로부터 '남의 책을 변조했다'고 비난받을 일이다. 그러나 '근대 정치철학'이라는 새로운 사상조류를 일으킨 마키아벨리는 이 점에서 변명의 구실을 갖게 되었다. 매우 희귀한 경우라 할 수 있다. 그는 역사 과정 속에서 제기될 수 있는 이런 비난을 극복할 수 있을 정도의 명성을 확립했기 때문이라고 보아야 할 것이다. 그의 책이 가치 없는 책이라고 판정 받았으면 우리가 오늘날 알고 있는 마키아벨리라는 이름은 애초부터 더 이상 듣지 못하는 이름이 되었을 것이다. 그러나 그는 모더니즘이라 불리는 근대 리얼리즘과 근대 공화주의라는 새로운 사상적 지평을 개척했기 때문에 비록 왜곡과 변조를 통해 저술을 했지만, 비난 받기보다는 찬양 받는 인물이 되었다. 어떤 학자는 이 현상을 두고 "마키아벨리는 운수(포르투나)를 역사 속에서 극복했다"라고 간단명료하게 지적하기도 한다.

마키아벨리와 리비우스의 문제로 다시 돌아가면, 리비우스가 이 통치의 수단이라는 주제를 취급함에 있어 적절한 논거를 제시하지 못하기 때문에 마키아벨리는 리비우스를 비판하고 교정하려고 한다는 게 중요하다. 마키아벨리의 문제는 어떤 식으로든 이 문제에 대한 최종적인 결론은 나와야 한다는 것이다. 그러나 그 결론을 '상상적 진실'에 의존하여 가혹성과 인간성 사이에서 아무런 결론을 내리지 못한 리비우스를 따를 수는 없다는 것이다. (이 점에서 우리는 앞에서 말한 도덕적 선에 대한 '상상적' 저술가 크세노폰이 지금 이곳의 리비우스와 아주 닮았다는 점을 볼 수 있다.)

그래서 그 목적을 이루기 위해 마키아벨리는 분명한 결론을 가지고 있는 타키투스의 입장을 원용하는 것이다. 이 특이성 때문에 스트라우스는 이 다섯 장들에 대하여 특이한 이름을 붙인 것이다. 아마 이 타키투스의 느닷없는 등장이 가지는 의미는 마키아벨리에 제법 익숙해진 독자들에게만 의미가 있을 듯하다. 그러니까 스트라우스의 이름붙이기는 리비우스와 타키투스가 마키아벨리의 정신에 상대적으로 얼마나 실재하는가 하는 의문을 가지게 만드는 문제다. 이것만으로도 하나의 서내힌 연구과제가 될 수 있을 것이다. 그리고 실제 그런 연구들이 있다.

좌우간 마키아벨리는 이 문제에 대한 결론을 얻는 데 유익한 인물이 리비우스가 아니라 타키투스임을 확인하고 그런 확고한 지적 결단을 가지고 있는 타키투스를 더 선호하고, 지적 결단성이 부족한 리비우스에 대한 관심을 잠정적으로 버리고 있는 것이다. 적어도 이 대목에서 우리는 휘트필드J.H.Whitfield라는 학자의 주장이 일시적이나마 무너짐을 본다. 그는 "리비우스가 타키투스보다 더 중요하다"라는 취지로 '리비우스 〉 타키투스'라는 제목을 가진 1976년의 논문에서 마키아벨리에 있어 리비우스의 중요성이 타키투스의 그것을 압도적으로 능가한다고 주장했다. 그러나 다른 부분에서 그럴지는 몰라도 적어도 이 문제의 대목에선 더 이상 그런 주장이 성립하기 힘든 게 사실이다.

다시 타키투스의 문제로 되돌아간다. 마키아벨리는 '타키투스절'에서 리비우스를 퇴장시키고 그 자리에 타키투스를 등장시킨다. 이것은 타키투스가 결단력 있는 저술가이기 때문이다. (『정치적인 것의 개념』의 저자, 20세기의 칼 슈미트와 『선악을 넘어서』의 저자인 19세기

철학자 프리드리히 니체를 연상시킨다.) 마키아벨리는 여기에서 타키투스의 원전, 『역사Annals』를 인용한다. 그러나 그러한 결단성 있는 타키투스까지도 마키아벨리는 왜곡, 변조하는 방식으로 인용한다. 마키아벨리가 타키투스를 왜곡하고 변조하는 가장 결정적인 대목은 『리비우스논고』 3권 19장에서다. 거기에서 군주국과 공화국이 전쟁할 때 지휘관은 전장터의 '다중多衆, multitude,' 즉 군인들을 어떻게 취급해야 하는가 하는 것을 논의한다. 마키아벨리는 타키투스의 『역사』 3권 55장을 인용하여, 군주국의 다중은 거칠게 대해야 기강을 유지할 수 있고, 공화국의 다중은 인간적으로 지휘해야 기강을 유지하는 군대가 될 수 있다고 주장한다.

그러나 마키아벨리는 다음 장인 3권 20장에서 재빨리 태도를 바꾼다. 타키투스의 이 견해를 수용하면서도, 반만 수용하고 나머지 반은 버린다. 마치 앞에서 본 크세노폰의 반만 수용하고 반은 버리는 것을 연상시킨다. 타키투스가 주장하는 점은 군주국의 군인들을 거칠게 대해야 한다는 점과 공화국의 군인들을 인간적으로 지휘해야 한다는 점이다. 그러나 마키아벨리는 이 20장에서 공화국의 군인들 역시 거칠게 지휘해야 한다고 주장한다. 그것은 타키투스의 이름을 걸고 타키투스의 진의를 변조하면서 성취한 주장이다. 마키아벨리가 타키투스의 생각을 혁신한 대목이

280

다. 학자들(예를 들면, 맨스필드와 탈코프)이 마키아벨리가 자의적으로
왜곡, 변조했다고 발견한 대목은 이것이다. "다중을 지휘하는 데
있어, 동조compliance보다는 처벌punishment이 더 필요한 일이다"는
대목이다. 이들 학자는 이 대목은 타키투스의 책에 없는 대목이
라고 지적한다. 필자가 보기에 이 대목이 마키아벨리가 타키투스
를 조작하고 왜곡하는 가장 결정적인 대목이라 생각된다.

이것의 추가적인 의미를 생각해 보자. 마키아벨리가 보기에 타
키투스는 자기와 같이 '실제적 진실'을 중시하는 리얼리스트였
다. 그러나 타키투스의 리얼리즘은 군주국의 병사들(신민들)에게
만 해당하나, 공화국의 병사들(시민들)에게는 옳지 않다는 것이 마
키아벨리의 주장이다. 마키아벨리는 군주국의 '신민들'이나 공화
국의 '시민들'이나 다 동일하게 대우할 필요가 있다고 본 것이다.
따라서 마키아벨리의 리얼리스트적 필요성은 타키투스의 그것
보다 더 멀리 나간다. 그 폭이 더 넓다. 결론적으로 마키아벨리는
시민들과 신민들의 차이를 통하여, 타키투스보다 더 우월한 정치
이론을 만들었음을 주장하는 셈이다. 이 부분에서 보듯이 마키
아벨리는 결국 타키투스를 활용하면서도, 조작을 통하여 새로운
타키투스를 창조하고 있는 것이다.

그러면 여기에서 무엇이 마키아벨리의 비밀스러운 가르침, 밀

교성인가? 그것은 마키아벨리가 자기 생각을 세우기 위해 의도적으로 타키투스를 잘못 인용하고 있다는 점이다. 그 의도는 타키투스의 '상상적' 리얼리즘, 부족한 리얼리즘을 철저하게 보완하고자 하는 것이다. 그리고 그 자신의 생각을 하나의 명제로 수립하고자 하는 것이다. 마키아벨리가 우리에게 비밀스럽게 가르치는 점은 철저한 리얼리즘의 수립은 타키투스와 같은 어중간한 리얼리스트의 생각을 우선적으로 필요로 하고 그것을 토대로 하여 하나의 완전한 리얼리즘으로 교정, 보완하기 위해 원전 조작이라는 형태의 지성적 기만의 요소를 실행해야 한다는 점이다.

7) 그 밖의 고대 저술가들과 마키아벨리

(1) 살루스트, 키케로, 플루타르코스

우리는 리비우스와 타키투스 이외의 고대 저술가들이 쓴 저술 중에서도 마키아벨리가 '밀교적'이라고 본 곳을 지적할 수 있다. 마키아벨리가 비밀스럽게 말하는 법을 배워, 자기 저술에서 그러한 글쓰기 기법을 활용할 것임을 강력하게 시사하는 또 다른 대목이다. 그는 로마의 저술가들이 '사악한' 참주 오르디니를 수립한 '카이사르'를 비난하기 어려운 정치적, 실존적 상황 속에서 카이사르를 비난하기 위해 간접적인(밀교적인) 글쓰기 방식을 사용했음에 주목했다. 그는 『리비우스논고』 1권 10장 3절에서 침주정치를 비난한다. 그는 여기에서 키케로와 살루스트의 저술을 인용하면서,[05] 이들이 카이사르를 비난하기 위해 카이사르와 비슷한 행동을 한 사람(즉, 로마공화국에 반역의 음모를 꾸민 '카틸리나')을 '비난'하고 있음에 주목한다. 살루스트와 키케로는 카이사르를 말해야 하는 대목에서 로마 공화정에 반기를 들고 일어난 카틸리나라는 인물을 논의했다. 이것은 카이사르를 지칭하기 위한 대안적 방법이었던 것이다. 카이사르를 직접 거명하고 말하면 '카이사르의 이름으로' 통치하던 황제들로부터 가해질 박해의 위험이 따랐기 때문이다.

플루타르코스 역시 카이사르에 대하여 간접적인 방식으로 말한다. 마키아벨리는 자신 역시 이런 고대의 저술가들을 모방할 것임을 암시하고 있다. 그런 의지가 있음을 시사한다. (마키아벨리는 행동으로 남을 모방하지 않을 것은 말하지 않는 경향이 강하다. 그는 '필요성'의 이론가임을 우리는 유념해야 한다.)

마키아벨리가 언급하는 플루타르코스는 현실적으로 카이사르

---

05 키케로, 『카틸리나 반박문(*In Catilinam*)』(기원전 63). 살루스트, 『카틸리나의 음모(*Bellum Catilinae*)』(기원전 44~40년 사이).

를 '비난하기 어려운' 인물이었지만, 그는 카이사르를 지지하지 않았기 때문에 카이사르에 대한 의견을 표현하기 위하여 카이사르의 적이었던 '마르쿠스 브루투스Marcus Brutus'를 '찬양'하는 방식으로 글을 썼다. 적의 적을 찬양하면 결과적으로 적을 비난하는 효과를 얻을 수 있기 때문이다. 그리고 마키아벨리는 이 점을 지적한다(1권 10장 3절). 마키아벨리의 눈에 이 저술가들은 모두 동일한 목적을 가지고 있다.

마키아벨리가 이런 고대 저술가들의 말하는 스타일을 언급하는 것은 그 역시 이런 저술 방법에 관심이 있고, 이런 방식이 정치적인 것에 대한 저술을 하는 사람에겐 매우 긴요한 것이라고 보았기 때문이다. 여기에서 우리가 볼 수 있는 점은 마키아벨리는 이 고대의 밀교적 글쓰기 방식의 가치와 필요성을 절실하게 인지하고 있었다는 점이다. 그리고 이것이 실제 그가 이런 방식을 자신의 저술 여기저기에서 실행할 것임을 우리에게 시사하는 대목이다.

(2) 크세노폰

크세노폰은 약간 경우가 다르다. 우선 마키아벨리는 소크라테스에게서 철학을 배운 군인이자 정치가였던 크세노폰의 소크라테스적 성격에 대하여 침묵한다. 이 침묵은 의도적이다. 소크라테스적 철학, 즉 플라톤과 아리스토텔레스의 그리스 철학을 사실상 거부하고 버리겠다는 것을 의미한다. 그러나 크세노폰의 '획득'에 대한 관점은 비 소크라테스적인 것이다. 소크라테스가 관심을 두지 않았던 부분이다. 마키아벨리는 그것을 자기 저술에서 차용한다. 말하자면 마키아벨리는 크세노폰의 절반은 버리고 다른 절반은 차용한 셈이다. 이것이 밀교성을 가진다라고 우리가 판단할 수 있는 근거는 마키아벨리는 크세노폰이라는 고대 저술가의 책에서 자신이 필요한 반만 가져가고, 필요하지 않은 반은 버리되, 버리는 이유를 말하지 않고 침묵한다는 점이다. 이는 크세노폰이라는 원전原典의 조용한 축소라고 할 수 있을 것이다.

그렇다면 크세노폰의 소크라테스주의는 무엇인가? 그것은 마키아벨리가 판단하기에, 크세노폰의 '상상적' 도덕관에 있다. 마키아벨리는 그것을 조용히 거부한다. 예컨대 마키아벨리는 『리비우스논고』 3권 20장에서 전통적 '군주의 귀감the mirror of princes'이 될 만한 책을 저술한 소크라테스 학파 철학자, 크세노폰 같은 고대의 저자가 선이 악보다 더 우월한 것임을 입증했다고 말하는 대신 이렇게 말한다. "크세노폰은 (선이 악보다 우월한 것임을) **보**

여 주기 위해 심혈을 기울였다." 여기에서 마키아벨리가 말하는 선이란 고대 페르시아의 창업군주 키루스가 가졌던 '인간적이고 humane,' '붙임성 있는affable' 덕을 말한다. 이런 덕성들이 키루스에게 많은 '명예'와 '승리,' 그리고 '훌륭한 명성'을 가져다주었음을 크세노폰은 자기저술에서 독자에게 보여 주려고 아주 애써 심혈을 기울였다고 마키아벨리는 지적한다. 키루스는 '오만, 잔혹, 탐욕심'을 절대로 가지지 않았던 인물이었음을 크세노폰이 자기 독자들에게 보여 주려고 아주 무던히 애를 썼다는 것이다. 크세노폰의 차용에서 마키아벨리는 자신이 강조하고자 하는 외면적 모습과 실제 모습 간의 차이를 행동으로 실행한다. 그리고 이것은 『군주론』 15장의 '상상적 진실'과 '실제적 진실'의 구분, 그리고 18장의 '시각seeing'과 '촉각touching'의 구분을 우리에게 연상시킨다.

마키아벨리는 크세노폰이 찬양한 '선행'에 대해 명시적으로 찬양하지 않는다. 이것은 크세노폰이 선행에 대하여 가진 소크라테스적 시선을 마키아벨리가 회의적으로 바라본다는 것을 의미한다. 즉, 마키아벨리의 눈에 크세노폰은 실제로 선한 결과를 가져오는 것으로 입증된 도덕적 선을 말하고 있는 것이 아니라, 사실로 검증되지 않은 '상상적' 선을 강조하는 고대 저술가라는 것이다. 그는 크세노폰이라는 고대의 저술가가 믿었던 선행의 가치를 믿지 않고 버리는 것이다. 그런데, 마키아벨리는 크세노폰의 사상 전체를 축소하는 형식으로 우리에게 크세노폰을 자기만의 버전으로 만들어 제시한다. 우리가 마키아벨리 텍스트를 통하여 보게 되는 크세노폰은 인간성과 사근사근한 붙임성이라는 전통적 덕을 강조하는 인물이 아니라 '획득'의 중요성만을 강조하는 고대 저술가인 것처럼 비치게 된 것이다. 이는 마키아벨리의 축소 행위 때문이다.

이것을 정확하게 알기 위해 우리는 마키아벨리가 요구하고 있는 것이 무엇인지 알아야 한다. 그는 우리 독자들이 자신과 크세노폰을 다 같이 읽고 중간에 서서 누가 더 옳은지를 판단하라고 요구하고 있는 셈이다. 이 요구는 아주 밀교적이다. 그는 어떤 논평자가 지적하듯이, 독자에게 아주 '요구하는 것이 많은,' 까다로운 저술가다. 이런 점이 보통의 지력을 가진 독자가 마키아벨리를 읽고 깊이 이해하기 어려운 이유이다. (그래서 보통의 독자들은 마키아벨리 전문가 중, 밀교성을 논하는 사람들의 식견과 도움을 빌려야만 할 것이다.)

이 부분에서 한 가지 다시 지적하고자 하는 것은 이것이다. 마키아벨리의 다소 기만적 글쓰기의 문제는 비단 우리가 위에서 언급한 성경에만 국한되는 것이 아니라, 그가 리비우스를 인용하는 곳이나, 심지어 『리비우스논고』 3권의 '타키투스 절'의 주인공, 타키투스를 인용하는 것에서도 나타난다(워커 신부의 책, 183쪽 주2와 맨스필드와 탈코프 영역본 『리비우스논고』 3권 19장에 관한 260쪽의 각주). 또 살루스트, 플루타르코스, 그리고 키케로뿐만 아니라 크세노폰을 인용하는 대목들에서도 역시 나타난다. 마키아벨리는 이런 고대 저술가들이 모두 '상상적 진실'을 말했다고 간주하거나, 아니면 타키투스의 경우에 보듯이 '실제적 진실'을 말하지만 뭔가 많이 부족하다고 간주하기 때문이다. 그래서 그들이 기록한 상상적 컨텐츠를 '실제적 진실'로 변형시키고자 하는 것이 그의 '과업 enterprise' 중의 중요한 일부가 된 것이다. 그렇지만 지금 우리는 이 책에서 이런 고대 저술가들에 대하여 마키아벨리 자신이 밀교적 의도를 가지고 왜곡, 변형, 조작하는 점을 모두 고찰해 볼 수는 없다. 단지 독자 중 누군가 언젠가 스스로 이런 작업을 해볼 필요가 있다고 느낄 수 있을 것이라는 점만 지적해 두고자 한다.

8) 제목과 내용이 불일치하는 경우

마지막으로 우리는 『리비우스논고』에서 장의 제목과 내용이 일치하지 않는 점이 가끔 목격된다는 점을 언급할 필요가 있다.

여기에도 의도성이 있어 보이기 때문이다. 그러나 이 문제를 우리가 여기에서 일일이 다 확인할 수는 없고 필자가 확인한 두 장의 문제만 지적해 두고자 한다.

『리비우스논고』 1권 41장이 그중 하나이다. 이 장의 주인공 격 인물은 참주가 되고자 했지만 실패한 로마의 정치인, 아피우스 클라우디우스이다. 이 장의 제목은 "적절한 단계due degrees를 거치지 않고 겸손에서 오만으로, 그리고 자비심에서 가혹성으로 갑자기 비약하는 것은 신중한 행동도 아니고 유익하지도 않다"이다. 그러나 마키아벨리는 이 장에서 아피우스가 '겸손한 행동에서 오만한 행동으로' 갑자기 비약하는 것을 논하고는 있지만, '자비심에서 갑자기 가혹한 행동으로' 비약하는 것에 대해서는 제목에서 말한 것과 달리 실제로 언급하는 것은 없다. 이것을 우리는 어떻게 보아야 하나? 마키아벨리의 단순한 실수? 아니면 의도적인 실수? 또 아니면, 후자인 경우, 겸손과 오만의 문제는 자비심과 가혹성이라는 문제에 대한 암시 내지 힌트가 된다는 것? 우리는 이것에 대하여 더 깊이 연구해야 할 필요가 있다. 마키아벨리의 실수는 그냥 단순한 실수로만 보기 어렵다. (마키아벨리는 『리비우스논고』 3권 48장에서 적에게 '실수'로 위장하는 것은 사실상 '속임수'임을 논한다.)

제목과 내용이 일치하지 않는 다른 사례는 3권 32장이다. 이 장의 제목은 '평화조약을 맺는 것을 방해하는 여러 모드modes'이다. 모드에 복수 명사가 사용되었다. 이 장은 평화조약을 맺고 싶지 않은 상대방과 조약을 맺게 되는 상황을 피하려면 상대방에게 심각한 범죄행위를 저지르는 것이 가장 좋은 모드mode(단수명사)라고 주장한다. 그러면 상대방으로부터 가해질 수 있는 '처벌'이 두려워 평화조약을 맺을 필요를 못 느끼게 된다는 것이다. 그러나 이 장에서 마키아벨리는 한 가지 모드만 말하고 제목에서 말했듯이 '여러 모드'를 말하지 않는다. 여기에는 수의 불일치의 문제가 있다.

이 제목과 내용의 불일치를 마키아벨리의 기억상의 실수로만 이해하면 그것으로 끝나는 문제이고 더 이상의 의미가 없다. 그러나 그렇지 않고 의도적인 것이라면 이는 밀교적 차원의 문제가 된다. 그렇다면 이 속에서 마키아벨리가 의도한 밀교적 교훈은 무엇인가? 아마 다른 장(들)에서 이미 그는 이런 '모드'에 대하여 이미 말을 했다고 생각했는지도 모른다. 그리고 그것을 독자에게 찾아보라고 요구/암시하고 있는지도 모른다. 우리는 그것을 찾아야 한다.

3
마키아벨리 밀교 신드롬에 대한 비판자들의 문제

우리는 이 대목에서 지금까지 언급하지 못한 점에 대하여 일별해 보기로 한다. 예컨대, 하비 맨스필드(정치학자)와 존 포칵(역사학자) 사이에 있었던 1975년 논쟁이 그런 것이다. 맨스필드는 마키아벨리 텍스트에 밀교성의 문제가 있다고 주장했다. 그러나 존 포칵은 그걸 부인했다. 그들은 그래서 미국의 한 저널(*Political Theory*)에 초빙되어 지상논쟁을 했다. 밀교적 대목이 없다고 주장한 포칵에게 맨스필드는 이런 응수를 했다. "누구든 마키아벨리 텍스트에 밀교적인 것이 없다고 주장하고자 한다면, 그게 없다는 사실을 입증하라." 필자의 기억엔 그 이후엔 이 두 학자 간에 더 이상의 논쟁이 없었던 걸로 알고 있다.

그러나 24년여 지난 뒤인 1999년 코비J. Coby라는 학자가 『마키아벨리의 로마인들』이란 책을 출간하여 다시 이 논쟁을 꺼내 들었다. 필자가 보기에 그는 거기에서 몇몇 최소한의 밀교성은 인정하는 듯이 보이지만, 우리가 대체로 마키아벨리의 텍스트 안에 있다고 믿는 밀교적 현상을 상당 부분 부인하는 주장을 폈다.

그렇지만 필자가 보기에 그는 이 논쟁을 맨 먼저 시작한 스트라우스가 밀교성을 정의한 것에 대하여 충분한 이해를 가진 학자가 아니라 생각된다. 무엇보다 이 코비라는 학자는 고전(고대) 정치철학자들과 역사가들이 '밀교적' 방식의 글을 많이 썼다는 점에 대한 기본적인 이해가 부족한 학자 같아 보인다. 특히 문제의 마키아벨리 텍스트에 있어서의 밀교적 현상이 진술의 부재(침묵), 생략, 상징, 엉뚱한 말하기, 논지로부터 의도적으로 일탈하기, 제목과 내용이 일치하지 못하는 현상, 그리고 원전에 대한 왜곡과 변조 등을 통하여 저술가가 자신의 뜻을 관철하려고 하는 의도의 문제가 있다는 사실을 충분히 이해하지 못했다고 판단된다.

어떤 면에서 이런 의도라는 것은 저술가 자신의 정치적인 것이기도 하다. 무엇보다 코비는 마키아벨리 텍스트 자체의 영적靈的, spiritual 성격과 '새로운 행위방식과 질서'의 우두머리가 직면할 법한 모험성과 흥분성을 잘 이해하지 못했다고 보인다. 즉, 코비라는 학자는 저술가 자신이 추구하는 정치적인 것(예컨대 니체식으로 말하여, '권력 의지')에 대한 이해가 부족해 보인다는 것이다. 또 그는 '자유로운 정신free spirit'을 소유한 인물로서의 마키아벨리의 정신과 고전 정치철학과의 연계성을 적절하게 이해하지 못한 학자로 보인다 하겠다. 요컨대 밀교성이 마키아벨리의 텍스트에 존재한다, 안 한다 하는 문제는 아직도 여전히 하나의 결론에 완전히 도달하지 못한 주제다. 반대자들의 주장이 충분히고 원진한 방식으로 입증되지도 못했다. 그러나 우리가 그의 텍스트를 밀교성의 견지에서 바라보면, 그렇지 않은 경우보다 정치적인 것에 대하여 더 넓고 깊은 이해의 지평을 획득할 수 있다는 것은 확실하다고 필자는 믿는다.

4
밀교주의 가치의 재음미: 역사주의에 대한 대안으로서

마지막으로 우리는 마키아벨리의 '밀교성' 문제에 관한 논쟁을 통하여, 또 다른 가치를 찾아볼 수 있다는 점을 지적해야겠다. 18세기 정치철학자, 장 자크 루소를 전공한 미국의 정치학자 아서 멜저Arthur Melzer는 11년 전 한 논문(*American Political Science Review*, volume 100 #2, May 2006, pp.279-95)에서 '역사'의 정치와 역사 과잉excessive historicism의 정치에 대한 하나의 대안으로서 '밀교주의' 문제를 제기했다. 루소는 '역사'를 정치적 판단의 기준으로 삼아야 한다고 주장한 최초의 근대 정치철학자다. 그리고 멜저는 오랜 시간 그러한 루소를 전공한 학자다. 흥미 있는 점은 멜저 같은 학자는 『제2논고』(또는, 『인간불평등 기원론』)의 저자이자, '역사'를 발견했다고 평가되는 장 자크 루소의 역사주의를 너무나 익숙하게 잘 알고 있는 학자의 한 사람이라고 간주됨에도 불구하고 루소의 기본 가정을 부인하는 길을 다시 열고 있다는 점이다. 루소는 '역사'에 대한 발견을 통하여 고전 정치철학자들이 정치적인 것을 관찰하는 기준으로 제시했던 '인간본성human nature'이란 개념의 유용성을 전면적으로 부정하기 시작한 정치철학자였다. 그 이후에 '역사'라는 개념은 지금에 이르도록 정치적인 것을 논하고 관찰하는 데 매우 핵심적인 것으로 자리 잡아 왔다. 이게 지금 대한민국 지성과 현실정치에까지도 깊숙이 자리 잡게 되었다. 이런 상황에서 멜저가 이런 주장을 했다는 것은 매우 주목할 만한 일이다. 어떤 면, 필자는 이것이 루소적 사유의 한계에 대한 멜저 나름의 자기고백이라고도 생각이 된다. '역사'라는 기준이 우리가 상상했던 것만큼 그렇게 유익하지도, 완벽하지도 않다는 고백이다.

우리가 주목해야 하는 점은 '인간 본성'을 기준으로 정치적인 것을 관찰하고 분석했던 많은 고대 저술가들은 밀교적 저술 방식을 사용했다는 점이다. 그리고 16세기 정치철학자 마키아벨리 이 정치철학 역시 그러한 방식을 채용했다는 점은 우리에게 근대성의 정치 중에서 우리 한국인에게 가장 현저한 정치의 양식으로 자리 잡게 된 '역사'의 정치 양식을 넘어갈 수 있는 유익한 대안으로서의 가치를 가지고 있음을 시사하는 점이라 하겠다.

참고로 이 밀교적 저술방식은 18-19세기 문학가, 요한 괴테가 목격하듯이 18세기 말까지는 빈번히 목격된 저술방식이었다. 그러나 그 이후에는 사라지기 시작했다. 이 실종은 지금 우리가 보기에 분명히 '역사주의'의 범람현상과 직결되어 있는 것이다. 그리고 이 점은 서구뿐 아니라 우리의 현실에도 이미 오래전에 나타난 현상이다. '민주적' 분위기가 강조하는 무제한의 '공개주의'와 '역사주의'의 신드롬은 갈수록 고전적 사고思考 지평을 점점 더 많이 훼손하고 있다. 이 대목에서 마키아벨리의 밀교주의 신드롬은 지금의 우리가 고전 정치철학의 지평으로 되돌아갈 수 있는 징검다리가 되어줄 수 있는 가능성을 제시해 주는 현상으로 생각해 볼 수 있겠다.

8

스트라우스와
마키아벨리의 만남

이제 우리는 이 장에서 레오 스트라우스와 마키아벨리와의 관계 문제를 생각해 보기로 한다. 많은 면에서 필자가 보기에 지금의 마키아벨리 연구에 있어 스트라우스는 큰 획을 그은 인물이라고 평가된다. 주장컨대, 그가 우리에게 남긴 족적 중 가장 큰 것은 마키아벨리를 어떻게 읽어야 하는가 하는 문제에 대한 공헌이다. 그리고 이 점은 이 책의 주요 관심사와 일치되는 점이다. 아마 스트라우스만큼 우리에게 마키아벨리 이해의 지평을 잘 개척해 준 정치철학자는 잘 없을 것이다. 그의 마키아벨리 이해방식은 마키아벨리가 자신을 이해한 지평 속으로 들어가 그를 이해하는 것이었다. 그 지평이란 소크라테스적 고전정치철학의 전통이다. 이것은 우리에게 매우 호소력 있는 점이다.

우리는 지금까지 스트라우스가 마키아벨리 읽기에 공헌한 점을 각 장 논의의 중간 중간에서 많이 언급했다. 따라서 별도의 논의는 여기에서 하지 않을 것이다. 단지 이하에서 우리는 스트라우스가 마키아벨리에 대하여 제기하는 문제의식과 두 인물 간의 사상적 대결상황, 그리고 스트라우스에 대하여 남는 의문을 중심으로 그들의 만남의 문제를 일별해 보고자 한다.

1
'마키아벨리의 문제The problem of Machiavelli'

우선 스트라우스는 독일 출생 유태인이고 히틀러의 독일치하에서 탈출하여 영국을 경유, 미국으로 건너가 뉴 스쿨, 시카고 대학, 그리고 세인트 존스 칼리지에서 오랜 시간동안 많은 학생들에게 정치철학을 가르쳤던 선생이었다는 점을 말해야겠다. 그는 독일 나치의 폭력을 비극적으로 경험했고, '인간의 문제the human problem'로서의 '유태인 문제the Jewish problem'에 대하여 언급한 인물이다. 무엇보다 우리는 그가 마키아벨리에 대하여 오랜 시간 동안 사색한 결과물로 출간한 『마키아벨리에 대한 사색』이라는 책에 주목하게 된다. 그는 열한 줄밖에 안 되는 아주 간단한 이 책 '서문'에서 '마키아벨리의 문제'라는 도전적인 언어를 사용하고 있다. 이 책은 그가 마키아벨리가 초래했다고 믿는 '문제'를 명료화하고, 극복해 보겠다는 의지와 목표를 담은 책이다.

'마키아벨리의 문제'라는 화두를 제기한 스트라우스는 우리 현대인과 마키아벨리와의 맹목적 밀착密着 현상을 문제시한다. 마키아벨리는 '참주적인tyrannical' 매너로 참주정치를 가르쳐 온 선생이었고, 그에 따라 우리는 지성적으로 '부패해졌고,' 그의 원칙을 '독단적으로 수용하게' 되었다고 간주한다(스트라우스, 12쪽). 따라서 우리는 이것으로부터 '해방'되어야 하고, 그런 길을 구체적으로 찾아야 한다는 것이다. 이것이 스트라우스의 문제의식이다. 그는 마키아벨리가 초래한 '문제'를 극복하기 위해선 마키아벨리가 시도한 '기술적' 문제해결 방식으로부터 벗어나서 고전철학의 지평에서 강조된 '영원한 문제들the permanent problems'을 다시 인식할 수 있는 지성적 지평을 '복원'하여 그 지평으로 되돌아가야 한다고 제안한다. 그래서 스트라우스는 적어도 겉으로는 플라톤주의 정치철학자다. 그러나 그의 정치철학을 오래 연구한 캐나다의 정치학자 샤디아 드러리Shadia Drury 같은 학자는 그를 '니체주의자Nietzschean'라고 규정하기도 했다. 필자가 보기에 그는 겉으로는 플라톤, 속으로는 니체를 숭상하는 듯하다. '마키아벨리의 문제the problem of Machiavelli'라는 표현 자체가 니체가 '소크라테스의 문제the problem of Socrates'라고 표현한 것을 닮고 있다는 점을 여기에서 지적해 두고자 한다(니체의 『우상의 황혼』).

스트라우스가 말하는 '영원한 문제들'이란 완전히 해결되지 않는, 영원히 미해결의 상태일 수밖에 없는 그런 문제 자체를 말한다. 그것을 우리 인류가 기술적으로 완전히 해결할 수 있다기보다는 본질적으로 해결하기 어려운 것들이어서 영원히 해결을 위해 노력할 수밖에 없는 그런 문제들이다. 그런 문제들을 완전히 해결해 버리면 (만약 해결이 가능하다고 가정할 때), 인류의 문제가 다 해결될 수 있다고 생각할 수는 있겠지만, 스트라우스가 볼 때 이것은 불가능하고 또 바람직하지 않은 일이라는 것이다. 이런 문제는 기술적으로 해결하려고 하는 것보다 오히려 있는 그대로 두는 게 더 유익하다는 것이 스트라우스의 관점이다. 그리고 이것이 소크라테스, 플라톤, 그리고 아리스토텔레스와 같은 고전 정치철학자들이 기본적으로 공유하고 있던 관점이라는 것이다. 인간, 평등, 제도, 지혜와 권력의 관계, 철학자와 대중의 관계, 정치세계와 철학의 세계의 관계, 자연적 권리 등의 문제가 그런 범주에 속한다 하겠다.

그러나 그는 마키아벨리를 일방적으로 비난하거나 비판하지 않는다. '마키아벨리의 문제'를 이해하고 극복하기 위해선 그러한 방식만으로는 되지 않는다는 것을 아는 저술가다. 때로는 마키아벨리를 찬양하는 대목도 있다. 필자가 보기에 스트라우스는 마키아벨리와 대등한 수준에서 미래의 독자들로부터 누가 옳았는가 심판받고자 하는 열망이 있어 보인다. 그래서 그 심판은 이제 우리의 몫이 되었다.

2

스트라우스의 프로포션과 마키아벨리의 프로포션

이 두 '프로포션' 문제는 마키아벨리와 스트라우스, 두 인물의 정치철학 간 대결에 관한 문제이다. 무엇보다 스트라우스는 지금 미국을 중심으로 각국에 많은 지성적 추종자를 거느리고 있는 정치철학자이다. 그래서 필자는 마키아벨리적 언어로, 스트라우스가 이런 추종자들과의 사이에서 일정한 지성적 프로포션(지배와 복종의 질서)을 가지고 있는 인물이라고 말하고자 한다. 그는 '스트라우스주의Straussianism'라고 불리는 한 학파의 사상적 우두머리다. 그는 마키아벨리 텍스트에 나오는 인물은 당연히 아니지만, 무엇보다 '마키아벨리의 문제'를 극복하는 것을 목적으로 삼고 수십 년간 마키아벨리 텍스트들을 철저하고 설득력 있는 방식으로 파헤쳤다. 그리고 그에 대한 자신의 입장을 『마키아 벨리에 대한 사색』이란 책으로 묶어 출간한 것이다. 이 책은 밀교적으로 쓰이어진 책이라, 단순히 '읽을 책이 아니라 성취해야 할' 책이다.

스트라우스가 이 책을 '밀교적' 방식으로 쓴 이유는 필자가 보기에 '마키아벨리의 문제'는 단순히 스트라우스 자신이 이해한 마키아벨리를 책으로 묶어 낸다고 하여 극복하기 어려운 문제임을 충분히 알고 있기 때문이라고 보인다. 그는 마키아벨리가 자신을 이해한 방식으로 마키아벨리의 철학을 이해한다는 접근방식으로 이 책을 썼다. 이것은 지극히 기묘하고 슬기로운 전략이라고까지 생각된다. 스트라우스이니까 이런 전략을 선택할 수 있었다고 필자는 생각한다. '밀교적' 의도를 반영한 책을 쓴 마키아벨리처럼 자신 역시 '밀교적' 방식으로 책을 씀으로써 그런 공통의 바탕 위에서 미래의 독자들이 자신과 마키아벨리 간의 대결에서, 과연 누가 옳았는지를 판별하는 것을 돕는 가장 합당한 방식일 것이라고 생각한 듯하다. 그리고 궁극적으로 그게 마키아벨리를 평가하는 가장 최선의 길이라고 생각한 듯하다. 필자가 받은 인상은 스트라우스는 마키아벨리가 모르는 사상적·철학적 상황이 아니라, 그가 알고 있던 사상적·철학적 토대 위에서 그와 소위 한판 '진검승부'를 벌이고 싶은 열망을 가졌던 듯하다. 이는 마키아벨리를 공평하게 취급하고 평가해 줄 수 있는 매트리스 위에서 그와의 한판 승부를 통하여 과연 누가 더 옳았는지 그 여부를 가려 보자는 스트라우스 자신의 야심찬 욕구인지도 모른다. 그래서 스트라우스의 접근방식은 매우 놀랍기도 하다. (필자의 생각이지만, 아마 스트라우스는 이러한 대결에서 자신이 부족하지만은 않을 것이라고 확신한 듯하다. 미래의 독자는 최종적 승자로 자기 손을 들어 줄 것이라고 생각했음직도 하다. 그는 마키아벨리보다 고전 정치철학을 더 많이 마스터한 정치철학자이기 때문이다.)

그리고 이미 말했듯이 많은 제자들과 추종자를 거느리고 있는 스트라우스는 자신과 추종자들(또는 독자들) 사이에 나름의 '프로포션'을 확보했다. 그를 기념하는 학문적 저널(예컨대, 'Interpretation')이 있고, 많은 연구기관이나 재단에서 그를 기념하는 세미나를 열고, 그가 가르친 시카고 대학에선 '스트라우스 아카브'라는 도서관과 책임자가 있고, 많은 학자들이 그에 관한 책과 논문을 쓴다. 고전철학의 지평에서 제자를 육성했던 소크라테스와 그와 사상적·철학적 대결을 벌였던 '소피스트' 학파의 인물들은 제자를 육성하지 않았던 것을 상기하면, 스트라우스는 오늘날의 지평에서 부활한 소크라테스라고 할 수도 있을 것이다. 다른 정치철학자들은 정치철학의 선생으로서 스트라우스만큼 많은 제자들을 육성한 학자는 그리 많지 않을 듯하다. 그래서 우리가 **스트라우스의 프로포션**이라고 할 만한 현상은 분명히 존재한다. 우선 그가 고전 정치철학자들(특히 소크라테스와 플라톤)을 따르고 수용한다는 점에서 소크라테스를 따르는 고전 정치철학적인 프로포션 속에 있는 인물이라 평가할 수 있겠다. 가장 중요한 점은 그가 (플라톤이 우리에게 전하는) 소크라테스적 정치철학의 덕에 대한 관점을 믿는 듯하다는 것이다. 이 점에서 스트라우스는 **소크라테스의 프로포션** 전통 속에 있는 인물이다. 그는 적어도 외면적으로 소크라테스에게 지성적으로 '복종'한다(Cf. 『군주론』 13장의 제일 마지막 문장).

필자가 발견했다고 생각되는 것 중에 가장 흥미로운 점의 하나는 스트라우스가 크세노폰과 마키아벨리 사이에 부분적이나마 '약간의 프로포션'을 발견하면서 마키아벨리를 고전철학의 사상적 궤도에 올리려고 시도한다는 점이다. 이는 아주 대가大家다운 시도이다. 그리고 매우 인상적인 시도이다. 누구든 이렇게 시도하긴 어려울 듯하다. 궁극적으로 스트라우스는 마키아벨리의 프로포션을 고전정치철학의 프로포션, 즉 소크라테스의 프로포션과 조화시키려 한다. 그런 시도가 엿보인다. 그러나 문제가 없는 것도 아니다. 과연 마키아벨리는 소크라테스적 오르디니에

'복종'할까? 어떤 면에서 고전정치철학의 전통을 신봉하는 사람들이 그것에 '복종'히기 않으려 드는 마키아벨리를 강제할 수 있는가? 스트라우스가 시사하는 소크라테스의 프로포션은 '상상된 선'의 오르디니 아닌가? 그리고 그것을 '상상적 선'으로 폄하하는 마키아벨리가 '실제적 선'의 관점에서 과연 얼마나 스트라우스의 주장을 긍정할 수 있겠는가? 그리고 스트라우스 자신은 스스로 '편안한 대륙'으로 시사하는 고전 정치철학에 실제로 과연 얼마나 복종하는가? 이런 여러 질문에 대한 답을 구하는 과정에서 우리는 스트라우스와 마키아벨리 간의 사상적 대결에 대한 궁극적 결말에 대한 윤곽을 얻을 수 있을 것이다.

스트라우스는 서양문명이 '그리스철학(헬레니즘 요소)'과 '성경적 전통(헤브라이즘)'이라는 양대 기둥으로 구성되어 있다고 평가한다. 그렇다면 그의 눈에 인류는 거대한 두 개의 프로포션, 두 개의 지배와 피지배 관계의 질서 속에 살아가고 있음을 의미하는 것이다. 물론 이 시선 속엔 서구중심적 시각이 없지 않아 있다. (우리 동양인은 앞으로 어떤 방식으로든 이 문제를 충분히 극복해야 한다고 믿는다.) 스트라우스가 보기에 마키아벨리는 비록 고전철학으로부터 '이탈'한 것처럼 보이는 이단아이지만 전자의 질서(그리스 철학)에 귀속된다는 입장이다. 그러나 마키아벨리는 여기에 저항한다는 게 지금 우리의 문제다. 이 대결은 지속되고 있다.

3
스트라우스에 대하여 남는 의문

1) 스트라우스는 왜 마키아벨리의 다른 저술과 사적 편지들을
   경시하나?

필자는 개인적 연구의 경험에서 스트라우스의 주장이 많이 진
실로 증명되었다고 믿지만, 그럼에도 불구하고 필자는 그의 주장
에서 무엇인가 한 가지 중요한 것이 빠져 있다는 인상 역시 지울
수 없다. 이 점은 우리가 그에 대하여 좀 비판적으로 생각할 수
있는 점이 아닐까 생각된다. 즉, 스트라우스와 그의 영향을 받았
던 학자들은 그들의 결론을 도출함에 있어 유독 『군주론』과 『리
비우스논고』만을 중시한다는 것이다. 마키아벨리의 사적인 편지
들, 『전쟁의 기술 _The Art of War_』, 『피렌체 역사 _Florentine Histories_』, 그
리고 『만드라골라 _Mandragola_』와 같은 다른 저술들은 그들의 관심
에서 사실상 빠져 있다. 단지 이런 저술들은 몇몇 대목에서 부분

적으로 약간씩 참고만 될 뿐이다. 이것은 이런 저술들이 정치철학적으로 중요한 신실을 담고 있지 않다는 판단이 있기 때문인 것으로 보인다. 그들의 이런 특성은 맨스필드가 마키아벨리를 '미학적인aesthetic' 것보다 '정치적인' 해결방식을 제시한 이론가로 보는 것에서도 역시 나타난다(『마키아벨리의 덕』, '서문'). 마키아벨리에겐 미학적 해결방법이 없고 정치적 해결방법만 있다는 것이다. 또 마키아벨리는 예술가는 아니고 정치이론가, 내지 정치실천가라는 것이다. 그러나 이것이 과연 사실일까? 왜 마키아벨리를 정치적인 것에만 국한시키나? 물론 우리는 이 질문을 여기 이 책에서 직접 다루기는 어려울 것이다. 그러나 우리는 이에 대하여 한번쯤은 생각해 볼 필요가 있을 듯하다.

사실 스트라우스와 스트라우스주의자들이라 불리는 사람들은 마키아벨리를 마키아벨리 그 자신이 스스로 어떻게 보았느냐 하는 자의식self-consciousness의 관점에서, 또는 마키아벨리가 어떻게 소크라테스처럼 스스로를 알고 있었나 하는 자기 자신에 대한 앎self-knowledge의 관점에서 해석하기 때문에, 마키아벨리가 그의 저술 중(특히 『군주론』과 『리비우스논고』의 '서문'과 '헌정사')에서 고백하는 말, "내가 아는 모든 것을 다 말했다"를 근거로 하여 이것을 문자 그대로 해석하고 그것을 대단히 무겁게 받아들이고 해석하려는 경향이 강하다. 이 점은 사실 아닌 게 아니라 아주 강력한 근거가 되는 셈이다. 마키아벨리 자신의 공언과 같은 것이기 때문이다. 그리고 이 고백엔 마키아벨리 자신의 자의식과 자기 이해, 심지어는 그 자신의 인간성까지도 역시 담겨져 있다고 볼 수 있기 때문이다. 스트라우스와 그를 따르는 사람들은 이런 점을 지극히 중시한다. 그러나 필자가 보기에 그들의 이런 접근방식은 상대방의 말을 철저하게 곧이곧대로 해석하는 방식이고, 지나친 논리주의의 분위기마저 느껴진다. 말하자면 이 두 권의 정치저술을 가혹할 정도로 면밀히 분석하면, 정치이론가로서의 마키아벨리와 인간 마키아벨리에 관한 총체적인 지식을 분석적으로 획득할 수 있다는 것이다. 이것이 그들의 마키아벨리 독해에 있어 철저하게 유지하려고 하는 기본적 가정이다.

이 결과, 스트라우스와 스트라우스주의자들은 마키아벨리의 다른 저술들을 다소 의식적, 의도적으로 회피하지 않는가 하는 인상을 준다. 필자는 스트라우스와 이들 학자들이 마키아벨리 해석에 있어 그의 발언을 필요 이상으로 물고 늘어져 결국 그를 왜곡하게 되는 결과를 낳지 않을까 하는 의구심을 지우기 어렵다. 즉 그들은 마키아벨리의 고백성 진술만을 근거로 그의 이론의 전체를 풍부하게 비출 수 있는 가능성을 배제하는 우를 범할 수도 있다고 생각된다. 필자는 이 점을 그들의 '정치적' 태도로 간수한다. 나기이벨끼가 그런 고백을 했다면 그 고백의 진실성에 대하여 "전적으로 책임을 지라"라고 요구하는 태도이기 때문이다. 어쨌든 스트라우스와 스트라우스주의자들은 이 점에서 태도가 매우 철저하고 끈질기며, 일관적인 시선을 유지하려고 하는 특징을 보여주고 있고 사실 이는 매우 인상적인 매너인 것은 분명하다.

우리에게 좀 흥미가 있다고 여겨지는 점은 이 학파 우두머리인 스트라우스는 철학자들을 분석할 때 나름의 '정치'를 한다는 점이다. 예컨대, 그는 루소, 칸트, 헤겔로 이어지는 '역사주의'의 지성적 태도를 '철학의 역사화'를 통한 '철학의 정치화'로 규정하고, 그것을 한 사람, 한 사람씩, 조목조목 비판하고 있다(예컨대, 스트라우스는 1953년 저술, 『자연권과 역사Natural Right and History』에서 칸트와 헤겔에 대한 비판을 에드먼드 버크의 역사주의 성향에 대한 비판으로 대신한다. 이 점은 간접적으로 칸트와 헤겔이란 철학자들의 미국에서의 수용가능성과 지성적 지위를 시사하는 대목이기도 하다.) 이 철학자들이 철학을 정치적인 것으로 만들었다는 것이다.

또, 1959년에 출간한 다른 저술, 『정치철학이란 무엇인가What Is Political Philosophy』에서 스트라우스는 '정치철학'은 철학을 이해하지 못하는 대부분의 사회구성원에게 미치는 충격이나 트러블로 인하여, 좀 특이한 노력을 필요로 한다고 주장한다(93-94쪽). 즉, 정치철학자들은 자신을 오해할 수도 있는 평범한 사람들의 눈에 자신을 '정당화하는justify' 노력을 해야 한다고 주장한다. 이것은 정치철학자도 정치적 행위를 어느 정도 해야 한다는 의미다. 그가 여기에서 말하는 '정치적인' 것의 의미는 우리가 '무엇'을 공부할 것인가의 문제가 아니다. 우리가 공부하는 어떤 철학이 있을 때 그것을 다소 정치적으로 '다루는 매너'에 연관된 문제다. 정치철학자는 청중(내지 독자)의 상식과 감성을 감안해야(보살펴야) 한다는 것이다. 스트라우스는 마키아벨리라는 철학자를 다룰 때에도 이런 태도를 취한다. 그는 청중/독자의 감성을 감안하여 다소 정치적인 매너로 접근한다. 여기엔 스트라우스 자신의 장난trick과 흉계凶計 같은 것도 물론 있다고 보아야 할 것이다. (어떤 면, 이런 측면은 모든 저술가에겐 장난과 흉계 같은 것이 있다고 주장하는 니체를 따르는 스트라우스의 면모이기도 하다.) 따라서, 스트라우스는 '정치철학'을 다음과 같이 정의한다. "정치철학이란 철학을 정치적, 또는 대중적으로 취급하는 것이다"(위 책, 93쪽).

필자는 스트라우스와 그의 제자들의 '매너'가 마키아벨리에 대한 해석에 그대로 나타난다고 본다. 즉, 그들은 마키아벨리를 정치적인 매너로 다루어, 마키아벨리의 사적 서신들과 다른 저술들을 그들의 분석에서 좀 덜 중요한 것으로, 2차적인 것들로 취급한다. 그러나 이런 저술들까지도 분석하는 것은 마키아벨리에 대한 불필요한 동정심을 자극한다고 보기 때문인가? 아니면 사적 컨텐츠를 담은 저술은 정치적인 것을 이해하는 데 유익하지 않다고 간주하기 때문인가? 이것은 좀 더 연구해 보아야 할 문제라고 생각된다.

어쨌든 스트라우스와 그 진영의 학자들은 매우 니체적이다. 이해를 시도하는 당사자의 '필요성'이나 개인적 '야심ambition'을 많이 반영하는 방식으로 누군가의 사상(마키아벨리의 사상)을 이해하려는 매너가 강하게 나타난다. 스트라우스는 마키아벨리의 '필요성necessity' 이론도 그것이 이론적으로 유지되려면 개인의 '야심'과 결합되어야 한다고 논평하는데, 그런 논평을 하는 사람답게 마키아벨리 역시 그런 관점에서 해석한다(스트라우스, 251쪽). 그리고 『마키아벨리의 덕』의 저자, 맨스필드 역시 마키아벨리를 니체적 관점에서 해석하려는 징후가 아주 뚜렷하다. (사실 '새로운 질서'와 '새로운 행위방식'을 강조하는 마키아벨리와 '망치'로 철학하는 법을 강조하는 니체는 서로 기질상으로 매우 흡사한 것도 사실이다.)

2) 스트라우스 과업에 대한 평가: 스트라우스는 마키아벨리를
  성공적으로 극복했나?

우리는 『군주론』과 『리비우스논고』의 저자, 마키아벨리가 '사
회의 운영에 관한 포괄적인 원칙'을 가지고 있었던 사상가, 즉 '철
학'을 가지고 있었던 철학자라고 간주한다. 스트라우스는 이런
관점에서 마키아벨리를 '철학자'라고 불렀지만, 동시에 그를 '예
언자'라고도 불렀다. 이 결론은 다른 학자들이 내린 결론, 즉 마
키아벨리에겐 이렇다 할 만한 '철학'이 존재하지 않는다라는 결
론을 거부하는 것이다. 단지 스트라우스는 마키아벨리가 고전
정치철학의 기본가정과 목표를 아주 급진적으로 변형시켰다는
것을 가장 크게 문제 삼게 되었을 뿐이다.

그리고 마키아벨리는 개혁적인 성직자를 원했던 인물인지, 아
니면 종교를 거부하는 '무신론자'인지 하는 제법 오래된 논쟁에
있어 우리는 그 답이 『군주론』 15장의 '상상적 선'과 '상상적 악'에
대한 그의 새로운 차원의 연관맺기에서 답을 찾아야 한다고 믿
는다. 스트라우스는 마키아벨리가 원래는 천사였지만, 어떤 연
유로 '타락한 천사fallen angel'가 되었다고 말한다. 그러나 스트라우
스는 그러한 마키아벨리를 과연 구원해 줄 수 있을까?

우리는 스트라우스로부터 마키아벨리의 저 두 저술은 '같은 생

각을 두 개의 다른 시각에서' 표현한 것이라는 관점을 얻는다. 그래서 스트라우스가 잘 목격했듯이 『군주론』에서 마키아벨리 자신이 충분히 말하지 않고 숨긴 생각을 이해하려면 우리는 이 책과 쌍을 이루고 있는 그의 다른 저서, 『리비우스논고』와 같은 저술을 충분히 참고해야 한다는 진실을 알게 된다. 그 반대의 과정 역시 마찬가지이다. 이 관점은 매우 매력적인 것이라 생각된다.

그리고 스트라우스는 마키아벨리의 『군주론』의 초점이 '신군주'라는 개념과 그 의미에 있다고 주장했는데, 그는 이 신군주의 성격에 대한 '실제적인 진실'은 바로 '참주'이며, 이 참주는 '획득'에 대한 활동에서 가장 '위대한' 업적을 성취할 수 있다고 마키아벨리는 믿었다고 시사한다. 그리고 이것이 그의 정치철학에서 어떤 면에서 가장 중요한 의미를 가지고 있음을 강조했다. 공화국의 정치에서도 '참주'는 실제로 작동되고 있는 현실이라는 것이 스트라우스가 본 마키아벨리 공화주의 정치철학의 한 중요한 부분이다.

그런데, 이 부분에서 필자는 스트라우스가 마키아벨리를 극복하려는 것이 아니라, 반대로 계승하고 있다는 인상을 받는다. 거친 지도자의 필요성과 의미에 대한 마키아벨리의 주장을 스트라우스 역시 계승하고 있다 보인다. 이는 현재 미국에서 우리가 만나는 많은 스트라우스주의자들의 매너에서도 그대로 나타나고 있다고 생각된다. 이 부분에서 스트라우스는 결과론적으로 마키아벨리를 극복해야 할 이유가 없어 보인다. 그 자신, 또 다른 마키아벨리이기 때문이다. 그래서 이런 부분을 보면 우리는 스트라우스가 마키아벨리 극복보다는 마키아벨리 읽기에 있어 크게 공헌했다라고 평가할 수 있겠다.

마키아벨리 정치철학의 주요 출처인 크세노폰의 문제에 있어 스트라우스는 소크라테스의 제자인 크세노폰은 분명히 소크라테스적인 덕성의 철학을 자신의 저술에서 포함하는 저술가인데도 불구하고 마키아벨리는 크세노폰의 소크라테스적 요소를 무시하고 그의 비 소크라테스적인 요소만을 차용했다고 지적한다. 그래서 스트라우스는 마키아벨리가 자기 저술에서 소크라테스로 대변되는 고전철학에서 나타난 도덕성의 상징이자 기원인 '영혼the soul'의 가치/중요성을 망각했다고 폭로하듯이 꼬집는다. 마키아벨리 정치철학은 이 점에서 우리 선량한 독자들에게 치명적인 가르침을 제공한다는 비판이 여기에 있다.

그러나 이 대목에서 우리가 보기에, 스트라우스는 미묘한 철학적, 정치적 문제를 능수능란하게 잘 다루는 뛰어난 정치철학자의 면모가 아니라 매우 대중적인 도덕의 취향을 가진 인물처럼 마키아벨리를 다룬다는 인상을 지우기 어렵다. 아마 스트라우스는 마키아벨리의 사상이 우리의 '영혼'을 보살피는 일에는 그다지 유익하지 않다고 보는 듯하다. 그렇지만 우리가 보았던 맨스필드의 견해를 다시 상기해 보자. '마키아벨리의 영혼'을 지도하는 것은 '프로포션에 대한 지식'이다. 자기 동료나 부하들, 내지 친구들과 같이 하는 일에 있어서 그들과의 사이에서 프로포션이 있으면 마키아벨리는 즐거이 그리고 적극적으로 그들을 지도하고 이끄는 일에 매달릴 수 있는 사람이다. 그러나 반대로, 그런 프로포션이 없다고 판단될 때엔 그는 '언제라도' 그 일을 그만둔다. 우리가 보기에 이런 사람이 자신의 영혼을 보살피는 일에 무관심할 것 같아 보이지는 않는다. 따라서 이 부분에서도 스트라우스가 마키아벨리를 극복하기가 쉽지 않아 보인다. 스트라우스 역시 마키아벨리와 비슷할 것이라고 생각할 수 있기 때문이다.

동시에 우리는 스트라우스의 다른 평가에 역시 주목하게 된다. 스트라우스는 비록 '마키아벨리의 문제'를 극복하는 것을 자신의 목적이라고 명시적으로 밝히고 있지만, 그럼에도 불구하고 그는 매우 미묘하고 고조된 언어로 마키아벨리를 찬양한다. 그는 '마키아벨리에 대하여 우리가 진정으로 찬양할 만한 점'은 '그의 사상의 담대함intrepidity,' '그의 비전의 웅대함grandeur,' 그리고 그의 언어가 나타내는 '품위 있는 미묘함graceful subtlety'이라고 말한다 (스트라우스, 13쪽). 또, 스트라우스는 마키아벨리가 소크라테스적인 고전철학의 요소를 거부하면서도, 다른 한편으로 '쾌락주의hedonism'와 같은 '반反 소크라테스적 전통'에 의지하지 않고 소크라테스 제자의 한 사람이었던 크세노폰의 정치철학에 부분적으로라도 의지함으로써 여전히 이 위대한 소크라테스 정치철학의 전통에 서 있음을 지적한다. 이 역시 마키아벨리를 매우 높게 평가하는 것이고 매우 긍정적인 사상가로 간주하는 것이다. 스트라우스는 자신이 찬양하는 사람을 극복할 이유가 없다. 따라가면 될 것이다. 단지 스트라우스나 그를 따르는 사람들이 마키아벨리의 이런 측면을 더 넓은 독자/청중의 차원에서 알리는 노력을 하는 것이 오히려 '마키아벨리의 문제'를 극복하는 한 중요한 방법이 되지 않을까 하는 생각을 우리는 할 수 있겠다.

우리가 다시 묻게 되는 질문은, 스트라우스는 과연 『군주론』과 『리비우스논고』를 쓴 마키아벨리를 분석하면서 애초 자신이 가졌던 의도나 목적을 성공적으로 성취했는가 하는 점이다. 우선 그의 의도는 많은 사람들에게 이미 읽혀지고 있다고 생각된다. 그는 마키아벨리 문제를 이해하고 극복하기를 바라지만 적어도 많은 사람들이 그 문제의 소재지가 어디인지 아는 데 스트라우스는 지대한 공을 남겼다고 평가된다. 그러나 그의 목적이 완전히 달성되었다고 누구도 속단하기는 어렵겠지만 결론부터 말하여 우리는 아직 이 문제에 대하여 명확한 답을 내리긴 어렵다고 보인다. 아직 더 긴 시간이 필요할 것 같아 보인다. 단지 스트라우스가 고전 정치철학의 관점에서 마키아벨리의 의도와 목표를 고찰해야 그에 대하여 가진 의문에 대하여 유익한 답을 얻을 수 있는 실마리를 찾을 수 있다고 본 것은 우리가 진지하게 새겨들을만한 가치가 있다고 생각된다.

궁극적으로 이 점은 마키아벨리가 창도했다고 스트라우스가 믿는 근대 정치철학에 대한 고전 정치철학의 우월성이 입증될 수 있는 가능성에 달린 문제라 보인다. 누가 더 옳고, 더 우월한가 하는 문제에 대하여 우리는 아직 대답할 준비가 되어 있지도 않고, 스트라우스의 정치철학이 마키아벨리의 그것보다 더 우월하여 후자와 대결하여 승리했다고 말할 준비가 우리에게 아직은 되어 있지 않아 보인다. 스트라우스가 고전 정치철학의 가치와 전통을 유지하려고 한다면, 마키아벨리가 상징하는 근대 정치철학의 새로운 가치와 상당 기간 동안 경쟁해 보아야 할 것이다. 마키아벨리의 프로포션과 스트라우스의 프로포션은 일단 서로 긴

장관계에 있다. 우리는 이 두 오르디니가 경쟁하는 과정에서, 두 오르디니가 건설적으로 양립하는 길 역시 모색해 보아야 할 것이다.

9

미국과 마키아벨리:
'자유주의적 공화주의'

이 9장은 지구상 가장 마키아벨리의 영향을 많이 받은 나라라고 생각되는 미국과 마키아벨리와의 연관의 문제를 다루고자 한다. 18세기 미국 건국의 아버지들은 16세기 이탈리아 공화주의자 마키아벨리와 17-18세기 영국의 자유주의자 존 로크의 사상을 이미 익히 알고 있었다. 공화주의와 자유주의가 이미 거기 있었다. 우리는 여기에서 마키아벨리와 미국 창건에 간여했던 핵심 인물들을 중심으로 마키아벨리의 사상의 거친 성격이 실제 미국역사에서 어떻게 희석되고 반영되고 있는지를 볼 것이다. 이것은 마키아벨리 읽기라는 우리의 관심과 연관하여 많은 시사를 준다. 여기에서 필자는 미국에서 출간된 책 한 권에 주목하고자 한다. 툴사 대학 역사학자 폴 라헤Paul Rahe가 편찬하고 2006년에 케임브리지대학 출판부가 출간한 『마키아벨리의 자유주의적 공화주의 유산*Machiavelli's Liberal Republican Legacy*』이 그것이다. 이 책은 향후 미국뿐만 아니라 한국에서의 마키아벨리 수용에 있어서도 앞으로의 방향을 암시하고 있다.

무엇보다 마키아벨리의 공화 사상을 미국의 맥락에서 어떻게 이해하고 수용할 것인가 하는 점이 이 책의 핵심이다. 우리가 이 책에 주목하는 이유는 11명의 집필자 중 역사학자는 편찬자인 라헤 교수뿐이고, 나머지 10명의 집필자들은 모두 정치학자라는 것과도 연관이 있다. 이 모든 학자들은 레오 스트라우스의 마키아벨리에 대한 견해에 대하여 긍정적인 태도를 가지고 있거나, 부정적인 태도를 가지고 있거나, 또 아니면 긍정과 부정의 양면 모두를 가지고 있는 학자들이다. 따라서 이들의 견해를 보면 우리가 마키아벨리의 한 중요한 해석자인 스트라우스에 대하여 균형 있는 견해를 얻는 데 유익하다고 생각되고, 또 미국이라는 가장 근대적인 국가에 대한 마키아벨리와의 영향을 아주 잘 파악해볼 수 있는 좋은 기회를 얻을 수 있다.

이 책이 다루는 주제는, 한마디로 마키아벨리적 공화주의와 사회계약론자였던 홉스 및 로크의 자유주의 간 상호 연결가능성을 타진하는 문제이다. 이것 자체만으로도 마키아벨리에 관심을 가지고 공부했던 우리의 충분한 관심을 끌 만한 책이다. 어떤 면에서 이런 주제는 마키아벨리의 역사적 운명을 분석하는 책이기도 하다. 또 이 책은 17세기에서 19세기 초까지, 영국, 미국 그리고 프랑스에서, 위의 두 정치철학적 입장(또는 '오르디니')이 과연 어떤 지점에서 서로 연관되고, 서로 배척하는 입장을 견지하게 되는가 하는 문제들을 다루고 있다. 물론 논의의 전체적인 초점은 '서문'과 '프롤로그'에서 보듯이 마키아벨리 정치철학에 있다. 특히 마키아벨리에 대한 피서의 '프롤로그'가 대단히 인상적이다. 국외 마키아벨리 문헌에 조금 익숙한 독자들이라면 스트라우스의 마키아벨리 해석에 대한 비판을 통해 그가 마키아벨리에 관해 우리에게 신선한 충격을 준다는 인상을 받는다. 피서가 이 책의 기본 논지를 설정하는 장의 집필자로 선정된 것도 바로 그 때문이 아닌가 싶다.

이 책은 세 부분으로 나뉜다. 제1부는 17세기 영국의 '자유주의적 공화주의자들liberal republicans'로 불린 마차몬트 네담Marchamont Nedham, 알거넌 시드니Algernon Sydney, 제임스 해링턴James Harrington, 존 로크John Locke, 존 트렌차드John Trenchard, 토마스 고던Thomas Gordon 등이 어떻게, 그리고 왜 마키아벨리를 수용했는지를 다룬다. 제2부는 18세기 계몽주의자들, 즉 흄, 몽테스키외, 그리고 벤자민 프랭클린이 왜, 어떻게 마키아벨리를 '완화moderation'시켰는지에 대해 고찰하고 있다. 제3부는 미국의 '건국의 아버지들'이자 한 시대를 풍미했던 다섯 명의 18세기 대표 정치가들, 조지 워싱턴George Washington, 존 애덤스John Adams, 토머스 제퍼슨Thomas Jefferson, 제임스 매디슨James Madison, 알렉산더 해밀턴Alexander

Hamilton을 다룬다. 비록 이들이 다 마키아벨리주의자는 아니라 하더라도(특히 초대 대통령, 워싱턴은 대표적인 반反 마키아벨리주의자이다), 미국이라는 신생 국가가 영국에 대항하여 독립 투쟁을 전개하고 헌정을 수립하고 국가를 세우는 과정에서 마키아벨리 공화주의 사상이 그들에 미친 영향은 결코 무시될 수 없다는 것이 3부 집필자 5명이 공통적으로 보여 주는 점이다.

세부적인 것에 대한 논평에 들어가기 전에 독자의 이해를 돕기 위하여 이 책의 가장 중요한 부분을 소개할 필요가 있다. 먼저 이 책이 제기하는 몇 가지 문제를 보자. 첫째는 1970년대 이래로 미국건국에 있어 마키아벨리의 공화주의적 요소가 결정적이었다는 화두를 던져 온 역사학자, 존 포칵의 공헌과 한계의 문제이고, 둘째는 1958년 『마키아벨리에 대한 사색』을 출간한 전후로 레오 스트라우스와 그의 제자 하비 맨스필드 진영이 마키아벨리에 대하여 해왔던 해석이 안고 있는 장점과 한계에 관한 것이다. 포칵은 1975년 마키아벨리적 공화주의의 영향을 다룬 『마키아벨리적 순간』이라는 기념비적인 책을 출간하여 세계적으로 큰 호응과 반향을 불러일으켰다. 미국의 건국이 존 로크적 자유주의보다 마키아벨리적 공화주의 사상으로 성취되었다고 보는 포칵에 의하면, 마키아벨리 사상은 영국의 17, 18세기 정치가, 학자, 언론인뿐 아니라, 18세기 미국의 건국의 아버지들에게까지 영향을 미쳤다는 것이다. 라헤는 책의 '서문'에서 특히 이 점을 잘 지적하고 있다.

그러나 포콕에 대하여 학자들이 가장 많이 비판한 부분은, 그가 폴리비우스, 리비우스, 살루스트, 그리고 키케로 같은 고대 로마 학자들 및 고대 그리스 철학자 아리스토텔레스로 대변되는 '고전적 공화주의'와 마키아벨리의 근대적 공화주의 사이에 어떤 지적 '연속성'이 있다고 주장했던 점이다(라헤, xxi쪽. 피서, xxxi, xxxiv-xxxviii쪽을 볼 것). 이 책 11명의 저자들은 모두 이 주장을 인정하지 않는다. 이들은 모두 한결같이 마키아벨리와 고전적 공화주의 철학자들 및 역사가들 간에는 철학적 '불연속성'이 있다고 본다. 왜냐하면, 고전적 공화주의가 '조화'와 '도덕적 덕'을 중시한 반면, 마키아벨리의 공화주의는 국내 차원의 정치계급 간 '소요tumults'와 국제 차원의 '약탈rapacity'을 중시하기 때문에 큰 차이가 있다는 것이다. (사실 마키아벨리의 눈에, 고전적 공화주의는 '상상된 진실'에 불과하다.)

이 책 전체 논의의 화두를 제공하는 역할을 맡은 '프롤로그' 집필자 마커스 피셔는 포콕의 '연속성' 가설을 부인하면서, 마키아벨리가 오히려 이런 위대한 '고전적 공화주의와 결별'을 감행했다고 주장한다. 또한 라헤는 '언어적 맥락'상의 공통점이 마키아벨리와 고대 그리스의 고전적 공화주의자들 간의 연속성을 대변한다는 포칵의 다른 책에서의 주장을 역시 비판한다. 그리고 피셔는 영국의 저명한 마키아벨리 학자 퀜틴 스키너가『자유주의 이전의 자유Liberty Before Liberalism』(1997)에서 마키아벨리의 공화주의 관점이 '신 로마적인neo-Roman' 것이라고 보는 관점 역시 비판한다. (피셔는 이 책 집필 이전에도 마키아벨리와 고대 로마 학자들, 특히 리비우스, 타키투스 그리고 살루스트와의 사이에 철학적 연속성이 존재한다고 주장한 것도 '오류'라고 주장한 적이 있다. 제임스 한킨스가 2000년 편찬한 *Renaissance Civic Humanism: Reappraisals and Reflections* 중의 피셔의 글, "Situating Machiavelli": 270-308쪽.)

피셔는 스트라우스 역시 비판의 대상으로 삼는다. 그는 스트라우스의 주장이 담고 있는 문제들을 부드럽지만, 분명한 어조로 비판한다. 먼저, 스트라우스가『마키아벨리에 대한 사색』에서 마키아벨리를 '근대성의 창시자'(스트라우스, '서론')라고 주장한 것에 대해 피셔는 그것은 단지 정치적인 것에만 국한될 뿐, 의학, 법학, 미술, 건축, 지리상의 발견 등 과학의 부분에 까지 적용할 수 없다는 점을 마키아벨리 원전을 인용하면서 설득력 있게 비판하고 있다.

328

이보다 더 중요하다고 생각되는 피셔의 두 번째 스트라우스 비판은 마키아벨리적 공화주의의 '실제적 진실'이 '소수의 엘리트에 의한 참주정(폭정)'이라고 보는 스트라우스의 주장이다. (이 비판은 사실 아주 강력하고 인상적이다.) 피셔는 이 글이 나오기 이전에 간행된 자신의 저작(『조직이 잘 된 방종 Well-Ordered License: On the Unity of Machiavelli's Thought』, 2000년 출간)에서 처음으로 이 스트라우스의 해석을 비판했는데, 이 책에서는 더 간명하고 더 분명한 어투로 비판한다. 6년이라는 짧지 않은 시간적 간격에도 불구하고 일관되게 같은 비판을 한다는 점은 아주 시사적이다. 그의 비판이 매우 확신에 찬 것임을 알 수 있는 일이고, 많은 다른 학자들로부터 제법 적지 않은 호응을 받았을 것이라는 추측이 가능하기 때문이다.

1958년 불세출의 걸작 『마키아벨리에 대한 사색』을 출간한 이후, 마키아벨리 해석에 관한 한, 적어도 미국의 정치철학 학자들 사이에서 거의 독보적, 부동의 입지를 누리고 왔던 스트라우스는 많은 제자들을 배출한 것으로도 유명하다. 그중 한 사람이 맨스필드인데, '역사의 종말' 테제로 유명해진 후쿠야마 Francis Fukuyama 와 이 책 3부 10장의 매디슨에 관한 집필자 로젠 Gary Rosen은 또 이 맨스필드의 제자이다. 우리는 맨스필드 자신을 스트라우스 1세대 학자라고 부른다면, 맨스필드의 제자 집단을 소위 스트라우스

2세대 학자들로 부를 수 있겠다. 필자가 보기에, 이 책 대부분의 저자들은 스트라우스를 찬양하든 비판하든 이런 제2세대 학자군에 속한다. 이 중 1부 3장(시드니, 트렌차드, 그리고 고던의 자유주의와 마키아벨리)을 쓴 비키 설리반은 지적인 면에서 자신의 제자들에게 권위 손상의 위험성을 무릅쓰고, "나는 스트라우스의 사상을 집행한다"라고 서슴지 않고 공언한 스트라우스의 시카고대학 동료교수 크랍시Joseph Cropsey의 제자이다. (동료교수가 스트라우스를 '집행한다'고 고백하는 것은 진정으로 드문 일이 아닐 수 없다. 유사 이래 이런 일이 또 있을까?) 그리고 2부 6장(벤자민 프랭클린)을 집필한 퍼디S. Forde는 스트라우스의 1세대 제자, 팽글Thomas Pangle의 제자이다.

이것을 언급하는 이유는 스트라우스의 영향력이 아주 크다는 점에도 불구하고 이런 막강한 영향력을 가진 인물에 대하여 비판적 입장을 견지하는 것은 그렇게 쉬운 일이 아닐 법하기 때문이다. 아주 인상적인 일이다. 그리고 이 책은 주로 스트라우스 2세대 학자들의 글이지만 지금 미국에서는 스트라우스 3세대 학자들이라고 불릴 만한 학자들이 활동하는 상황이 되었을 정도로 스트라우스의 마키아벨리에 대한 연구학풍이 후속 학문세대로 계속 이어지고 있음을 언급할 필요도 있겠다. 이들은 스트라우스주의자들임에도 불구하고 스트라우스를 부분적으로 비판한다. 그

중 가장 선두 주자로 보이는 피서는 스트라우스가 해석하듯이 마키아벨리 공화주의에 '소수의 엘리트에 의한 참주정치'의 방식도 실제로 있기는 하지만, 단지 그것만 있는 것이 아니라, '법'과 '질서'로 상징되는 제도적 장치를 통한 개혁의 정치 역시 있다고 주장한다.

이 책, 『마키아벨리의 자유주의적 공화주의 유산』에 나타난 이들 스트라우스 2세대 학자들의 특징은 미국에서 마키아벨리 정치철학에 대한 해석의 지평을 개척한 스트라우스의 스칼라십을 인정하면서도, 그의 해석이 가지고 있는 현실적 적용가능성에 대해서는 좀 유보적 태도를 보인다는 점이다. 우리는 여기에서 마키아벨리와 스트라우스의 완화라는 이중적 완화의 욕구를 볼 수 있다. 이 점은 필자가 보기에 중요한 점이다. 마키아벨리 공화주의도 완화시키고, 그걸 일종의 참주명제로 정립하려는 스트라우스 역시 완화시키려 하는 것이다. 즉, 이 2세대 학자들은 스트라우스를 한편으로 대단히 많이 인용하면서도, 다른 한편으로는 그의 주장에 대해 상당히 유보적이거나 비판적 태도를 취한다는 공통성을 가지고 있다. 따라서 우리는 이 책이 대체로 스트라우스에 대해 긍정과 비판의 입장을 견지하는 학자들의 논문들을 모은 책이라 볼 수 있겠다.

이와 연관하여 한 가지 독자들이 유념해야 할 것은 스트라우스와 포칵에 대해 이 책의 집필자들이 비판적인 시각을 견지한다 하여, 이들 거물급 학자들의 책을 읽기도 전에 그러한 비판을 우리 한국의 독자들이 맹목적으로 수용하는 것은 결코 바람직하지 않을 것이라는 점이다. 이들은 마키아벨리적 공화주의 연구에 대한 기초를 마련해 준 선구자들이기 때문이다. 비판자가 많아도 스트라우스는 적어도 미국에서는 독보적인 정치철학자로서의 입지를 굳힌 인물이다. 그리고 총 3권으로 된 『고대와 근대의 공화국Republics Ancient & Modern』(1992)을 출간한 적이 있는 라헤는 제3권 '서문'에서 포칵의 공헌을 높이 평가하고 있다. 필자가 보기에 포칵을 아마 가장 극렬하게 비판하곤 했던 설리반조차 자신의 『마키아벨리, 홉스, 영국 자유 공화주의의 형성Machiavelli, Hobbes, and the Formation of a Liberal Republicanism in England』(2004, 23)에서 포칵의 공헌을 명시적으로 조목조목 서술하고 있는 것 역시 그 좋은 예다. 좌우간 마키아벨리 학자들은 거의 예외 없이 비판을 하든 수긍을 하든 스트라우스와 포칵을 많이 인용하는 점에서 이들은 마키아벨리 학습에서 빼놓을 수 없는 인물들임엔 틀림없다.

무엇보다 마키아벨리 문헌에서 포칵의 가장 큰 공헌은 1970년대 중반의 시점에 미국의 건국을 마키아벨리 공화주의 철학의 견지에서 바라보기 시작했다는 점이다. 포칵의 책이 나타나기 이전에 미국은 1950년대 이래로 존 로크의 자유주의가 미국의 건국에 결정적인 기여를 했던 사상적 조류였다는 견해가 지배적이었다. 그 조류를 이끌었던 학자가 루이스 하츠Louis Hartz였고 그는 『미국의 자유주의 전통』이란 책을 1955년에 출간했다. 그러나 1960년대에 들어와 버나드 베일린Bernard Bailyn과 고던 우드Gordon Wood가 그들의 저서에서 미국 건국의 공화주의적 기반을 말하기 시작했다. 그런 분위기 속에서 사람들이 미국 건국을 바라보는 시선에 약간의 변화가 나타나기 시작했지만, 실제 학술과 사회의 차원에서 시선 변화를 유도하는 데 크게 기여한 학자는 1975년에 등장한 존 포칵이었다. 포칵의 논쟁 중 가장 인상적인 대목은 마키아벨리가 16세기에 이태리에서 공화주의를 말한 이래 그 사상이 도버해협을 건너 영국으로 건너가 17세기에 제임스 해링턴James Harrington 같은 공화주의자들이 영국에 등장했다는 점, 그리고 영국의 공화주의 사상이 이번엔 대서양을 건너 미국으로 건너가 거기에 대단한 공화주의자들이 18세기에 등장했다는 점이다. 그래서 미국에서 건국에 지대한 영향을 미치게 되었다는 것이다.

필자가 보기엔 더 중요한 인물인 스트라우스의 경우에도, 독자들은 그의 『마키아벨리에 대한 사색』이 얼마나 많은 학자들의 글에서 인용되고 있는지를 보면 그의 영향력은 가히 독보적이고 불문가지한 일이다. 전체적으로 보아, 스트라우스의 책은 포칵의 책에 비하여 압도적으로 더 중요하다. 특히 지도자의 개인이익과 개인행태 차원까지 연구하고, 저자가 말하지 않은 것에 이르기까지도(즉, 밀교적 차원의 함축된 의미까지도) 분석해 내는 스트라우스의 능력은 겉으로 나타난 마키아벨리 책 속의 말에만 치중하는 포칵에 비하면 압도적으로 더 호소력이 있다. (이 두 사람의 차이는 역사학자와 정치철학자의 차이일지도 모른다.)

우리가 주목해야 할 사항 중 하나가 이 책,『마키아벨리의 자유주의적 공화주의 유산』의 제목이 주는 첫인상이다. 그것은 자유주의와 공화주의가 도대체 어떻게 연관되는가 하는 문제이다. 필자는 이 연관 맺기가 이 책에서 이론적으로 성취되고 있다기보다는 미국 건국 아버지들의 실천적 필요성에 의해 성취되고 있다고 생각한다. 일차적으로 역사적 실천의 공간에서 정치인들(그들은 대개 저술을 남겼다)이 이런 연관성을 만들어 내야 한다는 현실적 필요성 때문에 가능했다라고 생각된다. 마키아벨리를 이해하고 수용하는 데 있어, '자유주의적 공화주의'의 관점이 현실적으로 필요했기 때문이다. 이 책에 서술되듯이, 제임스 해링턴으로 대변되는 영국의 17, 18세기 공화주의자들은 '소요tumults의 정치'를 찬양하고 제국주의적 '약탈'을 감히 국가의 정책으로 제시한 마키아벨리의 주장을 일단 수용은 하면서도 다소 문제시하고 회의적 시선으로 바라보았다. 따라서 책의 집필자들이 보기에, 영국의 자유주의적 공화주의자들이 생각했던 대안은 홉스적, 대중주의적, 평화주의적 자유주의 이념을 마키아벨리적 약탈성의 정치사상에 투입함으로써 마키아벨리 사상을 '완화moderate' 시키는 것이었다.

그러나 그들에게 진정으로 문제가 되었던 것은 홉스가 '자기보존self-preservation'을 개인의 권리로 간주하면서도 그것의 실현을 위해 절대왕권이라는 비 자유적 이미지를 가진 수단을 사용하는 것을 정당화했다는 점이다. 자유주의 가치를 전제적 권력인 절대권을 가진 왕이 실현한다는 것이다. 바로 이 정치적 모순과 난점이 불편했다는 것이고, 이것이 영국 자유주의자들로 하여금 마키아벨리의 공화주의적 정치제도가 상징하는 '공적 이익' 또는 '공동선'의 이념에 끌리게 만들었고, 국왕의 '사적 이익'(또는 사적인 선)의 이념에 정치적으로 대항할 수 있는 공화적(즉 대중적) 정치제도의 실현에 몰두하게 할 수밖에 없었던 역사적 이유가 있었다는 것이다. 요컨대 홉스의 이념적 대중주의와 마키아벨리의 공화적, 대중적 제도주의의 결합이 영국 공화주의 전통의 기초가 되었다는 것이다.

이 책 1장에서 폴 라헤는 해링턴의 공화주의 사상을 중심으로 이 점을 논의한다. 그러나 '존 로크의 마키아벨리적 가르침'을 분석한 2장의 집필자 마가렛 스미스Margaret Smith가 주장하듯이, 우리는 자유주의자 로크 역시 어떤 종류의 마키아벨리 공화주의 이념을 채용하고 있다는 점을 간과할 수 없다. 로크는 그것을 지지한다는 것이다. 이는 3부('미국의 건국'이 3부의 타이틀이다)에서 다뤄지는 미국의 '마키아벨리적 순간'이라는 큰 조류를 형성하는 데 기여한다.

여기에서 우리는 존 로크적 자유주의와 마키아벨리적 공화주의 간의 차이 역시 지적해야 할 것이다. 전자는 '무역' 또는 '상업'을 정치의 기초로 삼고, 후자는 '전쟁' 또는 '제국'을 그 기초로 삼는다. 그 점을 이 책은 지적한다. 바로 이 선택이 정치인들과 학자들의 관심을 끈 가장 중요한 문제였다는 것이다. 마키아벨리는 그의 대표작 『군주론』과 『리비우스 논고』에서 당연히 전쟁을 국가 정책의 국내적, 국제적 기초로 삼아야 한다고 주장하나, 이 책의 집필자 11인이 주장하듯이, 그의 영향을 받은 17, 18, 19세기의 영국, 프랑스, 미국의 학자와 정치가들은 이런 마키아벨리의 주장을 액면 그대로 수용하지는 않는다. 실제 영국의 자유주의적 공화주의자 해링턴과 네담 등은 마키아벨리의 '약탈적' 대외 정책을 일부 수용하기도 했지만, 그것도 전쟁이 아닌 무역과 상업으로 해야 한다는 대안을 제시했던 것에서 잘 알 수 있듯이, 우리는 마키아벨리의 약탈적 대외 정책이 이들 근대인들에게 커다란 지성적, 도덕적, 정치적 부담으로 작용했음을 이 책의 전편을 통해 살펴볼 수 있다.

　대외 정책의 문제와 직결되어 있는 국내 정치의 문제를 보자. 11인 집필자들이 시사하고 있듯이, 마키아벨리 사상의 핵심이 담긴 『군주론』 제15장은 국제와 국내 정치를 아우르는 공통적 개념을 제시한다. 그는 그것을 '실제적 진실'이라 불렀다. 고전적 공화주의 철학자 플라톤, 아리스토텔레스, 키케로와 중세의 토마스 아퀴나스 같은 기독교 철학자들은 정치가 언제나 선한 목적을 가지고 있다고 믿었던 반면, 마키아벨리는 정치가 '도덕적 덕'의 실현이 아니라 '생존'과 '안전,' '안녕well being'을 실현하는 데 유용해야 하고 효율적이어야 한다고 주장하였다.

　마키아벨리는 『리비우스 논고』에서 국제 관계를 규정하는 '실제적 진실'은 '전쟁'이라고 본 것처럼, 국내 정치에 있어서도 실제적 진실은 귀족과 평민 간의 끊임없는 전쟁, 즉 계급 간의 정치적 '소요騷擾'라고 생각하였다. 스미스의 2장(존 로크)과 설리반의 3장

(시드니, 트렌차드, 고던)에서 나타나는 마키아벨리적 주제의 하나인 '배은망덕'에 대한 논의가 그것을 잘 말해 주고 있다. '배은망덕'의 정치 역시 공화주의에서 잘 나타나는 유형의 정치인데, 이는 계급 간 '소요'의 정치를 다르게 부를 수 있는 이름이다. 국가적으로 공功을 세운 사람이라도 정치적으로 나쁜 짓을 할 때엔 인정사정없이 배신하라는 것이다! 그게 '공화적 자유'를 증진한다는 것이다. 그리고 이 논의는 이 책의 앞에서 언급했듯이 마키아벨리가 『리비우스 논고』 1권 28장~32장의 다섯 장에서 아주 체계적으로 분석한 문제다. 스미스와 설리반, 두 학자들의 논의의 가장 기본적인 출발점은 마키아벨리의 이 논의다. (그리고 이 대목에서 독자들은 우리의 책 7장을 상기하여 마키아벨리에 있어 이 '5'의 의미를 유념해 주기 바란다.) 스미스와 설리반의 논의는 서로 반대되는 경우에 초점을 둔 것이다. 스미스는 지도자가 부하에게 저지르는 배은망덕을, 설리반은 평민이 지도자에 대하여 저지르는 배은망덕을 분석한다. 즉, 스미스는 『군주론』 7장에 초점을 두고 상관 체사레 보르자가 부하 장수 레미로에 대하여 행하는 배은망덕을 분석하고, 설리반은 『리비우스 논고』에 초점을 두고 역으로 로마의 지도자들에 대한 평민의 배은망덕을 분석하고 있다.

보르자 같은 군주의 배은망덕은 참주적 군주에 의한 '실제적 진실'의 실천, 즉 효과적으로 실행한 사악함이라고 할 수 있다. 이게 잘 실행되었다라고 하는 것은 그 수단이 좋았기 때문이 아니라, 그 결과가 좋았다는 것이다. 즉 로마냐 지역 대중들이 상닉한 통치를 구사한 '신군주' 보르자에 대하여 원망과 증오의 감정을 가지게 되었으나, 보르자가 레미로를 처벌함으로써 이제는 그것을 접고 보르자를 지도자로 받아들이고 그에게 복종하기 시작했다는 점이다. 즉, 보르자의 '프로포션'이 완성된 것이다. 그래서 민심을 수습할 수 있음으로써 체사레는 자기가 원하는 정치질서를 수립할 수 있었다는 것이고, 이것은 사악한 종류의 수단을 통하지 않고서는 어려웠다는 것이다.

그러나 반대로 설리반이 논의하고 있는 평민대중이 귀족에게 저지르는 배은망덕은 만약 그것이 공화적 질서와 자유를 유지하거나 증강하는 데 이바지했다면 이 역시 또 다른 차원에서 '효과적으로 실행된 악'이라고 할 수 있는 것이다. 고대 로마공화국의 평민과 그 대표자인 호민관은 어떤 지도급 시민이 과거에 이룬 스스로의 공헌을 지나치게 과신하고 비리crimes를 저지를 때, 그가 과거에 국가(도시)를 위해 무슨 공헌을 얼마나 했는지 상관치 않고, 공화주의 정치 오르디니가 규정한 자유를 유지하기 위해, 배은망덕을 행사할 수 있어야 한다는 것이 마키아벨리의 정치적 가르침이라는 것이다. 설리반은 마키아벨리의 가르침을 매우 평이하면서도 설득력 있는 방식으로 잘 설명한다.

『군주론』의 지평을 떠나 『리비우스 논고』1권 7장과 8장으로 가면, '고발accusation' 제도에 대한 논의를 본다. 이것 역시 배은망덕 윤리의 '실제적 진실'이자 그 정치적 표현이라고 볼 수 있다. 비리를 저지른 공직자나 공로자들을 시민들이 나서서 호민관 같은 국가기구에 고발하는 것이다. 독자들은 설리반의 이러한 논의 속에서 마키아벨리의 공화주의적 배은망덕의 관점을 아주 흥미롭게 음미할 수 있다. 우리가 마키아벨리적인 사고의 틀 속에서 이런 설리반의 논의를 보면 이게 가장 전형적인 공화주의적 배은망덕의 장점이라고 할 수 있고, 또 이게 마키아벨리의 '새로운 행위방식과 질서'라는 프레임 속에서 시민들이 발휘하는 시민적 덕성civic virtue임을 볼 수 있다.

어쨌든 마키아벨리는 이 두 계급 사이의 소요가 조화롭거나 평화로운 관계로 바뀌는 것은 오직 전쟁이 일어났을 때뿐이라고 주장하는데, 이때 귀족(혹은 원로원)은 평민(혹은 그들을 정치적으로 대변하는 호민관)의 정치적 요구를 들어주고, 그 대신 평민들을 무장시켜 전쟁터로 동원한다는 것이 리비우스의 역사를 원용하는 마키아벨리가 고대 로마공화정에서 본 전형적인 정치 시나리오의 하나였다.

우리는 이 책의 1부('영국인')와 3부('미국의 건국')에서 다뤄지는 '대중주의populism'와 '귀족주의aristocracy'의 대립현상을 간과할 수 없다. 여기서, 마키아벨리의 공화주의가 영국의 혁명기(1649년 찰스 1세의 처형과 그 직후 공화주의 헌정이 수립된 때) 이후에야 비로소 많이 알려지기 시작했다는 것은 주목을 요하는 중요한 점이다. 이는 혁명기 영국 지식인들의 관심사는 『군주론』 9장과 『리비우스 논고』 1권 4장에 나타나는 마키아벨리 사상의 두 측면 중 귀족주의보다 대중주의에 있었다는 것을 의미한다. (이 두 장에서 마키아벨리는 '두 기질two humors'을 논한다. 귀족적 기질과 평민적 기질이 그것이다.) 네담과 해링턴에 초점을 맞춘 1장에서 라헤는 네담이 해링턴에 비해 상대적으로 더 강한 대중주의 성향을 가졌던 것으로 평가한다. 해링턴은 대중주의 요소를 강조하면서도, 한편으로 '군중 속의 논쟁debate in the crowd'이 대중주의를 위험한 차원으로 빠뜨리므로 이를 통제할 필요성이 있다고 본 인물이다. 이것은 그의 공화주의 사상이 지닌 군주적 요소라고 할 수 있다(29-32쪽 참조). 해링턴은 아주 군주적 면모가 강한 '군주적 기질'의 소유자다. '공화적 기질'은 상대적으로 좀 약한 인물이라 생각된다. (그는 영국 내란기엔 중립을 유지했는데 이는 '군중 속의 논쟁'에 대한 그의 시선을 연상시키는 대목이지만, 그는 영국 내란이 끝나고 왕정복고가 된 직후에는 놀랍게도 투옥되었다. 나중 석방되었지만 정신 이상이 찾아와 그 상태에서 죽음을 맞았다.)

2장의 집필자 스미스는 존 로크 역시 네담처럼 대중주의적(평민주의적) 공화주의 성향을 가진 저술가라고 평가한다. 스미스가 본 로크는 '자연권'의 확보에 장애가 되는 왕권에 대한 대중의 저항권과 재산의 축적을 정당화한 반면, 약탈적 해외 전쟁에는 반대하면서도 국가의 기초는 바로 이러한 것에 기반해야 한다고 주장했다. 필자가 보기에, 존 로크 역시 '대중적 기질'의 특징을 가지고 있었다고 보인다. 이는 강자에게 '압박당하고 명령받기를 거부하는' 기질이다. 아마 로크의 대중적, 평민적 기질은 우선 그가 '노동가치'를 옹호하는 경우에 잘 나타난다고 보인다. 누구라도 정당한 자기 노동을 통해 그 노동의 대상에 대하여 이룩한 소유권을 주장할 수 있다는 게 핵심이다. 우리가 보기에 소유권은 기본적으로 평민적 열망이 담긴 개념이라 하겠다. 귀족은 그것 없어도 잘 살 수 있는 사회적, 정치적 인연의 고리를 많이 가지고 있다. 평민은 그런 게 없기 때문에 노동으로 먹고살아야 하는 존재라서 노동가치가 중요한 것이다. 그다음으로 존 로크의 평민적 기질을 볼 수 있는 곳은 그가 전쟁, 특히 약탈적 대외전쟁이 비록 국가의 기초는 된다고 인정은 한다고 해도, 그걸 사실상 반대하는 대목이다. 로크는 국가적 기초를 형성하기 위한 전쟁이 일상화되는 것엔 반대하는 인물이다. 이것 역시 로크의 평민적 기질을 볼 수 있는 대목이다.

그러나 스미스는 로크가 이러한 대중성, 평민성을 가진 기질의 소유자임을 간과하고 있어 보인다. 이 점은 사실 3장에서 다뤄지는 시드니와, 고대 로마공화정의 대 정치가, '카토Cato'를 필명으로 쓴 트렌차드와 고든의 경우도 마찬가지다(60쪽). (카토는 고대 로마 공화국에서 시민들과 공직자들에게 위협이 될 정도의 권위를 가지고 있었던 인물 스키피오 아프리카누스에 대하여 '부러움'의 감정을 가지고 있었지만 이 감정을 신중하게 절제했다. 그러나 그는 스키피오의 '군주적 처신princely behavior'에 있어서의 문제점은 공식적으로 고발한 인물이다. 그래서 그는 로마의 공화주의 정신을 수호하는 상징적 인물이 되었다. 또 카토는 그리스 철학이 로마 젊은이들의 상무정신을 해친다고 보고 그리스 철학자들이 로마로 유입되는 것에 반대하기도 했다. 지금 미국에서는 이 '카토'라는 이름을 사용하는 연구소도 있다.) 트렌차드와 고든이 그들의 공동 필명으로 '카토'를 사용한 데엔 이런 이유가 있다. 고대 로마의 공화주의와 카토의 평민적 기질을 흠모한다는 것을 말한다.

게다가 2부('온건한 계몽주의')에서 다른 집필자들이 다루고 있는 흄, 몽테스키외, 프랭클린 같은 18세기 사상가와 정치가뿐만 아니라, 3부의 워싱턴, 애덤스, 제퍼슨, 매디슨, 그리고 해밀턴 등 미국 건국의 아버지들 역시 모두가 대중적 기질을 다양한 모습으로 가지고 있었다는 점 역시 저자들은 지적하고 있다. 이 점은 우리가 보기에도 매우 흥미 있는 점이고 중요한 점이라 생각된다. 즉 그들은 모두 마키아벨리가 말하는 '대중주의적 기질'을 가진 인물들이고, 전쟁과 해외에서의 영토 및 인구 '획득'이라는 약탈적 정책뿐 아니라, 국내 정치상의 계급 간 소요를 반대하거나 완화시키는 방안에 관심을 기울이고 있었다. 이들은 마키아벨리가 그토록 강조하던 '획득'에는 관심이 있지만, 그것이 '약탈'의 형태를 띠거나 국내 계급간 '소요'의 형태를 띠는 것엔 심각하게 유보적인 태도를 취한다는 것이다.

그러나, 좀 아쉽게도 이 책의 집필자들은 이들의 대중적 성향은 잘 지적하면서도, 마키아벨리 자신의 대중적 기질에 대해서는 좀처럼 잘 지적하지 않는다. 필자의 눈에는 이 점이 매우 아쉽게 보인다. 아울러 이 책의 집필자들은 해링턴과 매디슨이 마키아벨리와 공유하는 '귀족적 기질'의 측면, 즉 자신보다 지위나 힘이 열등한 상대방에게 '명령'하려 하고 그게 뜻대로 되지 않는 경우에 '압박'하려고 하는 기질에 대하여 역시 논하려 하지 않는다. 필자에게는 전자의 문제가 특히 중요한 것으로 보인다. 이들

11인 집필자들의 관심사는 근대적인 정치 현상에 있으므로 공화주의저 제도 문제를 주로 다루는 것은 이해할 수 있지만, 대중적 기질과 공화주의 간의 관계를 논하지 않는 것은 다소 의외이고 아쉽게 느껴진다. 실제 마키아벨리에게 이 '두 기질'의 문제는 아주 중요한 문제다. 하비 맨스필드는 이 '두 기질'의 문제가 바로 정치사회의 가장 핵심적인 정치문제라고 논평한 바 있다. (참고로, 이 책,『마키아벨리의 자유주의적 공화주의 유산』은 저자들에게 지성적 영향을 준 하비 맨스필드에게 헌정된 책이다.)

왜 그런가를 생각해 보면, 근대가 단순히 대중적 기질이 승리한 정치적 지평으로 이뤄졌으므로 더 이상의 분석이 필요 없다는 식의 인식이 짙게 깔려 있거나, 아니면 마키아벨리에게 중요한 문제였던 '두 기질'의 문제가 너무 폭발적이고 위험한 주제이거나, 또 아니면 이론적으로 다루기 곤란하거나 어렵거나 까다로운 주제라고 생각했기 때문인지도 모른다. 그러나 어쨌든 이 점이 이 책에 대하여 필자가 느끼는 가장 큰 아쉬움이다. 마키아벨리와 지금의 우리 사이에 놓여 있는 이런 '기질'의 문제는 아마 애초에 이 책을 기획하는 단계에서 기획의도에서 빠져 있는지도 모른다. 그러나, 16세기 피렌체 지식인 마키아벨리가 정치의 기본 개념과 원칙을 이론적으로 확보하기 위해 고대 로마로 시선을 돌렸다는 점, 그리고 고대의 공화주의와 마키아벨리가 우리에게 보여 주고자 하는 공화주의(비키 설리반이 말하는 '마키아벨리의 새로운 로마') 간에는 마키아벨리 자신의 기질이라는 문제가 매개되어 있을 수 있다는 점은 그를 이해하는 데 있어 우리가 간과할 수 없는 측면이라 생각한다. 필자가 보기에 이런 마키아벨리 자신의 기질과 연관된 문제를 가장 잘 논의한 학자들은 하비 맨스필드와 마우리치오 비롤리라고 생각된다(맨스필드의 『마키아벨리의 덕』과 비롤리의 『니콜로의 미소』).

실제로 마키아벨리는 『군주론』 9장(시민적 군주국)에서 이미 근대 공화주의 정신의 핵심이라고 할 수 있는 대중의 힘을 목격하고 있다. 마키아벨리가 목격한 대중의 힘이란 두 가지다. 하나는 수가 많다는 점, 다른 하나는 군주에 대항하려고 하는 귀족의 힘을 저지할 수 있는 능력과 이유가 있어, 군주를 보호하는 정치적 울타리 세력이 될 수 있다는 점이다. 또한 『리비우스 논고』 1권 58장에서 보듯이, 그는 한걸음 더 나아가 리비우스를 비롯한 모든 고전적 공화주의자들의 대중 비하卑下의 관점을 전면적으로 비판한다. 필자는 이것을 마키아벨리 자신의 대중적 기질의 문제와 별개로 취급할 수 없다고 믿는다. 이 대목에서 마키아벨리의 '기질humor'은 아주 대중적이다. 우리는 바로 이러한 점들로부터, 라헤가 책의 '서문'에서 제기한 포칵 및 스키너의 '고대-근대 연속성' 테제와 그에 관한 스트라우스주의자들의 반론에 대해 어떤 해결의 실마리를 얻을 수 있지는 않겠는가 하는 기대를 가지게 된다.

포칵과 스키너는 마키아벨리를 군주론자가 아니라 공화주의자라고 보는데, 아마 이들 자신이 대중적 기질을 가진 학자들이기 때문이 아닌가 하고 필자는 추정한다. 연속성 테제는 마키아벨리를 공화적 기질, 즉 대중적 기질을 가진 사람으로 보는 것이다. 그러나 스트라우스와 스트라우스주의자들이 주장하는 단절성 테제는 대중적 기질 자체가 군주적 기질과 분리될 수 없다는 것을 내포한다. 대중은 군주의 지도를 필요로 하고, 군주는 대중의 협조를 필요로 한다는 것이다. 포칵과 스키너는 고대엔 군주적 기질이 지배적이었고 근대엔 대중적 기질이 지배적이었다고 관찰한 반면, 스트라우스 진영 학자들은 이것을 잘못이라 본다. 이렇게 보면 마키아벨리는 그가 『군주론』 18장에서 주장하는 '반인반수半人半獸'의 존재처럼 두 가지 다른 기질을 자신의 기질 속에 모두 가지고 있는 그러한 양면적兩面的 기질의 소유자라고 생각된다.

어쨌든 필자는 마키아벨리에 있어 연속성과 불연속성에 관한 문제는 바로 이러한 시각에서 접근할 수 있다고 생각한다. 즉 고대와 근대가 불연속한 것은 고대의 상황에서 비하된 대중의 역할이 근대에 와서 큰 비중을 차지하게 된 것에 기인하고, 또한 대중적 기질이 마키아벨리에 의해 도덕적, 정치적 지위를 획득하게 된 것과 관련이 깊어 보인다. 필자의 생각과 비슷한 맥락에서 가장 최근에 제시된 대안 중, 폴 라헤의 시도가 눈에 띈다. 그의 '행위자agency'의 개념이 그것이다(『고대와 근대의 공화국』, 제2권 중의 'Situating Machiavelli,' 307쪽). 고대의 '행위자' 개념과 근대의 그것이 다르다는 것이다. 라헤는 이 관점에서 마키아벨리적 사유에 있어 고대적인 것과 근대적인 것의 연속성과 불연속성을 해명하려고 시도한다. 그의 시도는 필자가 생각하는 기질을 통한 연속성/불연속성 문제에 대한 접근과는 다르지만, 좋은 시도라고 생각된다.

마지막으로, 『마키아벨리의 자유주의적 공화주의 유산』의 10장과 11장에서 '공화주의적 군주'를 논의하는 것도 아주 인상적이다. 특히 10장에서 마키아벨리의 귀족-평민 구분에 대하여 제임스 매디슨이 제시한 이론적 개선책에 관하여 집필자, 로젠은 주목할 만한 주장을 한다. 미국의 4대 대통령을 역임한 매디슨은 마키아벨리가 보지 못한 '사회계약social compact'의 정신을 활용하여 마키아벨리가 내놓지 못했던 개선책을 내놓을 수 있었다는 것이다. 우리가 보기에 이는 매디슨에 대한 17-18세기 '사회계약론자,' 토마스 홉스 내지 존 로크의 영향이다. 마키아벨리가 엘리트를 국가의 창건자로 상정한 데 반해, 매디슨은 그 역할의 많은 부분을 대중에게 돌리고 있다. 그에 반해 마키아벨리는 국가의 창건은 군주의 몫이고, 그 질서의 유지는 대중의 몫이라고 보았다. 그러나 매디슨은 좀 더 대중에 가까이 가야 할 필요가 있는 정치인답게 군주와 대중이 같이 합심하여 하나의 '사회계약'을 이끌어 내야 한다고 생각했던 것이다. 그리곤 그 질서에 다 같이 복종해야 한다는 것이다. 마키아벨리의 시선이나 매디슨의 시선 모두에는 우리 한국인의 현안이 되기도 한 엘리트-대중 간의 관계에 대해 아주 중요한 시사점을 제공하고 있다고 생각된다.

10

한국과 마키아벨리

1

전반적 지평에서 — 마키아벨리가 창도한 세계와 한국

　우리는 이 장에서 마키아벨리 이후의 세계 속에서 한국의 문제를 한번 일별해 보고자 한다. 마키아벨리는 '근대세계,' '근대성'의 창시자이다. 필자가 보기에 지금의 세계는 유럽과 미국에 마키아벨리의 비전이 가장 많이 남아 있다고 보인다. 우리는 앞의 6장과 8장에서 마키아벨리의 프로포션을 논했다. 그것은 마키아벨리가 창도한 지배와 복종의 질서였다. 그리고 9장에서 '자유주의'로 완화된 마키아벨리 프로포션 신드롬을 미국의 맥락에서 보았다. 이 이전엔 영국이 주도하던 프로포션(팍스 브리태니카)의 질서가 20세기 초엽까지 존재했다. 그 이전엔 네덜란드, 스페인, 그리고 포르투갈이 그런 질서를 유지했었다. 이 모두가 다 마키아벨리 프로포션의 세계사적 버전들이다. 특히 미국의 프로포션은 가장 마키아벨리적이다. 그것은 9장에서 말한 미국역사 초엽에 등장했던 '건국의 아버지들'의 마인드 속에 존재했던 현상이기 때문이다. 단지 그들은 마키아벨리의 공화주의가 안고 있는 정치적, 도덕적, 인간적 부담감을 존 로크적인 자유주의의 원리로 완화하려고 했을 뿐이다. '자유주의적 공화주의'가 그 최종적 결과물이었다. 이것은 '자본주의'를 도입하여 마키아벨리적 '약탈'과 '공격'의 국제정치를 완화시킬 수 있는 공화주의 체제다. 그래서 현재의 국제질서는 미국적인 공화성이 세계적 자본주의 체제와 같이 결합된 것이다. 세계질서에 마키아벨리가 현존하고 있는 것이다.

마키아벨리적 질서는 무장한 질서다. 존 포칵의 지적대로, 마키아벨리가 지금의 미국의 가장 본질적인 모습을 창조했다고 우리는 간주한다. 마키아벨리의 사상이 근대세계의 창출에 이바지했다고 간주한다면, 마키아벨리가 지금의 미국을 창도했다는 것은 곧 그가 세계를 창도했다고 볼 수 있도록 이끈다. 이것이 그가 추구한 '실제적 진실,' 베리타 이페투알레의 역사적 결과다.

마키아벨리는 리얼리스트였다. 그의 리얼리즘은 '생존'을 목표로 하여 적이 없어질 때까지 무장한 질서를 가꾸고 발전시키는 데 가장 큰 가치를 둔다. 그래서 적을 군사적으로 다루는 방법에 관한 것이다. 이런 목표에 있어 마키아벨리의 리얼리즘은 하나의 최종적 정치과학a final political science이라 할 수 있는 것이다. 적과 생존을 중시하는 마키아벨리가 꿈꾸던 세계는 단 하나의 패자hegemon만이 존재하는 '단극체제unipolar system'로서의 세계질서다. 그는 현대의 키신저Henry Kissinger, 월츠Kenneth Waltz 등이 옹호하는 '세력균형balance of power' 정치 식의 리얼리즘에 반대했다. '힘의 압도적 우위'의 중요성을 강조해 온 오간스키A.F.K. Organski와 '패권안정론'을 옹호하는 킨들버그Charles Kindleberger, '현상유지'와 '현상타파' 세력(패자와 도전자)을 논의하는 길핀John Gilpin의 주장과 미어샤이머John Mearsheimer의 '공세적인 리얼리즘'은 마키아벨리 리얼리즘을 현대식으로 반영한 것이라 할 수 있겠다. 그리고 여기에서는 패권, 적, 공세, 도전자, 그리고 생존이 키워드들이다. 이 모두가 다 '무장한 질서'를 옹호한다. 그게 국가 간에도 적용되어야 한다고 주장한다.

한국은 어떤가? 한국은 마키아벨리가 남긴 지성적, 정치적 영향을 어떻게 받았나? 이 문제를 다루기 위해 우리는 우선 한국의 학문적인 측면과 정치적인 측면으로 대별하여 고찰해 보자.

2
한국의 마키아벨리 연구현황

우리는 선악善惡의 개념으로 마키아벨리를 자주 도덕화道德化,

moralizing하는 경향이 있다. 마키아벨리를 선과 악의 견지에서 해석하고 판단하는 것이다. 이것은 한국뿐 아니라, 미국에도 물론 있다. 특히 과거 조지 부시(1세) 전 대통령이 부통령 시절에 미국의 국방장관을 지냈던 도널드 럼스펠드에 대하여 말한 것에서 나타난다. 로널드 레이건 대통령 시절에 부통령 부시는 럼스펠드라는 인물이 '너무 마키아벨리적'이라는 이유로 대통령에게 그의 임용을 권고하지 않았다는 것이다. 이는 럼스펠드라는 인물이 정책 수행에 있어 마키아벨리를 연상하는 매너가 있었음을 시사하는 대목이고 그런 면을 부정적으로 인식한다는 것을 의미한다. 문제는 이런 일은 어디에도 있을 수 있다는 것이다.

이 도덕화는 한국인의 마키아벨리 수용에도 작동되어 왔다고 보인다. 이것이 마키아벨리에 대한 학습과 이해를 위한 노력을 저해해 왔다. 필자가 대학을 다니기 시작하던 1970년대 말기에 마키아벨리에 대한 국내연구서를 잘 보지 못했다. 필자가 접한 마키아벨리에 대한 강의도 잘 없었다. 아마 1990년대 이후에 이르러 학자들이 하나씩 연구물들을 내놓기 시작한 것으로 기억한다. 이 중 1996년에 출간된 진원숙의『마키아벨리와 국가이성』이 가장 충실한 연구서라고 필자는 생각한다.

한국의 학자들이 아직도 가지고 있는 마키아벨리에 대한 도덕화의 관점의 문제는 이것이 마키아벨리라는 현상을 이해하는 데 충분하지 않다는 것이다. 마키아벨리 학습에 있어 도덕화가 50% 정도 필요하다면, 나머지 50% 정도 비-도덕화의 노력도 역시 필요하다는 것이 필자의 소견이다. 전자에만 매몰되면 마키아벨리의 실제모습은 안 보인다. 마키아벨리는 도덕을 '두뇌 속의 헛갈림(『리비우스논고』 3권 6장)'이라고 치부한 사람이다. 만사를 도덕적으로만 생각하면 마키아벨리가 국내정치와 국제정치의 원동력으로 생각한 점도 안 보이고, 그가 주도한 '실제적 진실'을 추구하는 지적, 정치적 노력도 이해되지 않을 것이다.

도덕화 현상과 연관되는 조금 다른 측면의 문제가 있다. 미국학자 마크 홀리웅이 지적하였듯이, 마키아벨리의 속물화 문제도 역시 있다. 홀리웅은 그것을 '표준 마키아벨리' 신드롬이라고 표현한다. 마키아벨리를 공화론자로만 인식하고 이해하는 습관이다. 한국의 학자들 가운데에도 이런 면이 보인다. 그러나 이는 지금 우리가 상상하고 싶은 마키아벨리일 뿐이다. 그의 철학의 지평은 우리의 이러한 이해지평을 넘는다. "마키아벨리는 마키아벨리안들보다 더 마키아벨리적이다." 하비 맨스필드의 논평이다. 필자는 여기에 동감한다. 우리는 이제 이 '표준 마키아벨리' 지평을 넘어가야 한다.

또 다른 측면에서 도덕화 현상과 연관되는 점은 마키아벨리의 가르침을 '국가이성國家理性, reason of state'이라는 개념틀로 이해하는 사조다. 마키아벨리는 국가이성론자라는 것이다. 이 견해는 16세기 말(1589) 마키아벨리 사후에 지오반니 보테로Giovanni Botero가 맨 먼저 제기한 것으로 알려져 있다. 그러나 이것에도 큰 문제가 있다. 마키아벨리의 사상을 도덕화한 것이다. 하비 맨스필드의 과녁을 뚫는 멋진 논평을 하나 소개한다. 그는 "한 국가가 특별한 이성을 독점할 자격이 생기면 기만fraud을 더 이상 필요로 하지 않는다"라고 말한다. 즉 지도자의 위치를 국가가 대체하는 경우에 기만을 기초로 하는 국가는 국가적 이성을 추구하는 것으로 대체된다는 것이다(맨스필드, 『마키아벨리의 덕』 294, 348쪽). '국가이성'이란 국가 지도자가 정치적으로 구사하는 '기만'의 후속적 현상이라는 것이다. 매우 적절한 논평이다. 요는 국가관계의 실제 주도자가 지도자인 한, 국가관계의 '실제적 진실'은 '기만'이지 '국가적 이성'이 아니라는 점, 그리고 국가적 이성은 오직 지도자라는 존재의 필요성이 사라진 뒤에나 나타날 수 있는 문제라는 점이다. 필자는 이 견해에 전적으로 공감한다. 국내에도 마키아벨리를 연구한 저술에 '국가이성,' '국가이념'이란 표현이 책의 이름에 들어간 책들이 있다. 도덕화 현상의 한 측면이라 이해된다.

이젠 이 지평도 넘어서야 할 시간이 우리에게도 왔다.

그리고 도덕화 신드롬은 아니지만 국내엔 마키아벨리의 공개주의와 밀교주의에 대한 이해가 아직도 얕은 듯하나. 1985년의 한 논문에서 한국 최고의 정치학자 한 분 역시 마키아벨리를 분석했지만 스트라우스 같은 학자가 마키아벨리의 '밀교적' 신드롬에 대하여 언급하는 것에 대하여 적절한 이해를 하지 못한 듯한 평가를 한 적이 있었다. 그는 밀교성 문제를 언급하는 '스트라우스의 진의는 알 수 없다'고 진술했다. 그러나 필자는 이 책에서 그 '진의'를 알 수 있다고 주장했다. 그렇다고 해도 이 분의 이런 자기고백만으로도 우리의 마키아벨리 연구에 큰 공헌을 했다고 생각된다. 지금은 학자들이 이에 대하여 조금씩 논의하기 시작하는 듯하지만 아직도 마키아벨리의 밀교성 문제에 대하여 누구도 본격적으로 언급하지 않았다고 생각된다. 필자가 그래서 이 책에서 좀 길게 다루어 보았다.

여기에서 마키아벨리에 대한 국내의 '케임브리지 학파' 학자들과 존 포칵의 영향이라는 문제에 대하여 언급할 필요도 있다. 이들 학자들은 마키아벨리를 역사적인 '맥락context' 속에서 이해하려는 경향이 강하다. 필자가 보기에 이 경향은 '밀교성'엔 관심이 없거나 그것을 거부한다고 생각된다. 심지어 그것에 대하여 적대적인 매너를 가진 학자들을 필자는 경험한 적도 있다. 이 사조는 마키아벨리 저술이 가진 '공개성exotericism'에 큰 관심을 두고 있다. 마키아벨리가 자기텍스트에서 겉으로 말하는 것에 주목하는 경향이다. 그러나 마키아벨리에겐 이면의 숨겨진 사상은 없거나, 있어도 크게 중요하지 않다고 본다. 영국뿐만 아니라 미국에서도 이런 경향은 있다. 어떤 학자는 그것을 '맥락주의 contextualism' 경향이라고 표현한다. 이 경향은 마키아벨리가 역사적으로 어떻게 수용되었나 하는 문제는 잘 설명해 준다고 보인다. 그러나 마키아벨리 저술과 같은 고전古典의 초시대적인 측면엔 그다지 관심이 없거나, 아니면 그것에 대하여 가치를 두지 않는 듯하다는 게 필자의 생각이다.

우리는 앞으로 도덕화와 공개성의 지평을 넘어 마키아벨리를 있는 그대로 보는 노력이 필요하다는 게 필자의 생각이다. 그래서 탈 도덕화, 밀교성 문제, 프로포션의 문제를 이 책에서 좀 길게 논해 보았다. 이것은 마키아벨리가 '실제적 진실'의 가치를 중요시하는 이유에서 연유한 것이지만, 이런 시선을 재발견하면 이 책과 기존 국내 마키아벨리 문헌과의 차별성을 가져올 것이라 생각된다.

3

한국의 정치와 마키아벨리

우선 마키아벨리가 한국에 영향을 미쳤을까 하는 것을 생각하면 우리는 이 영향이 아주 제한적이다라고 생각해야 할 듯하다. 우선 현실적으로 우리의 정치에는 마키아벨리에게 소급되는 근대적 '공화주의' 현상은 이름으로만 남아 있고 그 정치적, 제도적 실체는 없는 듯하다. 한국은 헌법적으로는 '민주공화국a democratic republic'이다. 그러나 2017년 현재 우리가 보기에 한국은 민주국가 a democratic state이지 공화국가a republican state는 아닌 것 같다. 명실 상부한 공화국이 된다는 것은 귀족 계층과 대중이 같이 권력을 분점分占하는 상황이 되어야 하는데, 한국은 귀족계층의 권력은 사실상 불법화되진 않았다 하더라도 적어도 형해화形骸化되어 없어지고 대중의 권력만 독점적으로 제도화된 듯한 느낌이 든다.

그리고 이런 관찰 이전에, 과연 우리 한국인 중에 '귀족'과 같은 계층이 존재는 하는가 하는 질문을 해볼 필요가 있다. 전통 한국 사회(조선)에는 양반 사대부兩班 士大夫라는 형태로 있었지만, 그리고 지금은 생활수준이 높고 고급스러운 계층은 분명 있지만, 실제로 사회적, 국가적으로는 존재한다고 보기 어렵다. 그러나 현재 양원제를 하는 구미사회의 상황은 다르다. 거기엔 사실상의 귀족은 정치적으로 상원과 같은 제도로 상징되어 그 정치적 이익이 제도화되어 있다. 그래서 귀족이 실제로 있는 사회라고 보아야 할 것이다. 그러나 한국은 이런 구미사회의 실정과도 다르다.

앞에서 보았듯이 미국엔 마키아벨리적 공화주의가 18세기 '건국의 아버지들'이 헌법과 정치제도를 만들 당시부터 존재하고 있었다. 그것이 고대 로마 공화정 당시의 원로원과 호민관처럼 상원과 하원의 '양원제'로 나타났고, 선거 공간에 등장하는 대중 선동가들에 의한 선동정치의 폐단을 방지하기 위하여 '간접선거'의 형태로 제도화되었다. 그리고 건국 직후 중부와 서부로 미국이 팽창하던 시기에 그러한 팽창정책을 가능케 하기 위해 필요한 평민 동원의 군사체제를 수립하고 운용하기 위한 정치를 가능케 만드는 방식으로 나타났다. 이런 정치는 대중적 참여와 연방정부 엘리트 간의 합의, 공화적 합의가 있어야만 가능한 것이다.

지금의 세계는 2차대전 이후 미국이 주도하는 평화의 시대, '팍스 아메리카나pax Americana'의 시대라, 미국적인 지배와 복종의 질서, **미국의 프로포션**American proportion이 아직 주도하는 시대다. 이 질서를 레슬리 워커 식으로 표현하면, 미국과 여타 세계의 '조화'

내지 '유사성'이라고 할 수도 있을 것이고, J. 코비 식으로 말하면 미국의 여타 세계에 대한 '통치의 기술'이 반영된 질서라고 할 수도 있다. 미국의 프로포션에는 미국의 물리적 힘physical force와 여타 세계의 정신적 동의mental consent의 두 요소가 모두 존재한다. 힘과 도덕의 결합이다.

우리는 1991년 1차 페르시아 전쟁 당시 미국이 영국 등의 우방국들을 동원시켜 쿠웨이트를 침공한 이라크의 지배자 사담 후세인을 응징하고 원래상태로 되돌리고자 공격한 것을 기억한다. 2003년 사담 후세인을 완전히 권좌에서 쫓아낸 2차 페르시아 전쟁 당시에도 비슷했다. 그리고 지금 현재 'IS'로 불리는 이슬람 극단주의 세력을 응징하고자 미국과 그 동맹 국가의 군대가 합력하여 공습한 것을 보았다. 우리는 여기에서 미국적 프로포션을 볼 수 있다. 미국은 힘과 도덕성으로 전 세계를 사실상 지배하는 국가이다. 한반도에서도 이런 모습을 볼 수 있다. 북한이 핵실험을 하고 미사일 실험을 하면 미국은 항공모함 편대와 핵 잠수함, 최첨단의 전략폭격기 등을 한반도에 보내 북한측에 미국 중심의 자유진영의 위력을 과시한다. 전 세계의 많은 나라들과 미국 사이에 미국적 프로포션이 존재하는 것 이상으로 대한민국과 미국 사이에는 군사 동맹 형태의 강력한 프로포션이 존재하기 때문이다.

이 대목에서 우리가 한번 생각해 볼 만한 것은 사실상 전 세계의 차원에서 미국이 주도하고 미국인이 확보하고 있다고 믿어지는 미국적 프로포션 같은 것이 과연 우리 한국인에겐 **한국의 프로포션**Korean proportion이라는 형태로 존재하는가 하는 문제다. 물론 그 답은 '존재하지 않는다' 내지 '그런 것은 없다'일 것이다. 소위 '한류韓流' 현상이 중국과 일본, 미국과 유럽, 남미, 동남아, 심지어 아랍권 일부에까지 있다고 하여 우리는 그걸 두고 한국적인 것이 전 세계를 지배한다고까지 말할 수는 없는 일이다. 이는 순수한 문화현상이라 아마도 한국의 문화적인 것이 세계에 영향을 미치고 있다라고 말할 수는 있어도 한국인의 도덕적인 것과 물리적인 힘이 전 세계를 지배하고 그 나라들이 정신적으로 그리고 현실정치의 면에서 우리에게 사실상 복종한다라고 말할 수는 없다.

구체적으로, 우리의 현실엔 건국 이후 군대가 수립되었고 그 후 전쟁을 겪은 적은 있지만, 『군주론』 6장에서 나타나는 위대한 군주들과 덜 위대한 군주 사이의 공통적으로 존재하는 무장으로 건국된 질서가 존재하지 않는다. 이 질서는 무장과 정신적인 것이 결합된 그러한 질서이다. 그리고 13장에서 마키아벨리 자신이 '복종'한다고 고백하는 그런 질서이다. 우리가 마키아벨리처럼 이런 질서에 복종하려면 모든 국민이 다 그 정통성을 인정해야 하는 그러한 질서이다. 그렇지만 우리가 복종하고 싶은 그런 질서가 없을 때엔 어떻게 해야 하나? 이런 문제가 남는다.

역사적으로 볼 때, 주자학적 질서가 자리 잡히기 시작한 14세기경부터 우리에겐 무장한 질서와 국가의 연관성이 좀 약하다 보인다. 주자학이 하나의 이데올로기, 하나의 학문으로 한반도에 유입되기 시작하기 이전에 12세기 중국 남송南宋의 주자朱子의 문제를 일별할 필요가 있다. 그는 '무력으로 국가를 지킬 수 있는 길은 없으니' 촉蜀나라의 유비에게 충성을 다하고 용감했던 장수, 관우關羽를 사당에 모시고 제사를 지내고 그를 정신적으로 숭배해야 할 필요성을 제기했다. 촉나라는 남송과 정체성이 다른 국가였지만, 주자는 그것으로 남송이란 국가를 방어하는 것으로 대신해야 한다고 생각했다. 주자는 관우적인 프로포션을 숭상은 했지만 실제 그것을 실천하지는 못한 셈이다. 어쨌든 그 이후 중국에는 관우를 숭배하는 사당이 지어졌고, 사람들은 그 앞에 절을 했고, 안보상의 염원뿐만 아니라 사적인 길흉화복吉凶禍福을 관장해 주기를 기원하기도 했다. 그 이후 남송은 관우를 숭배는 했지만 군사적으로 잘 무장된 나라로 살지 못했다. 숭배가 곧 안보는 아닌 것이다(KBS1, '관우는 왜 조선에서 신이 되었나' — https://www.

youtube.com/watch?v=em6KKOnHars).

이런 중국의 남송처럼 조선도 관우 숭배를 했다. 특히 조선 건국 200년 만에 겪은 임진왜란 당시 조선에 온 명나라 원군援軍들은 그들의 주둔지에 '관우 사당'을 지었고 조선 조정에도 그것을 강권했다. 지금도 남한의 이곳저곳엔 관우사당(경상도와 서울 등지)이 있다. 서울의 종로에 가면 이 사당이 있고 얼마 전 새로 복원 작업까지 하기도 했다. 그러나 우리는 지금 이런 관우라는 인물을 과연 계승할 수 있는가? 그는 한국인의 조상이 아니라는 것도 사실은 문제이지만, 무엇보다 관우는 주자학의 창시자이자 군대를 중요시하지 않았던 주자朱子가 관념적으로 추종하고자 한 인물에 불과하다. 그래서 관우사당의 문제는 역사적으로 보존가치가 있는 건물을 다시 복원하여 보존한다는 의미 이상의 의미가 있는 것도 아니다.

이런 일이 의미하는 것은 우리에겐 우리 버전의 '마키아벨리적 프로포션'의 전통이 없었거나 약했다는 것이고, 그렇기 때문에 관우 숭배사당과 같은 무장한 질서를 대체하는 비 군사적 문화 현상이 하나의 전통으로 존재해 왔다는 것이다. 우리 한국인에겐 마키아벨리가 『군주론』에서 말하는 저런 고대의 위대한 인물들과 같이 무장된 질서를 수립한 인물이 있다면 누구인가? 우리에게 우리가 모방할 과거 위대한 인물의 전통이 있다면 그것은 한반도를 최초로 통일한 신라왕조나 고려, 조선의 걸출한 인물들의 전통이 되어야 하겠지만, 그마저도 이런저런 역사적인 이유로 묻혀 버렸고 망각되어 버렸다. 이런 것이 지금 우리만의 '프로포션' 부재를 설명하는 사정이다. 우리가 마키아벨리를 낯설게 여기고 수용하기 어려운 역사적, 현실적 요소다.

이에 비해, 미국적 프로포션은 과거 존재했던 **로마의 프로포션** *Roman proportion*의 현대적 버전이다. 미국이 과거의 로마의 국제적 지위를 계승한 나라다. 과거에 로마제국이 지중해 중심의 전 유럽과 아프리카, 도버 해협을 건너 영국까지 사실상 지배했지만, 지금은 그 지위를 미국이 가지고 있고 그 비슷한 역할을 수행한다. 마키아벨리 식으로 말하여, "덕은 이 나라, 저 나라로 이동한다." 미국의 지배를 받는 나라엔 최첨단의 물리적 힘을 갖춘 미군이 들어가 있는 경우도 많다. 2015년의 경우, 50개 국가에 미군이 주둔하는 걸로 알려져 있다. 이 사실상의 미국의 지배를 받는 나라들과 미국 사이에는 미국적 프로포션이라는 현상이 있다. 피지배 국가들(또는 피보호국가들)은 '필요한 경우' 미국이 힘을 사용하기를 기대하고, 그것에 도덕적 차원의 동의를 하는 나라들인 것이다.

다시 마키아벨리의 문제로 되돌아가 보자. 18세기 건국기의 미국인이 보았을 때 마키아벨리 사상에 문제가 없는 것은 아니었다. 우리는 9장에서 마키아벨리적인 공화주의가 함축하고 있는 대외적인 '약탈掠奪'의 정치, 국내적인 '소요騷擾'의 정치 중 특히 전자를 18세기 미국의 '건국의 아버지들'이 매우 부담스럽게 여겼다는 점을 언급했다. 그래서 미국의 맥락 속에서는 마키아벨리적인 정치가 많이 완화되어 '자유주의적 공화주의'라는 형태의 정치가 자리 잡게 되었다. 여러 번 이 점을 강조했다.

문제는 한국이다. 한국은 2차대전 후에 미국의 힘에 의하여 독립을 쟁취했고 '건국'이 된 나라다. 그러나 한국엔 지금 민주주의 세력은 광범위하게 포진해 있는 반면, 존 포칵이 지적한 '마키아벨리적 순간'과 그것이 상징하는 공화주의 세력은 존재하지 않아, 소위 '진보'라는 이념에 동조하는 많은 국민들은 미국의 프로포션이 상징하는 그런 국가 간 정치 질서에 선뜻 동의하지 않는다. 1980년 이래 죽 성장해 온 '반미反美' 징후는 미국의 프로포션을 거부하는 사조다. 이는 한국에서 공화주의가 성장되지 못한 저간의 사정과 궤를 같이하는 문제라고 보인다. 공화주의자는 파벌세력(민주세력)의 일방적 민족 이데올로기나 국내적 독주보다 애국심 같은 국가적 가치를 중시하고, 전쟁이나 국제무역과 같은 문제가 국가적 삶에 결정적 비중을 가진 문제임을 중시하기 때문이다.

한국에서 마키아벨리적인 사상의 편린을 수용한다는 깃은 무엇을 의미하나? 일차적으로 마키아벨리가 창도한 근대적 공화주의 가치를 제도화한다는 것을 의미한다. 아니면, 그것이 어려우면 적어도 미국 건국의 시점에 지도자들이 보여 준 완화된 마키아벨리 공화주의, 즉 '자유주의적 공화주의'를 제도화하는 것이 될 수도 있을 것이다. 그렇지만 우리에겐 마키아벨리적인 공화주의의 자유주의적 완화에 대한 수용도 필요하다고 보이나 그 이전에 마키아벨리의 공화주의가 가지고 있는 '부담스러운' 면에 대한 경험과 이해가 우선 선행되어야 할 듯하다. '활을 멀리 쏘기 위해서는 우선 높이 쏘아야' 하기 때문이다. 뿌리(마키아벨리)를 이해해야 그 가지(완화된 마키아벨리)를 더 깊이 이해할 수 있다. 필자가 보아, 한국인이 마키아벨리를 가장 현실적인 방식으로 수용한다는 것은 미국의 프로포션을 이해하고 수용하는 태도를 내포한다고 생각한다. 이런 태도는 '덕'을 강조한 소크라테스적 프로포션이나 '평화적 세계공동체pacific union'를 강조했던 18세기 국제적 공화주의자, 칸트의 프로포션Kantian proportion을 거부하는 것을 의미하는 것은 물론 아니다. 이러한 프로포션들과 공존을 모색하되,

미국의 프로포션을 일차적으로 수용할 필요가 있다는 것이다.

한국 정치에서 이데올로기(특히 '진보' 이데올로기)가 차지하는 비중의 문제를 마키아벨리의 견지에서 일별해 보자. 마키아벨리는 '양심의 직업화職業化'라는 문제를 제기한다. '군주'가 가장 피해야 할 문제다. 마키아벨리는 현실로 '검증되지 않은' 도덕성을 '상상적' 도덕성이라 간주했다. 고전 정치철학을 그런 관점에서 이해했지만, 특히 기독교의 가르침이 그런 것이라고 그는 보았다. 자기 시대 성직자가 주도하는 정치를 그렇게 본 것이다. 이 양심의 직업화 현상에서 지금 우리가 볼 수 있는 점은 헌정 세력(우익) 중에도 양심의 직업화가 없는 것은 아니겠지만, 기본적으로 소위 '진보進步'를 표방하는 세력들이 주로 이런 면을 노출한다는 점이다.

소위 '진보'라고 하는 자신감을 가지고 한국의 좌파세력은 지금까지 이념적인 우파의 존재와 가치에 대한 공세 속에서 도덕적 우월감을 지니고 있었다. 그렇지만 이상하게도 한국의 좌익세력은 이러한 이데올로기적 '양심'을 행동으로 드러내지만, 말로 공개적으로 고백하는 일은 좀처럼 없다. 아마 '빨갱이'라는 딱지가 붙으면 선거공간에서 유권자의 심기를 건드려 불리한 결과가 나오므로 그것을 피하고자 하는 전략적 고려 때문인지도 모른다.

우익 세력이 '근대화'라는 국가적 정책을 표방했고, 실제로 적

절한 근대적인 제도나 근대적인 도덕성이 결여된 상태에서 근대
화를 구현하려던 세력이었음에도 불구하고 좌익세력은 그것을
도덕적으로 해석하려는 능력이 없(었)거나, 아니면 그 우익세력
이 추진하던 '근대화' 자체를 도덕적 악으로 간주하기 위한 정략
적 이해관계가 있어 보인다. 또 아니면 좌익진영은 '근대화'가 세
계적 수준에서 진행되던 근대성의 현상이었다는 점에 대한 과학
적(냉정한) 인식을 결여하고 있는 듯하다. 도덕화의 문제는 우익
보다는 주로 좌익의 전유물이 되어 왔다.

그러나 역사적 진보를 표방한 이 세력이 시도했던 것은 반드시
현실적인 실행능력이나 업적으로 입증되지는 않는 듯하다. 그래
서 지금에 우리는 '진보세력'의 '양심의 직업화職業化' 문제에 주목
한다. 마키아벨리 도덕혁명은 현재의 좌익세력의 이념정치가 실
제로 검증되지 않은 '선의 직업화making a profession of good' 현상임을
우리에게 알려 준다. 외면적으로 그럴듯한 도덕적 선의 구호 이
면에는 좌익 정치지도자들의 '야심'이 있다. 마키아벨리가 『리비
우스논고』 1권 45장과 『군주론』 6장에서 묘사하는 양심의 직업화
의 상징 인물, 사보나롤라의 경우, 실제 공화정치의 공동선이 기
초하는 법의 지배를 자주 무시하는 방식으로 나타난다.

이 나라에서 소위 '진보진영'은 '민주주의,' '민족주의,' '평화주

의,' '외세,' '복지' 등에 관하여 겉보기에 선량한 구호를 외쳐 왔지만, 정치의 모든 점에서 검증되지 않은 선(관대함, 자비로움 같은)에 입각한 행위는 결국 『군주론』 17장과 『리비우스논고』 3권 22장에서 마키아벨리가 주장하듯이 대중의 재정부담(증가된 세금부담)과 '국민적 효용public utility'의 감소로 귀착되거나, 아니면 '악한 인간이 들끓는 곳에서' 지도자 자신의 '생존'과 국가적 '안녕'조차 담보하기 어려운 상황이 될 수도 있었던 것처럼(『군주론』 15장), 과학적으로 검증되어지는 바탕 위에서 추구해야 할 사안들이라 생각된다. 직업적으로 추구하는 '선' 내지 '양심'은 결국 정치적 효용을 안겨 준다기보다 오히려 국민적 해악을 더 많이 초래하는 일이다. '실제적 진실'을 추구하는 마키아벨리 도덕혁명은 '모든 면에서' 이념적 선을 추구하는 것보다 이념적 효용을 추구하도록 하는 가능성을 우리에게 열어 주고 있는 것이다.

마키아벨리는 개혁에 있어 인치人治와 법치法治의 문제를 제기한다. 마키아벨리 해석자, 마커스 피셔의 주장을 한국인에게 익숙한 '인치냐 법치냐'라는 담론 언어의 견지에서 고찰하자면, 스트라우스와 맨스필드의 주장은 마키아벨리의 '모디'(모드의 복수형)에 대한 주장을 따라 '인치'를 강조하는 쪽이고, 반면 피셔는 마키아벨리의 '오르디니'(질서, 또는 제도)에 대한 주장을 중시하고 비록 인치가 마키아벨리의 사상에 분명히 존재하기는 하지만, 그것만이 아니라 '법치'의 측면 역시 존재한다는 것을 강조하였다. (피셔의 비판은 주로 스트라우스의 『마키아벨리에 대한 사색』과 맨스필드의 『마키아벨리의 새로운 행위방식과 질서』, 그리고 맨스필드/탈코프가 공역한 영역본 『리비우스논고』의 서문을 대상으로 한다.)

스트라우스와 맨스필드 담론의 특징은 우리 한국인의 사고습성에 좀 유사한 측면이 있다. 그것은 우리의 지성적 전통이 법치라는 제도 측면보다는 인치가 내포하는 덕의 측면에 더 유사하기 때문이다. 서구사회에서 법치 같은 제도론적 사상과 이론은 아주 근대적인 현상이다. 법치 개념은 물론 고전철학자들도 논의했지만, 특히 16세기 이래의 서구 근대인이 매우 구체적으로 발전시킨 개념이다.

우리의 사상과 이론은 근대화의 과정 속에서 서구적 제도론의 시각을 많이 도입하였다. 그러나 우리는 이것과 함께 전통적인 시각이라 할 수 있는 인치의 측면을 다시 강조할 필요가 있다고 보인다. 인치라는 것을 다시 강조하되 전통적인(유교적인) 관점에서 말하는 인치가 아니라 새로운 관점에서의 인치, 즉 마키아벨리적 '모드'라는 관점에서 생각해야 할 것이다. 이것이 우리가 마키아벨리의 과학적 발견을 우리의 맥락 속에 접합시키는 지혜일 것이다. 이 인치라는 측면에서 가장 핵심적인 것은 '덕'이라는 개념이다. 이것은 전통적인 유교질서나 마키아벨리적 질서나 동일하다. 그렇지만 '덕'의 내용은 다르다. 우리는 마키아벨리적 '덕'이란 전통적 덕을 '실제적 진실'이라는 관점에서 개혁하는 것을 의미한다는 점을 염두에 두어야 할 것이다.

외교정책에 있어, 우리 한국인은 마키아벨리적인 외교정책을 어떻게 이해하고 있나? 고래로부터 한국인은 타국을 침략하지 않았다. 이것은 칭찬도, 비난도 아닌 역사적 사실이겠지만, 한국인은 이를 칭찬으로 여기는 듯 하다. 필자는 고등학생시절 사회 교과서에서 '백의민족'과 '평화 애호'라는 것을 긍정적인 것으로 배운 적이 있다. 지금도 크게 다르지 않은 듯하다. 그러나 이것은 비 마키아벨리적인 이해이다. 일종의 우리만의 관념론이라 생각된다.

마키아벨리에게서 연원하는 '약탈적' 대외정책이라는 문제는 찬양해야 할 성격의 문제는 아니지만, 한국인에겐 역사적으로 엄연히 겪었던 실존적 문제이다. 한국은 100여년 전에 일본의 식민지가 된 경험이 있다. '친일파' 논쟁에서 보듯, 우리는 아직도 그 역사적 후유증을 완전히 청산하지 못한 상황이다. 일제시대에 소위 '친일' 한 사람의 명단을 작성하고 그들 행위를 비난하는 문서와 논쟁은 넘치지만 막상 조선이라는 국가를 상실한 것에 대한 책임자에 대한 문책은 사실상 없다. 매우 신기한 일이다. 뭔가 문제가 있어 보인다. 언젠가는 이런 역사적 후유증을 극복해야 하지만, 마키아벨리에 있어 국가의 '덕'이란 세계를 자유롭게 이동하고 움직이는 현상임을 보아야 한다. 고대 로마인의 국가적인 덕은 그곳에만 영원히 머문 것이 아니라 이후 포르투갈부터 시작하여 스페인, 네덜란드, 영국, 그리고 미국의 순서로 이동했다고 할 수 있다. 우리에게 한때 괴로움을 준 일본은 우리가 없던 것을 가졌기 때문에 우리를 괴롭힌 것이다. 덕은 이 국가, 저 국가를 시간 속에서 이동해 다닌다. 이것이 마키아벨리가 식민지 문제를 보는 관점이다. (이 나라 좌파진영은 물론 시각이 다르다.) 일제를 지금도 비난하는 것이 어쩌면 이렇게 세계 속에서 움직이는 덕을 포착하는 것을 우리 스스로가 포기하거나 외면하는 일로 귀착되는 것은 바람직하지 않다고 생각된다.

우리는 2000년대 초기에 미국의 조지 부시 정권이 공격적 외교 정책, 이른바 '네오콘' 정책을 추구한 것을 기억한다. 아이러니컬한 것은 그 당시 미국인들은 우리가 앞에서 서술한 '자유주의적 공화주의자들'의 사유와 많이 멀어진 정책적 선택을 할 수밖에 없었던 점이다. 이 책에 소개된 영국의 자유주의적 공화주의자들뿐만 아니라 미국의 건국의 아버지들 거의 모두가 마키아벨리적 대외 정책을 완화 혹은 회피하는 정책을 채택하고자 번민했음을 고려하면, 이 일은 좀 의외이다. 그러나 미국은 이런 공격적인 대외정책을 집행해 왔다. 흥미로운 점은 우리 한국인 역시 노무현 정권기에 싫든 좋든 거기에 동참했다는 사실이다. 이것을 보면 '자유주의적 공화주의'의 이념은 미국의 건국 이후에 늘 존재하는 상수常數와 같은 현상은 아니다. 단지 2차적인 문제인 것이다. 전쟁이란 우리가 싫어하든 좋아하든 불문하고 자주 일어나는 것이기 때문이다. "여러분은 전쟁에 관심 없지만, 전쟁은 여러분에게 관심이 많다." 러시아 공산주의자 리온 트로츠키의 말을 이 대목에서 인용할 필요가 있겠다. 한국인은 이런 현실을 직시할 필요가 있다고 생각된다. 한국인은 체질적으로 이런 세계의 현실에서 아주 멀리 떨어져 있는 현실적, 이념적 국외자局外者가 되기를 원할지 모르지만, 실제로 그것은 아주 어려운 일이다. 바람직한 것도 아니다.

마지막으로 우리의 정치에서 지도자의 존재를 마키아벨리 '실제적 진실'의 견지에서 일별해 보자. 우리가 마키아벨리 '군주'의 개념에서 보았듯이, 공화주의 사회 지도자들은 로마 공화국의 경우 원로원senate의 구성원들 같은 '군주들princes'이다. 그리고 꼭 거기에만 있는 것은 아니고 사회의 다양한 영역에 존재한다. 심지어 '해적'의 우두머리도 군주이고 점을 치는 점쟁이의 우두머리도 군주였다! 마키아벨리는 공화국의 지도자들은 단수형태도시의 '군주'보다 그 복수형태로서의 '군주들'로 표현한다.

가장 중요한 점은 이런 각 영역의 군주들은 자신만의 독자적인 결정권을 가지고 있다는 점이다. 더 높은 외부적 권위에 의하여 각 영역의 지도자들이 자신만의 권위를 가지고 내린 결정을 번복하거나 바꾸지는 않는다. 이것은 '오르디니'가 아니라, '모디'를 중시하는 마키아벨리 사상의 한 표현이다. 현장 중심의 지도력, 현장에서 특정한 개별 지도자가 자기 소신으로 무엇을 구체적으로 어떻게 하는가 하는 것을 중시하는 것이다. 그리고 현장에 나가 있는 지도자의 '개인이익'을 존중해 주는 것이다. 설사 잘못되어도 그 책임자에게 책임을 지우지 않는다. 오르디니 전체가 책임을 진다. 그러나 한국은 아직은 이렇지 않은 듯하다. 우리의 각 영역에서의 지도자들이 독자성을 가지게 된다는 것은 우선은 마키아벨리적인 공화의 질서를 만들어야 가능할 것이다.

11

마키아벨리의 다른 저술과
개인의 일상사

이 장은 첫째, 근대 정치철학자 마키아벨리의 다른 저술들을 간략히 일별하고, 둘째, 6장에서 마키아벨리의 중요 개념의 하나인 '프로포션'을 논의할 때 유보했던 남자와 여자 간의 프로포션, 그리고 가장家長과 가족 간 프로포션 문제를 간단히 서술하고자 한다.

1
마키아벨리의 다른 저술

우리는 이 책의 주요 관심사에서 다소 다루지 못한 마키아벨리의 다른 저술들에 대하여 간략히 개관해 볼 필요가 있다. 1989년에 출간된 앨런 길버트의 세 권짜리 전집, 『마키아벨리: 주요 저작들과 기타』 1권, 2권, 3권을 보면 마키아벨리는 자기 생애를 통털어 총 34범주의 작품을 썼다. 그중 논문 내지 책은 총 9범주, 충고문과 권고문은 2범주, 보고문은 2범주, 인상기는 4범주, 일대

기는 1범주, 시는 9범주, 희곡 내지 드라마 대본은 3범주, 풍자문 1범주와 편지 등이 있다. 그의 저술 기간은 31세이던 1500년부터 시작하여 56세이던 1525년 직후까지 총 25년여 정도였다. 사실상 마키아벨리는 전 생애를 저술활동으로 지냈다.

같은 저자, 앨런 길버트는 이미 1961년에 마키아벨리의 편지들을 취합하여 『마키아벨리의 편지』라는 책을 영문으로 출간했었다. 이 편지들은 마키아벨리가 친척들, 친구들, 가족, 직장 동료들, 자신이 알던 공직자들, 성직자들 등에게 쓴 것이다. 개인적으로 필자는 이 책을 마키아벨리라는 인간성을 상상하면서 즐겨 보는 편이다. 마키아벨리 연구자들이 아니면 이런 편지들에 대해서 잘 모르는 경우가 많을지 모르지만, 필자가 보기에 이런 편지들은 마키아벨리를 더욱더 정밀하게 알고 연구하는 데 아주 유익한 것들이다.

이 중 우리에게 아주 많이 알려진 것들은 우리가 이 책에서 주로 다룬 『군주론』(1513)과 『리비우스논고』(1518)이지만, 그 외 『만드라골라』(1512년-19년 사이), 그리고 『전쟁의 기술』(1521), 『피렌체역사』(1523) 등이 있다. 이 후자의 저술들은 그동안 마키아벨리의 워낙 유명한 저술, 『군주론』에 밀리고 그 이후에는 『리비우스논고』를 연구하는 경향에 밀려 이런 책들보다 덜 중요한 것으로 치부되고 있는 게 사실이다. 우리는 마키아벨리라는 이름을 들으면, 당장엔 『군주론』부터 떠올린다. 『리비우스논고』도 아직은 전문적인 학자들 이외 대중적 차원에서 그다지 읽히는 책은 아닌 듯하다. 이 책도 읽기의 순위에 있어 『군주론』에 밀리는 듯하다. 그래서 『피렌체 역사』나, 『전쟁의 기술』, 그리고 『만드라골라』라는 저술들은 독자들에게 더더욱 많이 알려져 있지 않다. 단지 인문학자들 일부가 이 『만드라골라』를 즐겨 연구하는 듯하다.

우리는 지금 여기에서 이 모든 마키아벨리의 저술들을 다 개관할 필요는 없지만, 대략 우리의 논의의 맥락에서 간단히 개관하자면, 『피렌체 역사』에서 마키아벨리는 자기 조국 피렌체라는 도시의 역사를 말하지만 긍정적인 면보다는 부정적인 면을 압도적으로 많이 서술해 놓았다. 그는 이 도시가 이전의 고대 로마의 공화적 전통을 상실하고, 즉 공화적 프로포션을 상실하고 무수한 종교적, 비종교적 '파벌들' 간의 쟁투와 갈등으로 '시민적 삶'이 피폐해졌음을 보고하지만, 메디치 가문이 어떻게 피렌체에서 왕가를 이룩했는지에 대해서까지도 보고한다. 그러나 이 책은 1520년 메디치가문 출신의 교황 레오 10세(지오반니 디 메디치)가 저술을 위촉한 것이어서 마키아벨리는 이 가문에 대하여 아주 조심스럽게 말하고 있다. 총 여덟 권의 저술이 5년 뒤에 교황

클레멘트 7세에게 보고되었다. 이 책의 '서문'에서 마키아벨리는 '나의 엔터프라이즈'라는 인상 깊은 표현을 사용하고 있다. 또 이 책에서 인상적인 것은 행복이란 '중대한 일(코제 그란디)'과 '가벼운 일(코제 바네)' 사이를 왕복하는 것이라는 마키아벨리 특유의 행복관(내지 윤리관)이 나타난다는 점이다. 이 관점의 핵심은 '덕'(내지, 능력)이 유지되는 동안 이 왕복현상은 유지될 수 있다는 점이고, '신중한' 판단과 행동이 이 왕복현상을 지도하는 원리라는 점에 있다. (이 설명은 스트라우스와 맨스필드가 우리에게 제공해 주는 설명이다.) 우리에겐 이것만으로도 충분한 연구의 소재가 되는 주제다.

그리고 『전쟁의 기술』이라는 책은 마키아벨리가 국가 간 '실제적 진실'이라고 본 전쟁이라는 현상에 대하여 논한 것이다. 『군주론』과 『리비우스논고』가 풍부하게 사례를 들며 언급하는 게 사실 전쟁이다. 그래서 그에게 초미의 이슈이다. 이 책은 『군주론』 26장에 그가 피력한 '이탈리아의 해방'이라는 실천적 관심을 연장한 저술이다. 앨런 길버트가 잘 요약한 대로, 이태리 군대가 어떻게 무장하여, 어떤 전술로 외세를 막을 것인가? 이태리인이 어떻게 용병을 피하고, 자기 손으로 국가를 방어할 것인가? 이런 문제의식을 담고 있기 때문이다. 마키아벨리는 이 책에서 근대 피렌체가 상실한 고대적 전쟁 기술을 많은 그림을 제공하면서 매우 구체적으로 서술하고 있다. 그는 그러한 전술을 16세기 자기 시대에도 실현할 수 있다고 믿었다. (물론 오늘날 이런 전술을 전장에서 사용하기는 어려울 것이다.)

『만드라골라』는 극장에서 연극으로 상연된 마키아벨리의 코미디 대본이다. 그는 정치과학자일 뿐만 아니라 예술적 취향과 자질을 가졌던 극작가이자 예술가이기도 했다. 이 연극은 아주 부도덕한 콘텐츠가 있음에도 불구하고 극장에서 폭발적 대중적 인기를 누려, 많은 곳에서 여러 번 상연되었다. 심지어 1520년 교황 레오 10세는 피렌체에서의 공연이 대성황을 이루자, 자신이 있던 "로마에서도 연극을 상연하라"고 명령하기도 했다. 1525년에 베니스에서 공연할 때는 관객이 인산인해여서 공연 자체가 중단되는 사고를 겪기도 했다.

이 코미디는 마키아벨리의 정치적 사고의 틀을 잘 보여 주는 것이라, 약간 설명한다. 등장인물 니차 박사는 결혼한 남자이지만 자식이 없어 부인이 자식을 낳아 주기를 간절히 바란다. 그러나 그는 아주 비현실적(전통적) 도덕관의 소유자이다. 부인 루크레치아는 아주 미녀로, 칼리마코라는 성공한 사업가가 남의 부인인 이 여성에게 관심을 가지고 접근한다. 그리고 리구리오는 그에게 빌붙어 얻어먹고 사는 부도덕하고 속물적인 보통 인간이다. 그리고 돈을 밝히는 타락한 성직자 티모테오는 정치적으로 이태리를 분열시키고 그 틈바구니에서 자신의 기득권 유지를 위해 이탈리아 반도를 스페인, 프랑스, 스위스, 독일과 영국 등의 외세에 굴욕적으로 바친 인물의 상징으로 나온다.

루크레치아는 고대 로마가 공화정을 시작하기 직전 타킨 왕가의 아들 섹스투스가 겁탈했던 그 미녀 루크레치아와 이름이 같다. 이 고대의 루크레치아는 섹스투스에게 강압적으로 겁탈당한 후 순결을 상실한 것을 비관하여 사실상 자결했다. 마키아벨리는 이 사례를 『리비우스논고』 3권 5장에서 소개하고 있다. 그는 이 고대 여인의 이름을 자기 드라마에 다시 사용함으로써 이탈리아인에게 익숙한 순결의 이미지를 약간 뒤틀어 근대적 루크레치아로 부활시킨다. (이 근대의 루크레치아는 고대의 루크레치아와 달리, 외간남자 칼리마코의 속임수로 성관계를 하지만 자결하지는 않는다.) 칼리마코는 이 드라마의 주인공이자, 부하(리구리오)를 잘 이용하는 현명한 '군주'의 이미지로 나타난다. 그는 리구리오의 계략에 따라 변복을 하여 마치 의사인 것처럼 꾸미고 루크레치아에게 접근하여 자신이 배석하여 확인할 수 있는 방식으로 '만드라골라'라는 풀을 약으로 복용하면 임신이 된다고 속인다. 원래 현명하고 정숙했던 루크레치아는 칼리마코의 수상한 계략이 많이 의심쩍어 내키지 않아 아주 망설이고 우물쭈물하지만, 단순한 어머니 소스트라타가 딸을 설득하는 데 동원되고, 티모테오 신부는 칼리마코에게 돈을 빌고 매수되어 루크레치아에게 (이 가짜)의사의 말을 들으라고 끈질기게 설득하는 데 동원된다. 드디어 칼리마코는 그녀를 꼬드겨 동침하는 데 성공한다.

우리가 보기에 이 칼리마코는 니콜로 마키아벨리 자신을 상징한다. 이름도 비슷하다. 자기 이름, 니콜로에서 '칼리'라는 비슷한 소리를 따오고, 자기 성, 마키아벨리에서 '마코'라는 역시 비슷한 소리를 따와서 합성한 이름이다. 장난스러운 코미디 작가, 마키아벨리의 모습을 볼 수 있다. 사실은 자신이 이 드라마의 주인공인 셈이다. 그리고 칼리마코와 리구리오의 관계는 『군주론』 7장의 주인공 체사레 보르자와 그의 부하 레미로를 연상시킨다. 체사레는 칼리마코를 상징하고, 그에게 계략을 제공하는 인물, 레미로는 리구리오를 상징한다. 그러나 레미로는 군주 체사레에게 정치적으로 이용당하고 처벌당하지만, 이 드라마에서 리구리오는 칼리마코에게 희생양으로 처벌당하진 않는다는 게 차이점이다.

마키아벨리는 연극의 청중뿐만 아니라, 자신의 독자들에게도 이런 코믹한 방식으로 자주 말한다는 것을 우리는 유념해야 한다. 그게 그만의 소통의 방식이자 전략이기도 하다. 좌우간 남의 부인 건드리기 식의 이러한 음모에서 결국엔 외간 남자 칼리마코의 애인이 되는 루크레치아는 마키아벨리가 『군주론』 25장에서 말하는 "운수는 여자다fortune is a woman"라는 관점을 반영하는 존재다. 이 모든 음모의 결과에 체념적으로 승복하고 순순히 자신의 몸을 내맡기는 존재로 나타난다. 그녀는 드라마 마지막 제5막에서 칼리마코와 동침하면서 이 모든 음모의 내용을 다 알고 있음을 체념과 불만 섞인 어투로 고백한다. 그렇지만 그녀는 이 상황을 순순히 받아들인다. 그리고 이 드라마에서 마키아벨리가 늘 강조하는 '덕'은 음모를 꾸미고 그것을 집행하는 능력으로 나타난다.

요는 이 『만드라골라』는 마키아벨리 정치사상의 연극화라고 볼 수도 있는 것이다. 자식 못 낳아 번민하는 니차 박사와 칼리마코는 속물들과 어리석은 세상사람들(리구리오와 티마테오 신부, 어머니 소스트라타) 사이에서 루크레치아라는 하나의 소중한 가치를 상징하는 중립적인 존재를 두고 그녀의 사랑을 '획득'하기 위해선 서로 상생相生해야 한다는 마키아벨리적 교훈이 아주 엽기적이고 우스꽝스러운 드라마로 나타난다. 이 드라마 속엔 마키아벨리적 모티브가 풍부하여 정치학자들과 인문학자들이 마키아벨리 사상을 염두에 두면서, 많이 연구하는 책이기도 하다. 이 모티브엔 마키아벨리가 『군주론』 8장에서 조심스럽게 언급한 '효과적으로 실행한 사악함'을 강조하고자 하는 의지가 묻어 있다.

그러나 필자에게 개인적으로 가장 호소력 있고 흥미 있는 부분은 마키아벨리기 쓴 편지들이다. 앞에서 말한 앨런 길버트가 영어로 편찬한 『마키아벨리의 편지』 중에는 프란체스코 베토리에게 보낸 유명한 '조국'과 '영혼'에 관한 것, 친구 프란체스코 구이치알디니에게 보낸 구직에 협조해 달라는 취지의 내용을 담고 있는 것, 그리고 아들과의 편지에서 사나운 동물을 어떻게 다뤄야 하는지에 관한 이야기도 나온다. 여기에서 그는 동물도 '자유'를 그리워할 것이라는 나름의 인상적인 동물관을 보여 준다. 어떤 편지에서는 자기 직장 동료에게 출장 중에 있었던 일탈적 섹스 경험에 대한 일화도 매우 웃기는 어조로 전하고 있다.

그의 편지 중, 무엇보다 마키아벨리가 도덕 철학자임을 암시하는 아주 감동적인 것이 있다. 친구 프란체스코 베토리에 보낸 1513년 12월 10일자 편지이다. 이 편지에서 마키아벨리는 '43'년간의 자기 인생 전체를 통해 '정직성'을 유지했기 때문에 이젠 그게 천성이 되어 바꾸기도 어렵다고 말하는 대목이 인상적이다. (그는 자기 저술, 『리비우스논고』에서 인간은 항상 승리하는 삶을 살기 위해선 자기 천성을 바꿀 능력이 있어야 한다고 주장한다! 그것과 묘하게 대조된다. 여기에서 마키아벨리는 전통적인 도덕성을 가진 인간형으로 나타난다.) 물론 이 기간의 마지막 15년간은 그가 공직(피렌체 공화국 제2서기관)에 있었던 기간이다. 『군주론』을 막 끝낸 시점에 자신이 '가난'하게 살아가고 있다는 사실이 공직 기간 동안 자신의 '정직성'과 '선량함'을 입증하는 증거라고 말하는 대목이다.

이 편지에서 마키아벨리 자신이 '철학자'임을 우리에게 암시하는 내용도 있다. 『리비우스논고』 1권 18장에서 "모든 것에 대하여 추리하는 것은 좋은 일이다"라고 말하는 마키아벨리의 모습이 여기에서 오버랩된다.

"저녁이 오면 밖에서 집에 돌아와 내 서재의 — 고대인의 고대 법정으로 들어간다네(ancient courts of ancient men. 필자의 주: 고대인은 고대의 철학자들이고, 고대 법정은 그들이 쓴 여러 책을 보고 질문과 답을 교환하는 상상 속의 장소를 의미한다. 정확한 뉘앙스를 느낄 필요가 있다). 거기에서 그들의 따뜻한 애정을 받으며 내가 가진 것 중 유일한 것이고, 또 내가 태어난 이유가 되는 그들이 제공하는 음식(주: 고대인이 쓴 철학)을 먹는다네. 그리고 거기에서 나는 그들과 부끄러워하지 않고 대화를 나누고, 그들이 했던 행동의 이유를 묻는다네. 그러면 그들은 내게 친절하게 답을 준다네. 그렇게 네 시간 동안 나는 지루함을 못 느끼고 모든 고통도 잊게 되고 가난도, 죽음도 두렵지 않아진다네.

나는 전적으로 그들에게 나 자신을 맡긴다네."

이 편지의 끝부분은 『군주론』 13장 제일 마지막 문장을 연상시킨다. 자신이 '복종'하는 '무장한 오르디니'를 말하는 대목이다. 이 편지 전체를 보면 철학에 몰두한 사람은 정직한 성품을 가지고 있고, 그것으로 인하여 '가난'을 달고 사는 인생이 되었음을 시사한다. 마키아벨리 자신만의 방식으로 말하면, '정직성'으로 살아가는 철학자는 부자富者로 살아가는 인생과 '프로포션이 없다no proportion'는 얘기가 된다(『군주론』 14장의 표현이다). 철학/정직성은 돈에 복종하지 않고, 돈은 철학/정직성에 복종하지 않는다! 이런 인물이라면 15년간의 공직생활에서 당연히 부패한 방식으로 재물을 긁어모으진 않았을 것이다. 마키아벨리의 편지를 읽으면 우리는 마키아벨리라는 사람의 개인적인 면모를 진하게 느낄 수 있다.

마키아벨리는 인생의 황혼 무렵, 1527년 4월 16일자로 친구 베토리에게 보낸 편지에서 자신이 하나의 새로운 종류의 정치인이자 철학자임을 시사하는 말을 한다. '조국'과 '영혼' 중 어느 게 더 중요한가 하는 문제다. 마키아벨리는 "나는 내 영혼보다 내 조국을 더 사랑한다." 이 구절의 정치적 의미는 당시 자기 조국보다 자기 영혼을 더 사랑했던 로렌초 대인Lorenzo the Magnificent의 생각을 뒤집는 점에 있다. 이 인물은 마키아벨리가 『군주론』을 헌정했던 로렌초의 할아버지다. 이 메디치 가문엔 전통적으로 소크라테스 내지 플라톤주의자들이 많았다. 그들은 '영혼' 보살피기를 '국가' 보살피기보다 더 중시하는 플라톤 정치철학을 신봉했다. 그 정치철학(내지, 오르디니)에 복종했다고 말해도 될 것이다. 여기에서도 우리는 마키아벨리와 전통적인 소크라테스식 정치철학과의 차이점을 인지하게 된다. 여하튼 이 편지는 정치와 영혼 문제의 상관관계를 우리에게 여실하게 보여 준다. 중요한 연구주제의 하나다. 마키아벨리 편지를 다 소개하지 못하는 게 아쉽지만 이 정도에 그쳐야 하겠다. (관심 있는 독자에게 엘런 길버트의 『마키아벨리의 편지』를 권하고자 한다. 마키아벨리 친구들이 마키아벨리에게 보낸 편지까지 다 보려면 영문으로 된 제임스 애킨슨과 데이비드 사이시스의 『마키아벨리와 그의 친구들』이란 책이 눈에 띈다.)

이하 2절에서는 앞의 6장에서 논하지 않았던 사적 차원에서의 '프로포션' 현상을 보기로 하겠다. 우리는 이 책에서 지금까지 프로포션을 지배와 복종(피지배)의 질서로 해석했다. 그 초점은 이 책 6장 1절에서 분류한 프로포션 중 i항의 부자관계, ii항의 남녀와 iii항의 가정家庭에서의 프로포션 문제이다. 독자의 기억을 위해 다시 반복하지만, 이 프로포션 개념의 기원은 리비우스 『로마사』에 나오는 만리우스 부자父子 스토리이다(앞 6장 1절 참조).

2
사적私的 프로포션 : 남과 여, 그리고 가정家庭

마키아벨리 프로포션은 정치적 차원에서 기본이 '무기arms'의 개념이다. 그가 복종하는 질서는 '무장한' 질서다. 그러나, '무기' 가 어떻게 남자와 여자, 가장家長과 가족 사이의 관계의 이미지 가 될 수 있나? 우리가 마키아벨리 프로포션 신드롬/개념과 남녀 관계 및 가족관계와의 연관을 생각할 때 첫 번째로 직면하는 가 장 큰 문제가 이것이다. 그러므로 우리는 여기에서 남녀관계와 가족관계에 있어 작동되는 '무기'란 어떤 이미지인가를 따져야만 한다. (필자는 지금까지 어떤 문헌에서도 이 사적인 것을 무기를 배경으로 하는 지배와 복종이라는 견지에서 다룬 문헌을 본 기억이 없다.) 남자가 여자(부인 이나 애인)나 아이들에게 항상 '무기'의 이미지에 해당하는 물리적 폭력으로 대할 수는 없다. 그건 한마디로 부도덕이자 야수성이 다. 모든 인간이 꺼리는 일이고, 폭력을 행사하는 당사자 자신 역시 그럴 것이다.

우리는 이 대목에서 다시 가장 최초의 '프로포션'의 상황으로 되돌아가 보자. 이것은 마키아벨리가 아니라 마키아벨리의 전거典據인 『로마사』의 저자, 리비우스로 되돌아가는 것이다. 우리가 이미 본 앞 6장 1절 ①의 케이스다. 리비우스는 만리우스 부자(아버지 루키우스와 아들 토르쿠아투스)의 관계를 언급한다. 이 부자관계엔 '무기'가 없다. 아버지가 아들에게 무기를 사용하는 게 아니다. 단지 '무기' 이미지로 등장하는 것은 아들을 지배하고 교육하는 아버지의 힘이자 능력일 뿐이다. 그것에는 아버지의 지성적 판단력, 도덕적 훈육의지와 무서운 훈육의 매너, 아들을 신체적으로 보살피는 육체적 능력, 아들의 장래에 대한 걱정과 기대, 그리고 가족을 부양하는 물질적(경제적) 능력 등의 요소들이 있다고 보인다. 이 중 마키아벨리는 이런 아버지의 요소들 중 특히 무서운 아버지의 행동이 가진 이미지(『리비우스논고』 3권 22장 1절에서 마키아벨리가 만리우스 토르쿠아투스와 그 아버지를 언급하는 것 참조)를 자기 나름으로 무기의 이미지로 변형시킨 것으로 보인다. 그리곤 부자 간 신중한 지배와 자발적인 복종의 질서라는 의미를 가진 '프로포션' 개념을 만들어 낸 것이다. 그 후 마키아벨리는 이 개념을 정치적인 관계에 적용하여 분석하고, 또 필자가 여기에서 논의하는 그

밖의 사적인 문제들에 까지도 투사하듯이 적용, 응용시킨다.

그렇다면 마키아벨리에 있어 남자와 여자, 가장과 가족 간의 길씨는 어떠한가? 이것은 6장에서 '포로포션'을 서술할 때 ②항과 ③항의 유형으로 열거한 것들이다. 남녀 관계의 문제에 있어 그 초점은 정치지도자급 인사가 쾌락을 추구하는 데 대해 평민은 그것을 어떤 시선으로 바라보고 있는가 하는 것이다. 그것이 '비난' 받을 문제인가, 아니면, '찬양' 받을 수 있는 일인가 하는 것이 초점이다. 우리는 이를 보기 위해 마키아벨리가 '소 로렌초' 같은 정치지도자에 대하여 언급하는 것을 고찰해 볼 수 있다. 그리고 가장과 가족 간 질서문제를 보기 위해 우리는 마키아벨리 자신의 개인적 상황에 초점을 두고 보기로 하자. 이 후자의 초점을 설정한 이유는 마키아벨리가 자신의 글에서 세상의 다른 가장과 가족에 대하여 말한 것이 있을 수는 있겠지만 그게 그렇게 뚜렷하게 나타나지 않은 반면, 자신의 상황에 대하여 말하는 것에서 이것은 가장 현저하게 드러나기 때문이다. 그래서 어떤 면에서 이 측면은 자신이 품고 있는 정치적 사유를 자기 자신에게 적용한 것이라고도 해석할 수 있어서 그만큼 우리의 지적 관심/흥미를 유발하는 측면이고, 그가 발명한 '프로포션' 개념을 가장 내밀 內密한 차원에서 우리가 이해할 수 있는 기회를 제공한다.

1) 남녀문제와 쾌락

(1) 남녀문제란 '대담한' 남자가 여자라는 '행운'을 자기 것으로 만드는 것이다

우선 우리는 마키아벨리가 남자와 여자에 대하여 가진 생각의 일단을 보여 주는 대목에 주목할 수 있다. 그것은 『리비우스논고』 3권 6장이다. 거기에 여성을 남성의 '재산'의 일부로 보는 관점이 나타난다. 그래서 남성의 재산을 누군가가 자의적으로 처분하려 들면 이는 정치적 음모의 대상도 되고 권력을 가진 사람이 몰락할 수도 있는 위험한 일이라고 묘사하고 있다('재산' 언급하는 『군주론』 17장도 참조).

또 다른 대목은 유명한 『군주론』 25장의 말에 나타난다. 그는 거기에서 남자가 여자를 대해야 하는 모드에 대하여 유명한 말을 남겼다. "행운을 잡기 위해 성급한impetuous 것이 조심스러운cautious 것보다 더 낫다. 그 이유는 행운은 여자이기 때문이다. 그리고 여자를 붙잡기 위해 필요하다면 (남자는) 여자를 때리고 쓰러뜨려야strike down 한다. 그리고 여자는 냉정하게coldly 행동하는 사람보다는 성급하게 행동하는 사람들에게 자신의 몸을 맡긴다." 이 대목은 좀 우스운 대목이기도 하고 도덕적으로 심각한 하자를 드러내기도 한다. 미국의 여성 정치학자, 한나 피트킨은 1984년 『행운은 여자다』라는 제법 많이 알려진 마키아벨리 연구서를 출간했는데 바로 이 구절에 있는 말로부터 자기 책이름을 따왔다. 이 책의 부제는 '마키아벨리 사상에 있어 성gender과 정치'이다. 그의 주장 중에 가장 인상적인 것의 하나는 마키아벨리가 '여성의 성sex' 내지 '여자의 육체,' 그리고 '여성다움womanliness'을 무시했다는 것이다. 1985년 고대 그리스 철학자들부터 마키아벨리에 이르기까지 '정치사상사에서 차지한 여성의 지위문제'를 연구한 다른 여성 마키아벨리 학자 알린 섹슨하우스Arlene Saxonhouse 역시 비슷한 관점을 가지고 있다. 이 두 학자들의 관점은 '남자다움manliness'이 지금 여기 마키아벨리가 말하는 폭력성과 연상되고, 그것이 여성성을 무시하는 것으로 가게 한 것이라고 본다. 그들이 옳다면 남성은 과격한 짓을 하지 않고 얌전한 행동만 해야 할 것이다.

그러나 만약 그렇다면 우리는 또 다른 마키아벨리 학자이자 2006년 『남자다움Manliness』이란 책을 출간한 하비 맨스필드가 옹호하고자 하는 '남자다움'의 문제 역시 제기해야 한다. 여성성이 중요하면 남성성 역시 중요하다. 상대적이다. 맨스필드는 2001년 터진 '9.11 사건'을 예로 들면서 "문제를 일으키는 것도 남성적 본성을 가진 사람들이고 그것을 해결하는 것도 남성적 본성을 가진 사람들이다"라고 주장한다. 물론 이 남성적인 것을 그는 여자들도 가질 수 있다고 말한다. 영국 수상을 지낸 '마가렛 대처' 같은 여성이 가장 대표적 케이스라고 그는 예시한다. 이 맨스필드의 주장은 남자와 여자의 외형적(육체적) 구분을 무색하게 만든다. 여자에게도 남성성이 있다면, 남자에게도 여성성이 있다는 논리가 된다. 여자도 필요하다면, 남자를 때릴 수 있고 힘으로 굴복시킬 수 있다. 단지 누가 근육(물리적 힘)을 더 많이 가지고 있는가에 달린 문제다. 그러나 이보다 더 중요한 것은 남성적인 것과 여성적인 것이다. 우리가 이 두 성질이 가진 보완적 측면을 보는 시선의 지평을 상실하면 안 된다는 것이 핵심이다. 맨스필드는 애써 그것을 보여 주려고 플라톤을 인용한다. (플라톤은 『정치가』에서 "정치가란 남성적인 것과 여성적인 것을 결합하는 인물이다"라고 말했다.)

다시 마키아벨리 『군주론』 25장의 문제틀로 되돌아가면, '인간사는 절반이 운수로 좌우되고 나머지 절반은 덕으로' 좌우된다. 이는 기본적으로 세상의 절반은 남성적인 것이, 나머지 절반은 여성적인 것이 좌우한다는 걸 말한다. 마키아벨리가 말하는 점은 세상사 모든 걸 남자들이 좌지우지하는 것도 아니고 또 남성적인 것만이 좌우하는 것도 아니라는 뜻으로 해석할 수 있다. 단지 현실을 이끌어 나가는 데 있어 어느 쪽이 더 강한가, 어느 쪽이 더 실제적 영향을 더 많이 행사하는가 하는 게 문제라면 문제다.

(2) 마키아벨리 자신의 연애관 戀愛觀

우선 흥미롭게도 마키아벨리는 이 문제에 관하여 다소 많은 논의를 남기고 있다. 그가 관심을 많이 둔 이슈라는 인상을 준다. 실제 그는 1515년 1월31일자 친구 프란체스코 베토리에게 보낸 편지에서 다음과 같은 시를 남겼다(앨런 길버트, 『마키아벨리의 편지』 183-6쪽).

"소년 같은 궁수(주: '사랑' 또는 '자연')가 이미 여러 번 내 가슴에 상처를 내기 위해 시도한 것은 증오와 가해 속에서 짜릿함을 느끼기 때문이었다네. (중략) … 그는 아주 엄청난 힘으로 화살 하나를 쏘았기 때문에 나는 아직도 그 상처로 고통을 당하고 있다네. 그리고 나는 그의 힘을 고백하고 인정한다네."

마키아벨리는 자신이 사랑에 빠진다면 그 감정이 행사하는 강압적일 정도의 힘에 기꺼이 복종할 의지가 있음을 이 시를 통해 우리에게 보여 준다. 이 시를 쓴 직후의 대목에서 그는 "사랑의 감정이 비록 고통스러운 것이라 해도 그 고통에서 벗어나고 싶지 않고 오히려 그런 고통 속에 남아 있기를 바란다"고 말한다. 그리고 이 편지 속에 그는 '중대한 일'과 '사소한 일'에 관한 왕복현상에 대하여 언급한다. 이 점은 매우 흥미로운 점이 아닐 수 없다. 그는 이렇게 말한다. "누군가 자네와 내가 교환하는 편지들을 본다면, 그 사람은 우리처럼 중대한 일(주: 정치 같은 것)에 관심을 가진 사람들의 가슴 속엔 명예와 위대성에 관한 생각들만 가득차 있을 거라고 생각하여 매우 놀랄 것이야. 그러나 그 사람은 우리의 편지 페이지를 넘기면 우리는 공허한 일(주: 연애사 같은 것)에 신경을 쓰는, 마음이 가볍고 일정치 않고, 탐욕적인 사람들임을 바로 알게 될 걸세. — 어떤 사람은 이것을 비난받아야 할 만한 일이라고 해도 내가 보기엔 오히려 찬양할 만한 일이라고 생각되네. 이것은 항상 변하는 자연을 모방하는 것 아니겠는가. 그리고 누구든 자연을 모방하는 사람을 비난할 수는 없지 않겠는가."

여기에서 우리가 보는 점은 기꺼이 '사랑의 힘'에 굴복하겠다는 의지, 중대한 일과 사소한 일 사이를 즐거운 마음으로 '왕복'할 수 있다는 의지, '자연을 모방'한다는 것, 그리고 일과 쾌락 사이를 왕복하는 것은 '비난'보다 '찬양'받을 일이다라는 솔직한 감정이다. 사실상 이것이 마키아벨리의 행복에 대한 관점을 구성한다 생각된다.

(3) 코제 그란디와 코제 바네 사이의 왕복은 비난받을 죄가 아니라
   오히려 찬양할 일이다

마키아벨리는 흥미롭게도 정치지도자 같이 '중대한 일'을 일상
적으로 하는 사람들이 행하는 쾌락추구와 같은 '사소한 일'에 대
하여 보통의 평민은 어떤 시선으로 볼 것인가에 대하여 논의할
때 그의 프로포션에 대한 주장을 연상시키는 주장을 드러낸다.
이번에는 남녀 간의 관계에 대한 시사로 나타난다. 이 문제를 보
기 위해 마키아벨리의 쾌락에 관련한 프로포션 담론을 한번 볼
만하다. 여기엔 물론 성적인sexual 것도 포함된다고 보인다.

이 논의를 이 책에 포함시킨 것은 이런 문제들에도 마키아벨리
는 '프로포션'의 문제틀을 가지고 있고, 또 이런 관점이 그의 정치
사상에도 같이 반영되고 있다는 점을 독자에게 보여 주기 위해
서이다. 우리는 마키아벨리가 자신의 서신에서 얼마나 이 '프로
포션'의 신드롬에 해당하는 논리를 많이 응용하고 있는지를 보면
아연 놀랄 정도이다. 그러나 마키아벨리는 지금까지 필자가 본
바로는 그의 서신의 어디에도 이 용어를 직접적으로 사용하지
않는다. 그럼에도 불구하고 필자가 말하고 싶은 점은 마키아벨
리는 그의 정치저술에서 다소 추상적인 상태로 구사하는 '프로
포션'의 의미를 자신의 서신에서 매우 구체적인 형태로 이해할 수

있는 여러 암시를 제공하고 있다는 것이다.

그리고 바로 이 점이 스트라우스와 그의 제자들이 잘 보지 못했거나, 의도적으로 중요하게 생각하지 않았던 점이라고 생각된다. 앞의 8장(스트라우스와 마키아벨리)에서 필자는 이 문제를 스트라우스와 스트라우스주의자들의 논리주의 내지 정치적 의지의 문제로 풀이해 보았다. 그들도 마키아벨리의 주장을 의식적으로 곧이곧대로 해석하는 방식의 소위 '정치'를 한다. 마키아벨리가 '코제 바네' 차원에서 보여 주는 프로포션 징후를 그들은 다소 경시한다는 인상을 준다. 그러나 우리는 여기에서 이 문제를 자세히 분석하기는 어렵지만 지도자의 쾌락 추구의 문제를 '프로포션'의 문제틀에 연관시킴으로써 마키아벨리의 정치적 사유에 있어서 프로포션 개념현상이 얼마나 핵심적인 역할을 하고 있는지를 이해하는 일은 충분히 가능하다고 생각된다.

이 고찰을 위해 우리는 루카Lucca의 전설적 영웅 카스트라카니 Catruccio Castracani에 대한 마키아벨리의 전기적인 글, 교황청대사인 친구 베토리에 한 말, 그리고 마키아벨리가 로렌초 대인과 그의 손자인 소 로렌초minor Lorenzo에 대해 쓴 편지를 참고할 수 있다. 이 네 인물에 대한 묘사에서 마키아벨리가 한 말을 종합하면, 결국 '중대한 일'을 하는 사람들은 '즐거움'과 같은 다소 '경박한

일'을 할 수 있는 도덕적 자격을 획득한다는 것이다. 쉽게 말해, 사람의 생활이 일과 놀이라는 두 가지로 구성되고, 일의 몫이 있으면, 반드시 놀이의 몫 역시 있어야 한다는 논리다.

(4) 코제 그란디와 코제 바네 사이에서
― "낮에 중대한 일을 하는 사람은 밤에 미친 짓을 안 한다"

마키아벨리는 사소한 것과 중대한 것 사이의 왕복의 문제를 언급함에 있어 특히 지도급인사들에게 적용한다. 그러나, 그렇다고 해서 마키아벨리가 이런 논리를 반드시 '평민'들에게는 주장하지 않는다고 속단할 필요는 없다. 중요한 것은 일과 놀이의 상관관계이다. 일을 많이 하면, 그만큼 놀 수 있는 이유나 명분이 커지는 게 사실일 것이다. 즉, 지도적 '덕'이 있으면, 그만큼 '즐거움'을 추구해도, 이미 지도자의 훌륭한 능력을 인지하고 있는 평민들(국민, 대중)은 그것을 도덕적으로 크게 문제 삼지 않는다는 것이다. (그러나 우리는 실제 정치의 세계에서 쾌락을 추구하는 속물적 정치인의 행위를 정적들이 가끔 정략政略의 차원에서 공격할 수 있는 좋은 빌미로 삼는다는 것을 경험을 통하여 알고 있다.)

마키아벨리는 1514년 1월 5일자, 베토리에게 쓴 편지에서 이 점을 다음과 같이 표현하고 있다. "평민들은 낮에 현명한 일을 할 것으로 생각되는 사람이 밤에 미친 짓을 할 것이라고 간주하지 않는다"("he who is thought wise by day will never be held crazy by night" — 앨런 길버트, 『마키아벨리의 편지』, 150쪽). 여기에 마키아벨리가 그의 정치저술에서 사용하는 '프로포션' 이미지가 나타난다. '중요한 일'을 '덕성'으로 수행하고 있는 한, '사소한 일'을 추구할 수 있는 여지/자격이 생긴다는 마키아벨리적 사유다. 덕과 신중한 행동을 할 수 있는 능력이 있는 한, 중대한 일과 가벼운 일 사이를 왕복하는 것은 하나의 질서 속에서 이루어진다는 것이다. 이 둘은 서로 모순되는 것이 아니라, 어떤 방식으로든 서로 연결되어 있다는 것이다. 여기에서는 '소 로렌초'의 경우만을 보기로 한다.

(5) 우르비노 공작, 소 로렌초의 왕복현상에 대하여
　― 명성과 친밀감이 모순되지 않는다

이 연결현상은 마키아벨리가 자신의 『군주론』을 증정하려고 했던 우르비노 공작Duke of Urbino 소 로렌초를 관찰할 때 분명히 나타난다. 1513년 8월, 친구 베토리에게 보낸 한 편지에서 그는 이렇게 말한다. "소 로렌초 공작의 행동방식을 쭉 고찰하면, 사람들이 그의 행동에서 그의 할아버지(주-로렌초 대인)에 대한 행복한 기억을 갖게 되고, 모든 사람들이 희망을 갖게 되는 것을 봄니다. ― 그는 사람들과 엄청난 '친밀감'을 갖고 있지만, 동시에 그런 친밀감으로 인하여 사람들이 그에 대해 낮은(경멸적인) 평가를 하도록 처신하지 않습니다."

즉 마키아벨리는 소 로렌초가 보통사람들(평민)과 '친밀감'을 유지하면서도, 그들로부터 동시에 '좋은 평판'을 유지하여, 두 가지 이질적인 것을 동시에 확보할 수 있는 능력을 가진 인물로 간주하고 있다. 말하자면, 치자와 피치자 사이의 '친밀감'이 있어도, 그것으로 인하여 피치자가 어떤 무례한 '건방진 행동insolence'을 하지 않게 만드는 지도자로서의 덕목을 갖추고 있다는 것이다. 따라서 우리는 이 예로부터, 마키아벨리가 정치저술에서 말하는 치자가 피치자를 다스리고 명령하는 능력인 프로포션을 보유하고 유지하는 능력을 보게 된다.

마키아벨리는 소 로렌초가 "사람들로부터 사랑도 받고loved, 또 경외도 되고revered 있다"고 관찰한다. 이것은 『군주론』 17장에 소개된 '사랑 받는 것'과 '두려움의 대상'이 되는 것 중 선택해야 한다면 후자가 더 낫다고 말하는 살벌한 선택 상황을 초극한 가장 바람직한 경우라고 할 수 있겠다. '프로포션' 문제와 이것이 연결되는 논리적 고리는 사람들의 '퀄리티'와 군주의 '퀄리티' 사이에 어떤 종류의 조화로움의 기제機制가 존재한다는 점이다. 그래서 지도자는 지배하고, 피치자는 복종하는 게 가능하여, 서로 하나의 오르디니 속에서 상호작용으로 공존하는 것이 가능하다는 것이다.

바로 이런 것이 필자가 마키아벨리의 정치저술의 '프로포션' 현상을 그의 사적私的 서신에서 풍부하게 볼 수 있다고 보게 된 근거다. (마키아벨리가 『피렌체 역사』의 8권 36장에서 다루는 '로렌초 대인'의 경우 역시 비슷하다. 마키아벨리는 대 로렌초에 대하여, "그의 쾌락적인 삶과 중대한 삶을 실제 겪은 것을 보면 마치 두 사람의 거의 불가능한 통합이 한 인물 속에 통합된 듯한 생각이 든다"라고 관찰한다.) 이런 사적 차원에서의 프로포션을 보면 우리가 마키아벨리의 정치적 사고를 아주 풍부하고 다양하게 이해할 수 있는 좋은 기회가 된다는 것이 필자의 생각이다. 언급하지는 않겠지만 루카의 전설적 인물 '카스트라카니'라는 인물에 대해서도 마키아벨리는 역시 비슷하게 관찰하고 있음을 추가로 지적해 두고자 한다.

2) 가장家長과 가족 사이의 프로포션

이것은 가장과 가족과의 관계의 문제이다. 한 가족을 보살피는 가장으로서의 마키아벨리는 자신이 가정의 통솔자임을 사적인 편지에서 시사한다. 그렇다면, 이 사례에서 그 자신이 정치사회의 리더가 되었을 때의 모습을 우리는 여기에서 간접적이나마 유추할 수 있는 대목이다. 가장(남편이자 아버지)을 한쪽으로 하고, 부인과 어린아이들을 다른 한쪽으로 하는 가족의 정치는 가장과 가족 간의 시축한 지배와 자발적인 순종의 문제다. 어떤 질서가 여기에 있다.

마키아벨리의 서신에서 가장의 '프로포션' 문제가 가장 잘 드러날 때는 가장이 취업하지 못한 상태에 있을 때라고 보인다. 부인과 자녀를 거느린 마키아벨리는 1512년 공직에서 추방된다. 그 이후 메디치 왕정에서 일하고 싶었지만 되지 않았고, 금전적으로 대단히 어려운 처지에 놓여 있었을 때 쓴 그의 편지(1514년 6월 10일자, 친구 프란체스코 베토리에게 보낸 것)에서 그는 가족과 자신의 관계를 말하면서도 가족의 리더라는 기분을 담는 표현을 단 한 번도 사용하지 않는 것이 오히려 이상할 정도이지만(이것이 '평등'을 강조하는 그의 공화주의 사상을 대변하는가?), 자신과 가족의 관계는 자신의 경제적 부양능력에 달려 있음을 시사한다. 돈이 가장 마키아벨리의 덕의 이미지로 나타난다. 그는 "나는 돈을 이미 다 쓴 상황이며, 이 상황이 지속되면, 내가 가족에게 큰 재정 부담expense이 되어 언제라도 집을 떠나지 않으면 안 될 상황이 올 것(같다)"이라고 고백한다. 우리는 마키아벨리가 마음 편하게 가장으로서의 역할을 다하고 자신의 가족과 같이 지낼 수 있도록 만들어 주는 것은 자신의 경제적 부양 능력이라고 생각하고 있음을 보게 된다.

따라서 우리는 마키아벨리와 그의 가족과의 관계가 지속되게끔 해 주는 가장의 '프로포션'이 경제적 능력에 달린 문제임을 볼 수 있다. 가장 마키아벨리가 가족을 떠난다, 안 떠난다 하는 문제는 그가 『리비우스논고』 3권 22장 1절과 2절에서 지도자의 정치적 지도권commandership을 확보할 수 있는 조건을 논의하는 주장의 논리적 구조와 아주 비슷하다. 마키아벨리는 거기에서 지도권을 확보하기 위해서는 지도자는 자신의 '성질qualities'과 피치자의 '성질'을 '비교'해야 하고, 거기서 어떤 '프로포션'이 있으면 지도권을 계속 유지하고, 피치자는 거기에 '복종'한다고 주장한다. 말하자면, 마키아벨리의 경제능력(마키아벨리가 가진 '퀄리티들'의 중대한 요소)은 가장으로서의 지도력을 발휘할 수 있는 능력의 토대가 되는 것이고, 가장이 벌어 오는 돈을 소비해야 하는 가족은 기쁨과 만족, 그리고 감사의 마음(가족의 '퀄리티들')으로 이 가장을 따른다. 따라서 마키아벨리가 편지에서 자신과 가족의 관계에 대하여 말하는 대목은 이 『리비우스논고』의 구절에서 말하는 프로포션 논리와 사실상 거의 동일한 논리를 담고 있다. 누구라도 이 유사성을 발견하는 독자는 이 '프로포션' 개념이 공적인 것과 사적인 것을 포괄하는 마키아벨리 사상에 있어 사실상의 핵심 개념임을 이해하게 된다.

12

책을 나오면서

우리는 이 책에서 마키아벨리를 어떻게 읽을 것인가 하는 문제 의식을 가지고 출발했다. 마키아벨리를 읽고 이해하는 것은 그 동안 '도덕화'의 습관으로 인하여 많이 왜곡된 면도 있고, 얼핏 살 벌한 충고를 하는 마키아벨리는 도덕적인 문제가 있으므로 공개 적으로는 이를 비난하고, 사적으로는 조용히 필요한 사람만 자기 편한 대로 읽는 습성이 부지중에 생긴 듯하다. 그렇지 않으면 읽 지 말아야 한다는 시선도 역시 여기에 있다(필자에겐 대학시절에 단 한 번도 '마키아벨리를 읽으라'고 권해 준 선생님이 없었다). 그래서 어떤 학 자가 말했듯이 '표준 마키아벨리'라는 기준을 가지고 우리는 마 키아벨리의 『군주론』과 『리비우스논고』 같은 저술들을 대한 게 사실이다. 그러나 이제는 마키아벨리가 자신의 저술을 우리에게 남긴 것도 500년 이상의 세월이 흘렀고 그동안 그의 의도와 해석 상의 문제를 가지고 박해와 많은 논쟁, 오해가 있었고 지금도 이 논쟁과 오해는 계속되고 있지만, 무엇보다 그가 이런 '운수의 악 의'와 같은 '역사'를 극복한 철학자임을 보아야 한다. 그는 죽지 않고 살아남아 여전히 지속적으로 우리에게 영향을 미치고 있다. 마키아벨리적 프로포션 징후라고 할 만한 것을 그는 남겼다. 국경을 초월하여 그가 만든 사상적 오르디니에 대하여 마음으로 부터 우러나오는 복종을 하려는 사람들도 많다. 따라서 마키아 벨리를 단순히 '도덕화'와 '표준'이라는 관점에서 읽는 게 과연 유 익한가 하는 질문을 우리는 다시 제기하게 된다. 여기에다 마키 아벨리의 레토릭을 이해하지 못하여 숨겨진 그의 가르침을 보지 못한 채, 공개된 그의 진술에만 치중하여 그를 오해하는 일도 많 았다.

필자는 이런 와중에 우리가 마키아벨리를 읽는 데 하나의 거대 한 전환점을 마련해 준 인물이 레오 스트라우스라는 사실을 이 책에서 주저하지 않고 서술했다. 그는 『마키아벨리에 대한 사색』 이라는 불세출의 '걸작'(단테 저미노의 평가)을 통해 지난 58년 동안 많은 논쟁을 불러일으키기도 했지만 동시에 많은 추종자를 거느 리게 된 정치철학자이기도 했다. 그는 남들이 본 마키아벨리의 얼굴을 물론 보았지만, 동시에 남들이 잘 보지 못한 마키아벨리 의 얼굴 역시 보았다. 전자의 얼굴은 공개적인 마키아벨리의 얼 굴이고, 후자의 얼굴은 비밀스러운, 잘 알려지기 어려운 마키아 벨리의 얼굴이다. 전자는 '밀교적' 문제가 아니라 '공개적' 문제 이다. 그것은 마키아벨리와 소크라테스의 제자였던 크세노폰과의 연관성 속에서 이해해야 할 '획득'과 같은 문제를 포함한다. 우리는 스트라우스의 마키아벨리 독해에 대한 공헌을 통하여 이런 점에 대한 이해의 지평을 늘릴 수 있었다.

그러나 스트라우스가 또 지적하듯이, 마키아벨리는 밀교적 방식으로 글을 쓴 저술가였다. 스트라우스는 자기 책에서 최대한의 능력을 발휘하여 이 점을 서술했다고 필자는 생각한다. 이 방식은 그가 중세 정치철학자들과 고대 그리스-로마 정치철학자들을 연구함으로써 발견한 것이었다. 그는 이 방식이 마키아벨리에게서도 여전히 발견되고 있다는 사실을 아마 최초로 지적한 저술가라고 생각된다. 그리고 그는 이 방식을 통하여 마키아벨리가 가장 자기로 돌아간 지점이 어디인지, 그 지점을 찾아냈다. 그리고 그가 어떤 오르디니를 찾고 있었는지, 무엇이 되기를 원하는지, 그 의도가 무엇인지를 지적해 주었다.

우리가 여기에서 유념해야 할 점은 스트라우스가 마키아벨리를 밀교적 방식으로도 글을 쓴 저술가라고 보는 것은 마키아벨리를 그리스 고전 정치철학의 전통을 어떻게든 이어 가는 인물로 만들기 위한 전략일 수도 있다는 점이다. 특히 밀교적 마키아벨리는 고대적 마키아벨리임을 스트라우스는 우리에게 보여 주었다. 이것은 필자가 개인적으로 스트라우스의 대가성大家性을 인정한 이유의 하나이다. 이 점은 매우 중요하다고 생각된다. 스트라우스의 의도는 그럼으로써 그가 느낀 '마키아벨리의 문제'를 극복할 수 있다는 것이다. 그의 의도는 마키아벨리를 고전 정치철학의 전통과 궤도 속에 올려놓아야 그를 올바로 평가(이해)할 수 있고, 마키아벨리를 더 이상 그 궤도에서 이탈하지 않게 하는, '타락한 천사'가 아니라 집으로 다시 돌아오는 천사로 만드는 길이라고 그는 본 듯하다. 그리고 그럼으로써 스트라우스는 마키아벨리와 생산적이고 의미 있는 방식으로 대결할 수 있는 지평이 열린다고 보았기 때문이라 보인다.

이 생산적이고 의미 있는 방식으로 대결할 수 있는 지평을 개척한다는 것은 필자가 보기에 마키아벨리와 대결함에 있어 미래에 언젠가 후속세대로부터 마키아벨리와 자신이 대등한 수준에서 역사적 평가를 받고 싶은 스트라우스의 신중한 승부수라고 생각한다. 그는 이 방법으로 역사적 승부수를 던졌다. 그리고 우리가 보기에 그는 이 승부수를 던지면서 나름 자신만만한 믿음을 가지고 있었던 것처럼 보인다. 그런 게 느껴진다. 그러나 **우리의** 마키아벨리도 만만치 않은 적수다. 엄청난 지성으로 잘 '무장된' 인물이다. 그리고 마키아벨리는 리얼리즘의 가치를 믿는 우리의 강력한 지지를 받고 있는 인물이자, 리얼리즘의 오르디니에 있어 우리의 '군주'이다. 필자는 이 책에서 마키아벨리와 후속 세대와의 사이에 놓여 있는 프로포션 문제를 말했지만, 동시에 그것이 스트라우스적 프로포션과 대결하고 있어, 지금의 우리는 이 두 개의 사상적 질서와 그 대결 속에 놓여 있는 형국이다. 어느 질서가 우리에게 더 우월하고 더 유익한지, 판단은 우리 자신이 해야만 한다.

이 대결에서 스트라우스는 고전정치철학에 의거하려고 한다. 그러나 분명 우리는 스트라우스도 '정치적'임을 유념해야 한다. 그는 고전 정치철학을 자신의 의도대로 활용하려고 한다. 그래서 우리는 그가 의거하는 것으로 공언하는 그리스 고전 정치철학의 전통(소크라테스적 전통)을 과연 진정으로 신뢰하고 그것에 충실하게 복종하는지 우리는 좀 더 따져 보아야 한다고 생각된다. 그리고 비록 지금 우리가 이 대결의 최종적 승자를 판정할 준비는 되어 있지 않다고 해도, 언젠가 이 대결에 대한 심판은 나올 것이다. 우리는 스트라우스와의 대결에서 마키아벨리의 선전宣戰을 기대한다.

세창사상가산책 **15** │ 마키아벨리